掀開極權的面紗

中國歷代君臣知見錄

馬亞麗 著

序

李國文

馬亞麗的新作結集出版，真是一件值得高興的事。

我認識這位年輕作者較晚，但讀她發表在報章雜誌的文字較早，因為有時候，她的文章，我的文章，會很湊巧地在同一刊物、同一報紙上發表出來。也許，這就是緣分，於是，我知道在本溪從事新聞工作的她，讀到她散發在全國各地的隨筆和散文。

一個人的文章，能夠引人入勝地閱讀下去，說明這篇文章的價值所在。讀了好幾篇同一作者的文章，都給我留下了不錯的印象，於是，便對這位作者感到興趣，這就是我和她相識的原因。看來，她是一個很勤奮、很認真的作者，她讀的書可算不少，她的知識面比較寬泛，她的思想相當活躍，她的文字洗練，簡樸而老到。當然，還有一個很主要的原因，她寫作所關注的文史領域，也是我這些年來一直涉獵的方面，不過我所著眼的多是古代中國文人的生存狀態，範圍較窄。而馬亞麗則比我要廣泛得多，政治經濟，社會環境，人文狀況，王朝沿革，興衰變遷，人物春秋，文史典故，都是她所關心的，探求的，並努力開掘出新的語境，新的思路，能給讀者提供新的資訊的寫作主題。

這是相當吃力的工作，要看好多書，要買好多書，要到圖書館裏去鑽故紙堆，我覺得，像她這樣年齡的女孩子，似乎不應該做這樣的選擇。因為，絕大多數年輕人，都會把精力投放在時尚上，流行上，潮流上，消費上，但是她卻一門心思集中在寫作上，走自己的文學道路，這也讓我很欽佩。這本作品集的出版，說明她的選擇是正確的，也說明她為這種選擇所付出的努力，是值得的。

中國文學所以薪火相傳，賡續不輟，無論在其峰巔狀態下，洛陽紙貴，一舉成名，還是在其低谷徘徊時，孤軍奮戰，寂寞潛行。就是有這一批忠誠於文學，矢志於創作，雖百折也不撓，寧清貧也不移的作者，默默地，為文學奉獻著自己。

有一次，馬亞麗來北京，我才瞭解她實際上是工作很繁重的新聞從業人員，作為她所任職的《本溪晚報》的編輯、記者，要編稿、組稿，還要寫稿、發稿，所以，她只有不多的業餘時間，是用來寫作的，這就更令人感動了。因此，從這部作品集裏，既可看到她孜孜不倦，跋涉不停的腳印，行色匆匆、旅途勞頓的痕跡，也可想像她挑燈夜讀，潛心探討的虔誠，殫思竭慮、奮筆疾書的艱辛。一句話，對任何一個文學人來說，創作道路從來也不會是平坦的，一帆風順的，尤其在當代文學的進展過程中，競爭之劇，炒作之烈，手段之多，求名之盛，更增加了若干險惡，若干叵測。因此，年輕作者，更需「咬定青山不放鬆」地堅持自己的品節，恐怕是比寫作還要重視的操守了。

說到底，選擇寫作，其實就是選擇艱難，甚至還可以說是選擇一個永不停止的磨練過程。詩人屈原說過：「路漫漫其修遠兮，吾將上下而求索。」真正的文學，想不付出足夠的心血，就想得到完美，那是不可能的。然而，要追尋下去，求索下去，這也就是我們用以互勉的一種信念吧！

在當前這個物質社會裏，商品環境中，能夠守著一支筆，穿越時空，以古鑒今，描摹世相，昇華思想境界，探求真實，推敲人生，實在是令人感動的。馬亞麗就是這個隊伍中的一員，而且，我相信，她會以堅實的步伐，百倍的精神，義無反顧地向前走去。

「天道酬勤」，這句話一點也不錯的，感謝真誠的勞動吧，付出多少，收回多少，她投入了文學，文學自然也會回賜她以成熟的果實。這就是這部作品帶給她，也帶給我們大家的啟示。

文學無止境，道路無窮遠，我想她以後會繼續熱愛文學，繼續熱情寫作，這樣一個目標大概不會改變的，衷心祝願她走得更好。應該看到，這種沒有賽場，沒有跑道，更沒有任何競賽規則的競賽，是一種無形的較量，也是對參與者精力、智力、耐力、爆發力的測驗。作為作家，大概是一生也不會終止的角力。對於這種有益於文學發展的鍛煉，經受得住的，就堅持下來了，能夠堅持下來，就會闖出一塊屬於自己的天地。

我想，這部作品集只是一個行進途中的路標，她一定會繼續走下去的，因為還有新的追求，新的風景，在等待著她。

二〇〇六年九月五日

CONTENTS

CONTENTS

第二輯　軍閥

CONTENTS

CONTENTS

CONTENTS

CONTENTS

第六輯　皇帝

第一輯　學人

梁啟超：夾縫中的覺世者

中國目前一位著名的，也是我特崇拜的雜文家在一次筆會上曾講過一個真實的笑話，我聽我的老師轉述過之後，笑的同時，一股悲哀同時產生。笑話是這樣：這位雜文家在北京生活，寫了一本二十集的劇本，內容是有關梁啟超的生活、經歷、思想的本子。一次飯桌上，雜文家提到自己寫梁啟超的劇本情況，桌上有一位女演員聽到劇本之事，馬上說主角梁啟超讓我演吧！雜文家當時是什麼表情他自己沒說，我也無法去演繹。如果我在場，我的鼻子非氣歪到腮幫上不可，比段祺瑞被氣歪的鼻子還嚴重。梁啟超這位在中國政界、思想界、學術界、新聞界叱吒了幾十年，對中國近代歷史做出巨大貢獻，有著巨大影響的人物，在今天卻被如此認知，這是笑話嗎？這是一個人口雄居世界首位的民族之悲哀，這是一個標榜有著燦爛文化的文明古國之不幸，這是一個有著悠久歷史的國家之悲劇，這是一個民族在某種程度的倒退。人類的知識，人類的思想，人類的認識，是應該被傳播往前走的，怎麼能出現這樣的事情？那是北京，不是我生活過的鄉村曠野；那是文化圈，不是我曾掃過的馬路廣場。一代大名鼎鼎的梁啟超，到了女演員腦袋裡就給變性成了女主角。讓人心痛，讓人心酸。哀哉！哀哉！

縱覽梁啟超多姿多彩的一生，政治和學術是他的左右手，也是他的兩大生命。他一生始終沒有放棄參與政治，也沒有放棄學術。當政治需要他的熱情和參與來為政治的火焰加薪添柴時，梁啟超便把學術放置在一邊，毫不猶豫地走進了政界；當政治的大浪把他排擠到岸邊時，梁啟超退回書齋又撿起學術，平靜地鑽研他無所不能的各個領域。為此，他不屬於政治界，也不屬於學術界；他屬於政治界，也屬於學術界。離開政治，不是梁啟超；離開學術，也不是梁啟超。他在政治圈裡，被看成是學者；在學術圈裡，被看成是政治家。他在政治和學術的夾縫間活了一生一世。

學術是梁啟超關注政治的基石。沒有學術作基礎，梁啟超無法走進政治，沒有參與政治的經歷，他的學術不會那麼深刻而廣博。梁啟超從兩方面汲取不同的營養，使他在這種艱難的環境下，關注參與這個剛剛涉足民主、憲政、議會的古老國家的各種變化。他就像一個處於懸崖夾縫裡的樹木一樣地存活在這個世界。植物長在懸崖峭壁的縫隙中，不僅生命頑強，而且對風雨感受得最早，對天地的認知比地上的百草千樹，有著更多的感知和高見。獨有的見識，獨有的體嘗，獨有的環境，使生長在夾縫中的它們，永遠處在首先面臨風雨，面對苦難的位子。獨立於峰巔之上，在風中搖曳，在雨裡泣血。四周是堅固的石壁，汲取可憐的營養，用自己的風姿，昭示一種精神。

梁啟超最初揚名是因為和他的老師康有為，一起組織「公車上書」以及後來的「戊戌變法」。「戊戌變法」失敗後逃到日本仍從事政治和學術的研究，辦起在當時非常有影響的《新民叢報》，以報紙為載體，繼續參與政治。回國後出任袁世凱手下的司法總長和段祺瑞手下的財政總長，是為了把在學術研究上所獲得的東西，通過政治實現他的愛國目的。兩者之間，是血和肉的關係。梁啟超個人的品格、愛國之心和民族精神，是充填兩者之間的骨骼。他不能捨棄任何一方面，捨棄任何一方面都不是大名鼎鼎的梁啟超。一九一四年二月，梁啟超不情願出任司法總長五個月的「第一流人才內閣」夭折後，他發表文章宣佈脫離政治退回言論界。後來到了一九一五年，面對袁世凱頒佈總統令任命他為政治顧問，以及委任他考察沿江各省司法教育事宜，梁啟超堅辭不就。顧問算什麼？考察算什麼？顧問顧問，顧得上問問，顧不上不問；考察考察，閒了出去考考，悶了出去察察。梁啟超在熊希齡組閣時，要當財政總長，袁世凱說什麼也不同意。給梁啟超這麼兩個角色，不過是因為梁啟超退出政治圈，但始終沒有放棄對政治的關注和參與，用他手裡的筆指點著當時和未來的時政，捲起萬千風雲。並且因為他捲起的風雲，直接對袁世凱構成負面影響。這是隱形的收買和拉攏，與以後袁世凱給梁啟超二十萬元不讓他發表文章抨擊自己要當皇帝的目的是一樣的。他明知自己不是真正的政治家，但他對國家的關注和傾情，使他無法離開政治。梁啟超曾坦率地對最好的朋友夏穗卿說：「我知道自己的毛病，總是脫不開對政治的興趣，其實，何嘗不知自己倘若辦報、做文章會更有成就呢？」他自己也明白地對妻子說，政治「較寫文章累，較流亡逃命累，甚至比在廣西護國反袁也累。」明知不可為而為之，是因為梁啟超對這個國家和民族來說，是個充滿愛和憂患的覺世者，並為此成為一個先行者。

覺世者，比常人看得更遠，看得更清，認清事物的本質和未來，願為他覺悟出而別人沒有認識到的未來而奮鬥。梁啟超關心政治，對政治有興趣就是這樣。梁啟超學貫中西，博覽群書。對國家民族民眾的生存和發展，要比他人有更深入的認識和瞭解。對西方的民權、政黨、議會、憲政等有著更深刻的理解。他知道得越多，對自己國家所存在問題的思考就越多，對自己民族未來的走向，憂慮得就越多。如果是個不折不扣的民族愛國者，他必然要為所看到的不惜一切去努力。梁啟超看清了袁世凱：「袁世凱要賣國了，吾當擊碎之。」梁啟超不是沈默的人，以「我不入地獄誰入地獄」的精神，憤然走出書齋去和魔鬼較量。本質上，他看到的不是袁世凱簡單地復辟帝制，而是看到經過無數人多年努力剛剛有點眉目的民權憲政氛圍，就要毀於一旦，重新走上專制的道路。他反對的不是袁世凱個人，而是一種體制。這種體制，將會使國家走向滅亡。「無知者無畏」，梁啟超看到了未來，更看到了現實給未來國家和民族帶來的危機。中國未來道路如此危急的現實，一腔愛國之心的他不能視若無睹，袖手旁觀。

梁啟超的「此身惟有奉獻之於政治界耳」之言，是一個覺世者要為自己的預見付之行動。他要當財政總長，是他明確地看到中國在財政稅制方面是一片空白，完全處於混亂局面。而一個國家的財政和稅制，直接影響到國家民族的發展和強大。經過他努力奮鬥，他開創了中國現代財政，現代稅制。可是在中國，想做一番於國於民有益有利的事業，總是做不成幹不好提不起來。這是每一個要幹事業者想跳出都無法跳出的魔力圈，才幹非凡不懷一絲私念的梁啟超也不例外。梁啟超出任段祺瑞新內閣財政總長，人們從梁啟超個人的角度認為他不該出任，應退居書齋專心著述，梁啟超卻說「樹政黨政治模範，實現吾輩政策，故為國家計，為團體計，不得不犧牲個人，冒險奮鬥，允宜引他黨於軌道，不可摧殘演成一黨專制惡果。」他就是想通過自己的奮鬥，為這個國家盡一份一個覺世者的責任義務。他超越了那個時代走在時代的前列，縱然屢屢遭遇挫折也不放棄，「雖九死其猶未悔」。

一九〇三年，梁啟超還在日本過著逃亡日子時，他在〈政治學大家伯倫知理之學說〉中就指出中國一旦實施革命，未得其利卻先遭其害：「中國無革命則已，苟其有之，則必百數十革命軍同時並起，原野厭肉，川谷闐血，全國糜爛，靡有孑遺。」他還預感到會出現引狼入室、外敵入侵、民族分裂的危險。在〈開明專制論〉一文裡，梁啟超詳細論述了當時不能實施民主共和制度的理由，他指出中國離民主共和的前提條件還很遠。在這種情況下，即使能以武力戰勝舊王朝，也必然會出現軍隊專權的局面，談何議會民主？梁啟超還認為，退一步，就算議會成立，以中國人的素質，如何運作並實現三權分立以達到權力的均衡與制約，都是不可想像。特別強調，這個時候最有可能出現的是有軍隊背景的行政首腦或議會首腦的專制，民主共和徒託空言而已！後來的歷史證明了梁啟超完全正確。軍閥混戰，政治無序，民不聊生，都以民主共和為幌子，不惜賣國賣人格來搶佔地盤爭權奪利。「刀選」總統袁世凱，「賄選」總統曹錕等等不就是最有力的證明？後來的大小軍閥們憑藉自己的軍事力量輪番控制地方和中央政權的事實，就不必再多說了。

對文化專制的論述：「互相浚發，互相匡正，真理自然日明；世運自然日進。倘若拿一個人的思想做金科玉律，範圍一世人心，無論其人為今人、為古人，為凡人、為聖人，無論他的思想好不好，總之是將別人的創造力抹殺，將社會的進步勒令停止了。……我國千餘年來，學術所以衰落，進步所以停頓，都是為此。」我們受沒受到這樣的迫害？這樣的迫害是不是還在繼續？梁啟超禁不住仰天長嘯：「一個不准自由、禁止批評的國度，是毫無希望的國度。」梁啟超是能把問題看到本質之人，他的思索深遠而悠長，正如他自己曾說：「十年之後當思我」。豈止十年，他當時的思想見解超越了那個時代整整一百年，今天的我們不是還在他曾思考的問題上繞圈子嗎？他在一個世紀之前就指出，中國光有器物的現代化是不行的，還要有制度及人的現代化。這種觀點，我們才認可提倡了幾年？

國家和民族可怕的現實和令人堪憂的未來，讓他焦心，他不忍山河破碎，不能不去挽救，否則，他近於透明的良知會因不安而受到煎熬。沒有看到危險和災難的人，不會害怕也不會行動，只有真切地看到了危險和災難的人，才會恐懼並進行拯救。梁啟超看清了「中國有村落思想而無國家思想」等等將導致國家和民族滅亡的弊端，所以他要用自己破釜沉舟的行動來轉變這個現實，除去弊端開發民智民權。他一生都沒有放棄做這樣的事情。他每次被迫退出政治都是身退，而心不退。時時關注這個國家這個民族，把他看到即將出現的問題，大聲地喊出來。他認為這是他的義不容辭的使命和任務。為此，他執著於「我愛吾師，吾更愛真理」，不怕被自己的恩師康有為罵為「忘恩負義之徒」，不惜和自己多年的好友分道揚鑣：「吾人政見不同，今後不妨各行其是，既不敢以私廢公，但亦不必以公害私。」梁啟超對恩師之語，無所改變地堅持，不懼弦斷響絕：「師恩沒齒不忘，但國體大局萬民所繫，吾不敢苟同者仍不能苟同。」梁啟超完全跳出個人的小圈子，根本不思慮個人的利益和地位，惟以民族大義和國家的命運為一切行動的出發點。每一個覺世者都是孤獨的，但不是每一個覺世者都甘願為真理孤軍而戰。梁啟超是一個覺世者，也是一個為其奮鬥的行動者，更是一個為之受難者。

梁啟超的學術具有深遠的前瞻性，他領先那個時代太遠了。因此，對那個時代而言，他的學術不可能受到普遍的共識。對眼前的感性認識，人們更願意接受，而對未來的理性認識，人們普遍淡漠，因其預測的不明晰性和利益的遙遠性決定了覺世者必然是少數的。不辭辛苦勇於把天堂的門打開，可不是誰都願意跟著走進去。執政界之牛耳者，很少是世界真正的覺世者，眼前的利益和現實的需要是他們關注的首要。這自然決定了覺世者的奮鬥，不會有多大的成就，思想的行進是蝸牛似的爬行。雖然對國家民族有著些微的影響，但對覺世者個人來說，基本上收穫的都是失敗。惟一讓人安慰的是，時間會給覺世者最後的微笑，縱然他們走進了天堂。

雜文家的《梁啟超》劇本寫成了，不知什麼時候能在螢幕上見到這位一生都處在政治與學術夾縫中的覺世者。也給滿是大辮子，滿是「萬歲，萬萬歲」之聲的螢幕，帶來一點真正文化人的色彩。這個時代是不該忘記梁啟超的，就像德國不能忘記馬克思一樣。在這裡無限地感謝雜文家寫作了《梁啟超》。

陳獨秀的朋友世界

陳獨秀最友好、最理解他、最能幫助他的朋友都不在他創建的中共黨內。這一點，陳獨秀認識沒認識到，我們無從知道。但今天，我們看陳獨秀的朋友世界，我們會得出這樣的結論。

人在難處，最能見冷暖之情。陳獨秀晚年入獄之後，蔡元培、胡適、蔣夢麟、沈鈞儒、楊杏佛等等一些人，奔走各方傾力相救。當時名聞全國的大律師章士釗，別人高酬奉請，也難得他應允，但卻為陳獨秀免費辯護。雖然他倆在政治主張、文學主張等種種方面十分對立。一代英傑陳獨秀的晚年可謂是時時是難處處是艱，連生活費也難保證，只能靠一點稿費和朋友的資助來生活。到重慶去以及在江津生存，沒有朋友的幫助陳獨秀幾乎是不能生活。川綏靖公署的楊鵬升從經濟上給予他很多資助，有一回一次就寄他一千元。而當時楊鵬升作為「少將參事」的每月工資也不到三百元。包惠僧對他的友誼和照顧更是追隨了陳獨秀一生。包惠僧最初代表陳獨秀參加中共一大，但在一九二七年就脫黨了，後來進入國民黨做了內政部的參事。陳獨秀曾在北京大學只工作了不到三年的時間，但在陳獨秀生活無著之時，每月寄他三百元以補貼生活。當初陳獨秀並沒有怎麼看重的經歷，卻給了他那麼多的幫助。也許因為我看到的資料比較少，在這一段時期，他為之籌建奮鬥的黨似乎沒有給予他多大幫助。陳獨秀在江津之時，中共已和國民黨合作，按常理能夠在生活上給他一些幫助。

想來，也沒有什麼奇怪的。帶給陳獨秀一生幫助的朋友，基本上都是他「五四」時期創建《新青年》之時，相識不相識的人。或是因為他的文章，或是因為他的學識，或是因為他的魄力和勇氣，基本都是文字之交，而不是因為政治集合在一起。楊鵬升就是因為早年喜歡陳獨秀的文章，而對陳獨秀百般關照的。「五四」高舉的民主和科學兩竿大旗，本質上是對做人權利的要求，以及對民族發展的期盼，而不是對權力的爭取。這些人和陳獨秀關係的實質是學識上的關係，而不是政治的關係。雖然他們對政治的見解，觀點上有著太多的矛盾，太多的爭執，但也是學者與學者之間的紛爭，不含有利益關係的矛盾。這就有了超然性，而超然，是能保持和諧的最好境界。陳獨秀和胡適為政治看法幾乎爭吵了一輩子，但胡適在陳獨秀每一次入獄之時，都衝在前邊去救陳獨秀，絕不袖手旁觀。胡適篤信杜威，陳獨秀信仰馬克思，兩人各不相強，各不相擾，大家各走各自的路，並不影響兩人的友誼。政見是政見，友誼是友誼，不在一個政治集團之中，他們可以有不同的看法，但彼此尊重對方持不同政見的人品。

和陳獨秀維持長久朋友關係的人，都不是以政治為生命為目標的人。雖然他們中有的人身在黨派之中，但和政治保持一定的距離，絕不沉迷其中。就拿胡適和包惠僧來講，胡適是做了駐美大使，但也是從抗日與國家的利益出發，希望獲得美國的經濟援助來抗日，絕不是為了做大使而做大使。包惠僧也絕不是為了政治而去做參事。可以說，他們都沒有政治的野心。

在政治集團裡，就不一樣了。朋友之間，特別是陳獨秀和他的朋友之間，沒有利益的侵佔。但在政治集團裡共事，問題就來了。那是一種純粹的政治關係，建立的基礎不是學識而是截然相反的，是兩種不同性質的東西。在政治的圈子裡，似乎是不可能有友誼，更不可能有真摯坦蕩的朋友。學識不需要防範，更不需要陰謀的東西在裡面攪雜。就陳獨秀率真性格而言，在政治的漩渦裡，那就更不可能獲得。好在，灑脫、桀驁的陳獨秀並不在意。陳獨秀曾在一九三七年對《抗戰》週刊記者說：「我的個性不大適合做官，但政治運動則每個人都應該參加的。」此時，大概是他知道了做官的世界是個什麼樣了。

不能說中共裡就沒有為陳獨秀說話的人，但政治裡面不是誰說話都有分量。那要看誰說，有權力的人說的話，那是話，否則那就要引火焚身。王若飛不同意立即開除陳獨秀的黨籍，他主張先與陳獨秀進行辯論，並向黨內群眾進行解釋。王若飛遭到批評，同時也被停止參加中共中央代表團和農民國際的工作。誰還敢說什麼呢？值得一提的是，在一九四二年三月三十日，毛澤東在中共中央學習組作〈如何研究中共黨史〉講話時說：「陳獨秀是『五四』運動的總司令。現在還不是我們宣傳陳獨秀歷史的時候，將來我們修中國歷史，要講一講他的功勞。」此時，陳獨秀還沒有死，正在困境中為米為病掙扎著，執著自己的「行無愧怍心常坦，身處艱難氣若虹」。五十七天之後，陳獨秀淒慘地死在放有自己種的土豆的小屋裡。值得安慰的是，關照他一生的包惠僧看著他閉上眼睛離去。

歷史是給後人看的，更是給後人借鑒的。在歷史中，如果人們體味到更多的悲涼之時，會喪失勇氣，也會喪失大無畏的魄力。而這些的喪失，必然導致人類思想的萎縮，沒有思想的民族，是軟弱的民族。科技的發達，不是人類的真正前進。真該謝謝陳獨秀的朋友，在他悲涼的晚年裡，感覺到人間的一絲溫暖。

陳獨秀

悲劇何在

提起中國共產黨，不能不想到陳獨秀，而想到陳獨秀就不能不想到他的淒涼而悲慘的結局。一個創始人如老農一樣默默地生活在四川江津鶴平山，死時，貧困到了連自己的喪費都得靠人資助，才能回故里安葬。其實，陳獨秀完全可以不必這樣，憑藉他的威望和資歷，他完全可以生活得很好，只要他放棄自己的獨立見解，自己的獨立思考，自己的獨立人格，自己的獨立操守。

陳獨秀被湮滅了好久，也被歪曲了好久，但隨著歲月的流逝，歷史的塵埃，將被歲月的風一層層地捲走。陳獨秀在歷史長河裡的魅力和光輝，將不僅是他高舉「五四」大旗和創建中國共產黨，而是他在晚年之時的操守，以及對中國、對黨派、對民主，對自由的個性化的深邃而冷靜的思考。在歲月的淘洗中，它將日漸凸現出來，盡展出陳獨秀人格的魅力，操守的光輝，思想的光芒。

陳獨秀的個性特徵就在於他的獨立思考，而他的獨立思考讓他備受磨難和打擊。現在已知道陳獨秀被開除黨籍的原因，是因為共產國際拿他做了犧牲品，以開脫共產國際的指揮錯誤。那麼為什麼就拿他而不拿別人，難道只是因為他做了中共一至五屆的黨書記嗎？不。根源在於陳獨秀始終保持自己的清醒理智，不人云亦云。當共產國際代表馬林表示「我建議中國共產黨，包括社會共青團採取加入國民黨的方式，與國民黨實現徹底的合作」時，陳獨秀扔掉煙頭說：「國民黨有很多毛病，投機取巧，易於妥協，勾結土匪，聯張作霖、段祺瑞，在廣東之外，國民黨被視為爭權奪利之黨。」這之後的事情證明了陳獨秀的看法是異常正確的，但歷史常常不給真正的智者和前瞻者以機會，而是給他們災難和挫折。共產國際在當時是中共的太上皇，陳獨秀面對太上皇，絕不是盲從。「我們沒有必要事事都依靠第三國際，我們現在沒有陣地，等將來我們有了陣地，工作開展了，再多與第三國際聯繫。」「我們有多大能力幹多大事，絕不能讓任何人牽著鼻子走，我可以不幹，絕不能戴上第三國際這頂帽子。」這樣的觀點，在當時沒有幾個人能堅持。正是因為陳獨秀對事情發展的前瞻遠遠地超越了其他人的看法，所以，他的觀點不被人理解，不被人認同。因為他的不聽命，共產國際不喜歡他；因為他的固執坦率，他的同志不喜歡他；因為他的獨立思考，所有黨派清除他。不聽話的孩子，總挨打；不聽命的政治家，總被打倒。不聽話的孩子，有個性；不聽命的政治家，有思想。這是陳獨秀個性與思想在中國的必然結果。

如果說中年之前的陳獨秀堅持獨立所依靠的是魄力和勇氣，那麼到了晚年的陳獨秀堅持的獨立所依靠的就是他的超然和平和，所以顯得更加理性，更加冷靜，也更加明晰。他徹底超脫了，跳出了黨派之爭，他的思想境界已淩駕在黨派利益之上，站在民族利益之上去思考民主、自由、獨立的問題。因而，當他面對所有黨派向他敞開的大門時，甚至蔣介石讓他組織新黨時，他斷然地拒絕。他非常理智地說：「以前我主張開國民大會，主張參加國民參政會，是從獨立的共產黨出發，現在叫我再成立一個共產黨，在別人縫隙中過日子，那完全成了妝點門面。」當他被所有黨派攻擊時，也絕不氣餒妥協。就像他說的那樣：「我只注重於我自己獨立的思想，不遷就任何人的意見，我在此發表的言論，已向人廣泛聲明過，只是我一個人的意見，不代表任何人，我一已不隸屬於任何黨派，不受任何人的命令指使，自作主張，自負自責。」陳獨秀完全徹底地和為利益而爭的各黨派訣別了，永遠地以一個清醒孤傲者形象為這個民族的自由和民主而戰。

去世前兩年的一九四〇年，他在給濮德治（西流）的信中，明確地指出：「史達林的一切罪惡，乃是無級獨裁制之邏輯的發展，試問史達林一切罪惡，哪一樣不是憑藉著蘇聯自十月以來秘密的政治警察大權，黨外無黨，黨內無派，不容許思想、出版、罷工、選舉之自由，這一大串反民主的獨裁制而發生的呢？若不恢復這些民主制，繼史達林而起的，誰也不免是一個『專制魔王』。」「在十月後的蘇俄，明明是獨裁制產生了史達林，而不是有了史達林才產生了獨裁制。」他已經站在世界的高度對民主和獨裁進行分析判斷了。以黨派和自身利益為目的而爭執的人們的思維，遠遠地落在他思想的後邊了。超前的思索者，在心靈深處是孤傲而灑脫的。他曾為最好的朋友的侄兒汪原放寫過這樣一幅字：「天才貢獻於社會者甚大，而社會每迫害天才。成功愈緩愈少者，天才愈大；此人類進步之所以為蟻行而非龍飛。」字裡行間流露出，他對自己這樣結局的認可，但絕不改變。他堅信「海底亂塵終有日，山頭化石豈無時。」

如果說陳獨秀是個失敗者，那也只是政治家的失敗，他在思想上、人格上、在操守上、在道德上，他永遠都不是失敗者，而是勝利者。做學問要方，做政治要圓。陳獨秀的一生只有方沒有圓。魯迅曾說：「假如將韜略比作一間倉庫罷，獨秀先生的是外面豎一面大旗，大書道：『內皆武器，來這小心！』但他門卻開著的，裡面有幾支槍，幾把刀，一目了然，用不著提防。」魯迅站在黨外，看清了陳獨秀做人做事的光明磊落的性格。他絕不是搞陰謀搞權術的人，他和人的交鋒是通過正大光明的言論進行，他的近乎孩子式的誠實和率真把自己暴露在所有人的面前，不懷一點的陰謀詭詐。「我不懂得什麼理論，我絕計不顧忌偏左偏右，絕對力求偏頗，絕對厭棄中庸之道，絕對不說人云亦云，豆腐白菜不痛不癢的話，我願意說極正確的話，也願意說極錯誤的話，絕對不願意說不對不錯的話。」試想一個如此透明，如此激越，如此鋒芒畢露之人，在中國怎麼可以去做政治家呢？蔣介石就曾對周佛海說：「政治就是秘密，秘密以外無政治。政治家左手做的事，右手不必知道。」在中國這塊土地上，陳獨秀的獨立思想和獨立人格是絕沒有政治舞臺和政治天空的。

「我已不隸屬於任何黨派，不受任何人的指使，我絕對不怕孤立。」說出這樣話的陳獨秀，已經是一個不畏懼一切的孤獨者。他看清了托派，看清了國民黨，也看清了任何黨。他已不需要和任何黨派合作，也不想被任何人利用和左右，願意為自己的心靈獨守思想的天空。他願意為這種獨守，承受孤寂和貧困。總之，他失望了，但他對這個社會這個民族的獨立思考的責任一刻也沒有放棄。「相逢鬢髮重重老，且喜疏任性未移。」陳獨秀至死無悔，因為，他是個終身思想者。思想者的結局都是悲劇，概莫能外。

拒絕陳獨秀的真正理由

一九三七年，在獄中度過五年生活的陳獨秀出獄了。蔣介石通過時任國民黨中央秘書長、教育部長朱家驊，給陳獨秀十萬元和五個名額，建議再成立一個共產黨。但陳獨秀斷然拒絕了成立這種「妝點門面」組織的建議。托派組織也積極向陳獨秀發出邀請，陳獨秀對他們也失去了信心：「上海那一班人搞不出什麼名堂。」同樣斷然拒絕。但陳獨秀對他一手創建又開除他的黨籍的中共，還是很有興趣地對羅漢說：「中共駐南京辦事處對我們怎麼樣？」想回到黨內想到延安去的想法，溢於言表。

通過羅漢和林伯渠聯繫，毛澤東和中共中央總負責張聞天商量，兩人聯名給林伯渠發了電報，提出陳獨秀回黨工作的三個條件：一、公開放棄並堅決反對托派的全部理論和行動，並公開聲明同托派組織脫離關係，承認自己過去加入托派之錯誤。二、公開表示擁護抗日民族統一戰線政策。三、在實際行動中表示這種擁護的誠意。對於第一條，無論是在感情上，還是在行動上，陳獨秀對托派都進行了否定。甚至曾經給時任《中央日報》總編輯的程滄波寫了「陳獨秀，字仲甫，亦號實庵，安徽懷寧人。中國有無托派我不知道，我不是托派。」第二條和第三條對陳獨秀來講都不成問題。條件不成其條件，陳獨秀完全可以走向延安，奔向中共了，事實上卻不是這樣的結果。在一九三七年十月，博古根據中共中央的電報，對羅漢說陳獨秀還要有一個書面檢查。這之前，陳獨秀就對董必武鏗鏘而言：「回黨固我所願，唯書面檢討礙難從命。」從此，陳獨秀絕了上延安回黨內的想法。

三個條件和書面檢查，都不是真正的理由。拒絕陳獨秀的絕對是由陳獨秀個人的原因造成的。

第一、陳獨秀是中共的創始人之一，其地位和名望之高，中共裡沒有一個人有資格和他平分秋色。博古想和陳獨秀談一次話，都因為自己黨齡太淺，怕和陳獨秀談不出什麼具體結果而取消談話。回到中共裡，把陳獨秀放在哪裡？怎樣安排他回到延安工作的位子？低了不好辦，高了更不好辦。這無形中隱含著的是一件讓人頭疼的兩難之事。特別對當時的領導者而言，更是一件不太好處理的事。以陳獨秀的個性和地位，會不會造成新的一輪什麼之爭？這都是令人思慮的。

第二、檢查只是表面的東西。「堅決反對托派的全部理論和行動」，「承認自己過去加入托派之錯誤」，本質上就是承認共產國際是完全正確的，就得為共產國際承擔全部的責任。如果陳獨秀寫了書面檢查，本身就把自己給徹底否定了，把自己定在犯了錯誤的一邊，就得承擔責任。在中國，縱然你曾經有多大的功績，如果犯了錯誤你就永遠比別人矮半截，說話和行動的天空總要受到限制。真正的政治家都明瞭這一點。以陳獨秀的一貫做事風格，他是不會寫這樣一個檢查的，因為他始終認為自己在替共產國際承擔錯誤。即使寫了，那麼極可能還會有其他條件，來要求陳獨秀回黨內應該怎樣做，不應該怎樣做。

第三、陳獨秀的性格，決定了他必然遭到拒絕。陳獨秀的個性剛烈而透明，易走極端不會婉轉。和他工作過的人能不清楚他這一點？博古在和羅漢說到第一條問題時，就考慮到了性格問題。「如果由潤之（毛澤東）來談也不適宜，因為他們兩人的個性都很強，都有鬧翻的危險。」即使此件事不鬧翻，那麼在回到黨內以後，對待中共的各種問題上會不會鬧翻？在一九五九年廬山會議上，毛澤東在怒斥彭德懷的大會講話中，就說到了陳獨秀：「他後來去世，那個責任在我，我沒有把他接來。那時就那麼一點資本，那麼一點根據地，怕他那套一散佈，搞第四國際。」陳獨秀是有自己見解和思想的人，在他認為自己正確的情況之下，對自己的思想和看法不會輕易地改變。當陳獨秀認為自己是正確的，就要固執頑強地堅持。爭鬥和矛盾自然不休，這種局面，誰願看到？不會絲毫遮掩自己更不會玩一點權謀之術的陳獨秀，本身就不適合在當時的任何黨派中存在。其他黨派願意接受他，也是想利用他的名望來壯大自己的門面。而中共不需要。

另外，當時中共還在共產國際的遙控之下，蘇聯還在對托派進行聲勢浩大的批判。一九三七年十二月四日，剛剛回國五天的王明在〈日寇侵略的新階段與中國鬥爭的新時期〉一文中稱：「日寇偵探機關——首先是從暗藏的托洛茨基—陳獨秀—羅章龍匪徒份子當中，吸收作這種卑劣險毒工作的幹部。」不久，開始對陳獨秀進行狂轟亂炸：「托匪漢奸」、「托洛茨基匪首」、「日寇偵探」。對於這一切，一九三八年三月二十六日，逃難到漢口的高一函、傅汝霖、周佛海、陶希聖等九人聯名在《大公報》上發表公開信。信上說：「漢奸匪徒之頭銜可加於獨秀先生，則人人亦可任意加諸矣……」局外人尚且明瞭陳獨秀是個怎樣的人物，做了五屆中共黨書記的陳獨秀，卻被因為「要由陳獨秀是否公開聲明脫離托派漢奸組織和反對托派漢奸行為為斷」，定了一個托派漢奸的罪名。這本身就說明了很多的問題。

還有，陳獨秀思考政治和人的角度有問題。陳獨秀在後來質問康生等人：「你們向來不擇手段，不顧一切事實是非，只要跟著你們牽著鼻子走，便是戰士，反對你們的便是漢奸，做人的道德應該是這樣嗎？」陳獨秀是從人的角度考慮問題，而沒有從政治的角度去思考。他怎麼能順利地回到黨內？我這樣認為。

在這個問題上，我總在想陳獨秀回到黨內，他又會是什麼樣的結局呢？我的答案讓我很難過。堅持不寫檢查的陳獨秀還是英明的。

幸運的詹天佑

火車駛出八達嶺，映入眼簾的是高大的詹天佑銅像，這位中國鐵路之父粉碎了外國的「要在中國修築這樣的鐵路，恐怕這樣的工程師還沒有出現」的蔑視之言，而且利用全新技術讓老外們目瞪口呆。為此我們記住了京張鐵路，記住了詹天佑。但這位建築工程師和路務總辦背後的故事卻似乎不是人人知曉的。歷史常與我們開玩笑，讓人記住了結果，卻忘記了開端。時至今日，在仍然記住詹天佑的時候，我在為他慶幸。

一九〇五年，圍繞著北京到張家口一線的鐵路建築權，外國列強之間爆發了激烈的爭吵，他們互不相讓，僵持不下。此時，袁世凱剛剛坐在直隸總督的交椅上，這是個炙手可熱、令人眼紅的位子，同時也不是誰想坐就能坐的。袁世凱正要踢那麼幾腳，燒那麼幾把火。所以，他奏請朝廷照會列強，說中國人要自己籌建鐵路。當時的情況是列強們認為中國根本沒有能力修築鐵路，像上天取星星那麼難。所以也就想看看中國人的笑話，不再互相爭吵了。

按那時的歷史分析，北京至張家口雖然只有一百七十公里，但有居庸關、八達嶺等十分複雜的地形，中國人到底能修成什麼樣，也是很難確定的。

不過，此時的袁世凱倒是拿出了一點以後要當皇帝的固執勁和勇敢勁：「咱爭的就是這口氣。」這位直隸總督也就真和列強們叫上了勁。從人、財、物上給予最大的支持。用現在的話說就是一切給修築鐵路開綠燈，直到把這個「氣」徹底「蒸」出來。

為此造就了詹天佑，在天時、地利、人和上。我們記住了詹天佑怎樣修築「人」字形線路，怎樣顯示了「我國勞動人民的勤勞與智慧，振奮了民族精神」，「代表了炎黃子孫百折不撓、永不屈服的高尚的民族氣節」等等等等。詹天佑的這種精神在今天到底能不能弘揚愛國主義精神激勵人們為中華民族的偉大復興而奮鬥，不敢斷言。但至少不能忘記詹天佑是在袁世凱拍板之後給予大力支持的條件下實現的。

假如沒有袁世凱的奏請，列強還會爭執下去，修鐵路這塊肥肉就會被他們瓜分。

假如袁世凱利用自己直隸總督的權力，把這塊肥肉讓給那些列強，那麼，列強送給他的好處一定比我們自己修鐵路的困難多。這對袁世凱來講，是上嘴唇與下嘴唇之間的事。管你是豆腐渣還是煤渣，管你傷了人命還是喪了權辱了國。反正詹天佑是不會名揚九州的。

假如，袁世凱奏請了，詹天佑這個總工程師和路務總辦也走馬上任。袁世凱既不給詹天佑人、財、物上支持，也不給詹天佑開綠燈，就讓詹某人自己想辦法解決問題，那麼詹天佑就是有天大的本事也造不成京張鐵路。

假如袁世凱大筆一揮，給足經費，但詹天佑必須首先要把工程跑明白了。管事的人家的門檻踏薄了、鈔票鋪平了，鐵路才能修建。此時，修鐵路的錢也就沒幾個了。或許說得有點過，但每個被曝光的工程不都沾滿了「灰土」？所以即使詹天佑把京張鐵路修成了，火車也是非掉軌不可的。好在詹天佑生活在那個時候，遇見了剛坐上直隸總督交椅的袁世凱。

看著詹天佑執著堅毅的目光，我不禁對詹天佑說：「你是幸運的，雖然站在你背後的袁世凱千錯萬錯地披上了龍袍，但對你和京張鐵路是沒錯的。」

精神家園被掠奪的

王芸生

一代報人王芸生先生離世已二十五年，但只要提起《大公報》，我們就不能不提到王芸生先生。

王芸生自進入《大公報》就立意不涉足其他，用他本人的話說：「我服從司馬遷的一句話，戴盆何能望天？」是說，頭上已經戴上了新聞記者這個盆子，便看不見別的了。王芸生也確實做到了，多次拒絕國民黨給的「官銜」。其實給他的所有「官銜」都是「委員長」的意思。聘他為「軍委會參議」後，面對巨額的「薪水」，王芸生將「聘書」和錢款如數退還。

總編輯王芸生先生恪守著《大公報》的社訓，成為今天我們眼中一個真正的報人。他身上有著一代報人的榮耀，但更有著一代報人的悲哀。

「文革」期間，王芸生蹲了「牛棚」，即使回家，也不忘「早請示」、「晚彙報」，後來他還執意要參加居委會組織的一群家庭婦女跳「忠字舞」。看到這樣的歷史資料，真是讓人很悲傷很難過。王芸生是多麼有見解多麼不盲從的人，但結果卻是這樣。這不是王芸生個人的悲劇，而是一代報人的悲劇，一個時代的巨大悲劇。在國民黨統治那麼惡劣的情況下，王芸生都能不懼一切，忘己之危，憂民之苦，患國之亡。在新的歷史條件下，王芸生被「軟化」成了這個樣子，作為一代名報的報人，他內心的痛苦和悲涼是我輩難以表述的，是不是到了已經絕望的程度？一個有思想有見解的文化人，當他的思想他的見解被扼殺了，他會是什麼樣的心境？絕望之後，是不是就麻木地參與進世間那拙劣而醜惡的表演。當他說「《大公報》沒有復刊的必要了」時，是不是已經看透在現有情況下，《大公報》和他一樣，已經沒有了精神的家園。即使有一個所謂的家園，也是被踐踏被掠奪得不像樣子，再不是原來那個自己可以隨心耕作的田園了。就用曾經的輝煌來溫暖今日內心的悲涼吧。

在報業縱橫天下的王芸生，是個理智的勇士，他可以拒絕「委員長」所給的「聘書」和金錢，因為，這有形的、看得見的、摸得著的東西，王芸生能拒絕，但精神上對王芸生的「弱化」，王芸生就不能拒絕了。他沒有能力繼續他的恪守，他的筆被掠奪了，他的腦袋被抽空了。他在哀歎、痛惜陳布雷之時，是無論如何也不會想到，他也會有著不同的悲劇結局。當說到陳布雷時，他說：「陳為人謙和拘謹，待人接物，向無疾言厲色。每見陳為蔣侍座，低眉垂目，斂手側坐，必有詢問，才答數語。那種恭謹嚴肅的樣子，令人看了透不過氣來。」其實，他們是殊途同歸。他們的悲劇結局更加說明，在中國，知識份子絕不會有自由的空間，自由的精神家園。權力永遠凌駕在知識份子腦袋的上空，要麼把腦袋削掉，要麼把腦袋裡的思想抽乾。

抗日時，有王芸生的戰場，他可以揮舞著「戰刀」不懼一切地衝殺在救民族於危亡的前線，但當戰場消失掉時，王芸生的戰刀被收繳了，他的喉嚨被割了，他的精神被扼殺了。這一切比陳布雷更加悲慘。因為，王芸生不能自由地辦他想辦的報紙，不能自由地說他想說的話。一個像王芸生這樣的人，他的內心會是什麼樣的想法？一個真正報人的最大苦痛，是剝奪他的話語權，掠奪他的思想。王芸生是活到了一九八〇年，但他不是以報人的身份活著，而是以一個「外交家」的身份活著。

殺死人的肉體，並不是最殘忍的，把一個人的精神殺死，才最殘酷。其手段更隱蔽，其目的更無恥、更卑劣。

一九二六年，邵飄萍被張作霖殺死了，一九三四年，史量才被蔣介石殺死了。那麼，王芸生在「文革」期間被「勞動改造」那是什麼？一個人如果用著誰就現交誰，向來為人所不齒。王芸生的《六十年來中國與日本》又成為對政治有用的東西，王芸生因此才被破例提前「解放」，這會不會令王芸生心寒？

「不黨、不賣、不私、不盲」的《大公報》是當年蔣介石每日必讀的報紙，他既不愛看《中央日報》，也不愛看《新華日報》，在他的辦公室、公館、餐廳都各放一份《大公報》。想來，王芸生的那大膽無忌的時政言論，蔣介石不會看不到。否則，國民黨外交部長郭泰祺何以因了王芸生的一篇〈擁護修明政治案〉而被罷免？王芸生所發表的言論，基本上是強烈批評國民黨政府不積極抗日的行為。然而，王芸生這種拂逆鱗的行為，別人並沒有把他怎樣，他個人也沒因此受什麼迫害。暮年的王芸生，回想走過的歲月，感慨會不會很多？今日的我們，是無法知曉了。

商品

張靜江也是

商品包括價值和使用價值。當它的使用價值消失掉了，就該退出商品流通領域了。人也是有價值的，只是價值和使用價值的不同而已。一個人只要還有價值和使用價值，他就不會被任用者丟棄。其實，懂得了價值規律，也就懂了人在社會上該如何對待自我存在的規律。

張靜江（字人傑）這個人，孫中山稱他為「中華第一奇人」；蔣介石最初稱他為「良師」後來稱他為「導師」；陳果夫稱他是國家「理財第一人」；毛澤東稱他是「有經濟眼光的人」。活在人世，能被這麼多指點江山揮斥方遒之人如此評價，能有幾人？歷史不僅愛和人們開玩笑，更願意設置迷霧和人類捉迷藏。等到陽光普照，雲消霧散之時，才會明白歷史到底是個什麼樣子。給予一個人的評價，也只有在霧消朗闊之後，才能看清。因為不在那個環境中，不受利益的驅動，不受其他條件的影響和限制。

張靜江是個商人，而且是個活躍在政壇和商海兩者之間的大商人，或說是今日的企業家。他和孫中山彼此關係密切，不僅僅是由於張靜江投身革命的熱情，更多的是因為張靜江的錢。張靜江和蔣介石的關係，除了張靜江的錢起作用之外，還有張靜江在國民黨內的地位在起作用。不論是在什麼幌子下，其本質都是張靜江的錢在發揮著巨大的潛能。錢和商品分不開，政治和錢更分不開。沒有錢，政治玩不轉；沒有政治的參與，再多的錢，也是小買賣。小商人與大商人的不同之處，不只是以擁有多少固定資產多少流動資金來確定，更重要的是有沒有對政治的參與。

張靜江和孫中山在見第一面後就和孫中山說，他願意資助孫中山革命，並約定電報暗號，孫中山需要經費時，即給張靜江發去含有ABCDE五個英文字母中的任何一個字母的電文，A代表一萬法郎，B代表兩萬法郎，C代表三萬法郎，D代表四萬法郎，E代表五萬法郎。不久國民革命處於經濟危困狀況，孫中山不抱多大希望地給張靜江去了個只有C字母的電報。不到二十天，一張三萬法郎的匯票就到了孫中山的手裡。革命者無不歡欣鼓舞，不是救了命，而是救了革命。三萬法郎不是小數字。當時，同盟會領袖孫中山一天的生活費是一角五分，住宿費為五角。後來，又向張靜江發了A和E字的電報。所以孫中山才和人說：「自一九〇五年八月同盟會成立後，始有向外籌資之舉；當時出資最勇最多者，張靜江也，傾其巴黎之店所得六七萬，盡以助餉。」「人傑確為革命奇人，也可稱革命聖人矣！」所以，也就不難理解：在他補辦加入同盟會手續時，他看到要求入會人必須「當天發誓」就嚴詞拒絕時，同盟會卻能破例同意他按照自己的意願發表自己的入會誓言。

因為他對同盟會有著「特殊的貢獻」：他的店鋪因無資金運轉而被迫出售；借夫人的私產來為革命出資。因為他的錢，備受孫中山的器重，在孫中山建立政府後，讓他出任財政部長，也是對他巨額出資的一種回報。

政治需要張靜江的錢，張靜江需要釋放他的叛逆思想。

蔣介石在對待張靜江的問題上，更表現出一個人是如何使用商品的全過程的。張靜江在國民黨裡，特別是在孫中山的眼裡是有地位的。蔣介石不能不看到這一點。在他和張靜江見面後，就極力地討好並結拜為把兄弟。試看蔣介石在一九二一年給張靜江的信：「關於弟以後之處世行事，請兄隨時指教，以冀有成。」「季陶為我友，而公則為我良師也。惟自苦天資頑鈍，素性暴躁，對於愛我諸公，恒未能奉若神明，而且時出侮辱之言行，既傷感情，復灰友心，非有一二篤愛友好，嚴厲督責，因事規正，終恐隕越貽羞。……吾公患病，行動不便，又不能常親聆教，此弟所以孤陋益甚，日月無長進也。」恭敬而謙卑的蔣介石躍然紙上。此時，無論是在金錢上，還是在權力上，張靜江對蔣介石來講，都有著最大的價值和使用價值。張靜江，既可以為他指點政治迷津，又可在財力上無償地資助他，成為蔣介石的堅強後盾。但到了和宋家聯姻之後，蔣有了經濟靠山，他在張靜江的幫助下於孫中山死後異軍突起。張靜江的使用價值逐漸地被使用完了，蔣介石便開始逐漸地削奪他的權力，讓他當建設委員會委員長。不久就說出「張人傑真是有點不識時務！」「張人傑喜歡擺老資格，這不好。」等到建設委員會被取消，他主政浙江之後，大做於社會有利，而於蔣介石不利之事後，他被蔣介石徹底地拋棄了。張靜江從浙江跑到河南見正在打仗的蔣介石。蔣介石最初不見：「你去告訴張人傑，我不想見他！」在陳立夫的勸說下，好久才決定見。張靜江對此也十分惱火：「好哇，你的架子不小呀！我從前去見總理，也沒有這麼難。」蔣介石是勃然大怒：「我看你在浙江是要獨立了！等我把閻、馮打下去，再來打你！」那個曾經恭敬而謙卑的蔣介石已經變成盛氣凌人的君主了。但也不必怪蔣介石，怪只能怪張靜江還認為自己是他的盟兄、他的良師。盟兄的角色已事過境遷，良師的作用已經消失。政治不是講真情的地方，更不是談友誼的沙龍。它是赤裸裸的互相利用的商業交易所。誰認識不到，誰就要吃虧受騙。

張靜江是善於經營商業的人，但他不是個善於經營政治的人。他懂得怎樣才能賺到錢，懂得如何把「西湖博覽會」開得有聲有色有影響，但他不懂得他自己因為什麼成了別人眼裡最值錢的商品，不懂得他這個商品終會被政治貶值拋棄。即使懂得，他也把自己的價值和使用價值分開了，而且毫無保留地奉獻出來。曾經別人十分需要的商品，今天已經過期貶值，還能有多少光顧的眼神？不該再在貨架之上了。張靜江只注重到自己對革命的奉獻和對把兄弟的責任，而沒有看到自己已經被政治利用完。需要你，是因為你有使用價值；不需要你，是因為你沒有了價值。

蔣介石在張靜江死後大張旗鼓地哀悼，以及在張靜江八十誕辰紀念日和九十誕辰日發表的題詞和紀念頌詞，那不是懺悔，也不是內疚，而是對曾經使用過的一種東西的回憶。在某個特定的日子，想起其曾經對自己的作用，總還是要想念一下的。

汪精衛為什麼賣國

就權力者而言，什麼都可以賣，比如人格、道德、感情、面子等，但就是不能賣國。賣自己的一切別人管不著，賣國就不一樣了。賣國賣的是整個國家全體人的尊嚴、地位、利益、權力，這也就是為什麼對賣國者人人誅之的原因。近日讀有關汪精衛的資料，發現他在這方面的表現尤為突出，尤為典型。禁不住就想到，他為什麼就要那樣執迷地去做呢？

一個人的歷史發展真是很複雜，不知道在哪裡就轉了彎，差了道，從此就再也不能回到原來的路上。年輕時的汪精衛還是個很令人肅然起敬的人物，為刺殺清朝的攝政王，豪情萬丈，不惜犧牲自己的生命。他的豪言壯語，至今看起來還是很令人佩服的。當孫中山、黃興、胡漢民聽說他要刺殺攝政王時紛紛勸阻，但汪精衛卻說「弟雖流血於菜市街頭，猶張目以望革命軍之入都門也。」

「凡為黨死，死得其正。」後來在給胡漢民的回信中說，求人才是為了用，比如做飯，薪盡飯熟，「若吝薪則何由有飯乎？」在要進京行刺前，還破指血書給胡漢民：「我今為薪，兄當為釜。」這樣的氣概與他後來的行徑，怎麼也掛不上鉤。但這是真實而確鑿的歷史，讓人不能不相信。看一個人的最初歷史，是不能判斷他的最終歸途的。此時，汪精衛沒有任何的權力目的，只為了黨，為了革命。後來的他就不一樣了。

汪精衛是國民黨的元老之一。孫中山去世後，汪精衛、胡漢民、廖仲愷等成為一個集體領導班子，蔣介石不過是小字輩的後起之秀。廖仲愷的被殺，成全了蔣介石。蔣介石的一石二鳥手段，把元老級的胡漢民和握兵權的許崇智擠出政治的圈外，只剩下了一個有資格且不放棄和他分庭抗禮的汪精衛。元老地位的汪精衛在內心裡極瞧不起蔣介石，可他掌握著政治最需要的兵權，汪精衛自然不可小看。這就為兩人的離合打下了不可毀棄的矛盾基礎。重要的是兩人又都是權力慾望極重的人，他們兩人誰也不可能徹底退出政治的舞臺。令人驚奇的是，他倆都非常善於辭職，而且又都是把每一次的辭職當作一個幌子。這也就難怪他倆一會兒合，一會兒又分了。兩個人的合與分，自然有各自的政治利益需要，權力使他們分離，利益使他們結合。無論他倆是合是分，宰割的都是國家的利益，通過宰割國家的利益來獲得自己的權力。愚蠢甚或天真的汪精衛永遠也不是蔣介石的對手，然而，他還是要和蔣介石抗衡做一下掙扎。這就導致了汪精衛從根本上逃離國民政府，最後走上了賣國求存的不歸路。

汪精衛在歷史上一貫以國民黨正統領袖自居，對於異軍突起的蔣介石，他最初的心理是不平衡，甚至是憤怒。他始終和蔣介石處於權力的交鋒中，不過每次都是他失敗。當日本侵略中國時，他固然有對戰爭結果的失敗論，但更多的是找到了一個能給他以權力幫助的人。他受蔣介石的氣太多了，他的心理不平衡也不甘心。有這樣的契機，手無一兵一卒又有權力慾望的汪精衛怎肯輕易放棄？在沒有發生日本侵略中國之時，他在爭取權力時就是今天靠唐生智，明天靠張發奎。一個沒有實力之人，想在中國獲得實在的權力那是不可能的。有實力就有資本，而汪精衛除了理論上的空講什麼也沒有。這倒不可怕，可怕的是慾望和實力不能成正比時，慾望會跳離固有的軌道，尋求新的軌跡運行。

汪精衛不是真正的文化人，也不是真正意義上的政治者，更談不上是文武全才。歷史上每個朝代面對主戰和主和的情況之時，真正的文化人和真正的武人都不會主和。他們沒有懦弱的性格，寧可犧牲生命也不放棄獨立尊嚴。汪精衛性格上是個懦弱者，智力上是個平凡者，但卻有著強者的野心和慾望。這樣的矛盾造就了他必然走上歧途。一九三六年的國民大會，他希望自己當總統，而實際上總統的帽子已按照蔣介石的腦袋量好了。當蔣介石一九三六年在西安出事，正在國外的他又復活了他的夢想：「不問中央有電否，我必歸。」東山再起的急切之情躍然電報之上。一個不能清醒地認識自己認識現實情況的追逐權力者，一旦有了能給予他幫助的條件，是不會放棄的。

蔣介石根本沒把汪精衛放在眼裡，而是利用他的慾望來做自己蔽醜的工具。說句實話，汪精衛走上這條賣國路，始作俑者是蔣介石。當時汪精衛雖是行政院長，但大權盡握在蔣介石手中，軍事、內政、外交、財政幾大項，沒有蔣的同意完全行不通。汪精衛是個徹底的「馬弁式的行政院長」。蔣始終堅持的「寧贈友邦，不予家奴」和「攘外必先安內」，已決定了汪精衛的尷尬處境。從國民黨的第一把手降到了第二把，一點說了不算不說，還得為蔣背「黑鍋」，汪精衛的心裡能不窩火？汪精衛始終在尋找機會和蔣介石抗衡，以獲得平等的地位，免受窩囊氣，日本給了他這個軟弱者這樣的機會。他的不甘心決定了他不僅不能放棄，還會肝腦塗地、喪心病狂地去做。軟弱者真正冷酷起來時，比凶蠻者還要殘酷。

以前不知中國的慰安婦是怎麼個情況，原來還是汪精衛造的孽。在一次會上，汪精衛說：「昨天，我接到日本東條首相的電話，他希望我們為目前在華的日軍提供十萬慰安婦，以穩定軍心。要完成好這個任務，非常困難，但為了中日友誼，為了當前我們政府的發展，我們一定想方設法完成好這個任務，十萬慰安婦，一人也不能少。」接著，汪精衛又命令道：「這件事情由社會部長丁默邨統一指揮，務必在十天內完成，不得有誤。」後來，丁默邨完成了十三萬五千人。曾經以孫中山的三民主義為自己旗幟的汪精衛，連做一個最起碼的人都不合格了。這是不是很讓人反思？

汪精衛走上賣國的道路，固然有多種的因素，但最主要的還在於他不能割捨權力，不甘於把自己置於權力的漩渦裡。不甘寂寞的小文化者和小政治者，在沒有人能讓他甘心服從，而又被人駕馭的情況下，他就會跳將起來，不擇手段不惜一切地尋找可以幫他實現目的的靠山。無能力的汪精衛不甘心退出，他自己又沒資本可賣，只有賣國一條路，賣國又能獲得最想要的東西，他不賣是怪事！

陳布雷遺書背後

陳布雷（一八九〇—一九四八年）是個複雜的人物，他給我們留下了一個不是疑問的疑問：他為什麼自殺？雖然他給那麼多人留下了遺書。他的自殺僅僅像他的遺書寫的那樣？看到那麼多有關探詢陳布雷為何自殺的資料就想，大名鼎鼎的陳布雷能不知道他死後，他的遺書會世人皆知？他心中的真實想法能就那麼簡單地直白天下？以陳布雷的性格，他不會。其實，陳布雷的死，既是他悲劇人生的結束，也是他這個知識份子置身於政治舞臺存在意義的開始。

陳布雷曾任上海《天鐸日報》、《商報》、《時事新報》主筆。在報紙這塊天地間縱橫捭闔，發別人不敢發，寫別人不敢寫的文章，為共產黨、國民黨同時欣賞。就連他走進蔣介石的陣營，也是共產黨幫的忙。這樣的人物，絕不是簡單的。

陳布雷與蔣介石是在一九二七年相識的，「彼此初見，相談甚歡」。此時，蔣介石剛剛獲取了國民黨的最高軍政大權，正是風華之時，而且他也正「高揚」著孫中山的偉大旗幟。見到倚馬可待，如椽大筆的三十六歲的陳布雷，蔣介石能不高看？陳布雷面對正滿胸指點江山的威武軍人蔣介石，也不能不生起敬佩的情感。到了蔣介石的麾下，或許他認為這是他的報國之路，國民黨在當時畢竟是強大的，況且還被蔣介石那麼看重。陳布雷畢竟是書生，文人最大的軟肋就是「士為知己者亡」，陳布雷也不例外。當他認識到問題之時，文人的最後那點虛榮和自尊心，決定了他不能否定自己當初的錯誤。必須堅持走下去。「我如同一個已經出嫁的女人，只能從一而終了！」從他這句話裡，透出多少複雜的心緒。自己選擇的錯誤，自己無法逃離的境遇，自己無法背離的矛盾，自己無法回還原來狀態的無奈，都在這句話裡。蔣介石待他不薄，宋美齡待他也不薄。在重慶，物資匱乏，但宋美齡派人每天給陳布雷送一磅牛奶。文人的感恩心理，是逃不脫也跳不過的屏障。一個愛變節的臣子，在中國歷來被人不齒。如果陳布雷自己公開否定了自己，他自己都會瞧不起自己。被人高看，禮當重報。被待如上賓的陳布雷，只能拼他的一腔血化的才華來報償，他沒有別的可以回報給蔣介石，蔣介石也不需要別的。

陳布雷替蔣介石寫作《西安月記》時，已是一九三七年，跟隨了蔣介石整整九年。「試玉要燒三日滿，辨才需待七年期。」九年的時間，對誰來講都不短。如果認識一個人到底是什麼樣，時間也足夠得不能再足夠了。陳布雷這個人中精靈，對蔣介石的認知程度能不高？陳布雷終究是一代文人，他只能婉拒：「我沒有去過西安，對變亂經過不很清楚，恐怕孚領袖厚望。」因偽造文章無法動筆而大發其火的他，對勸說他不要動肝火的胞妹憤怒地說：「你們不懂，叫我全部編造謊話，怎能不動火？」後來，妻子和胞妹還勸他，他竟至把一支筆桿在墨盒裡戳斷了。但他在這條路上已走九年，他怎麼能擺脫得了被自己套牢的命運。一個陳布雷的知友，曾記述了陳布雷親口對他說的話：「余今日言論思想，不能自作主張，軀殼靈魂，已漸他人之一體。人生皆有本能，孰能甘於此哉!?」

他的苦衷在心裡。對他的賞識，最初是他的喜悅，後來那是他的十字架；對他的厚待，最初是他的感恩，後來那是他的包袱。他不能離開，離開，他要背負新的不安和自我責備，與其這樣，他怎麼能逃離。誰選擇了政治，誰就沒有了他自己的思想和靈魂的天地。曾經在報紙上叱吒風雲的陳布雷，會忘記他反滿清、倒軍閥、驅列強的歲月？他現時的狀況與曾經的歲月相照，他內心會是何樣的感受？「為根本不懂文字的人寫文章，真是世界上最大的苦事唉，為人捉刀，何其苦惱乃爾！」最初的美好都化做了痛苦。

他絕不會和這些國民黨人一樣地存在，他要保持自己最後的尊嚴和良知，他只能堅守這最後的擁有。在國民黨顯貴中，陳布雷能一貧如洗清風兩袖地保持他的清廉，能在揮金如土、窮奢極慾、醜聞不斷的環境裡，堅持他不涉足賭場、不進煙花巷、不收禮、不撈錢的行為。故有做人的品格高貴，但也是在向世人證明，他不是為了攫取這些而投身政治。這既是捍衛他自己文人的最後尊嚴，也是維護他自己文人的最後品格，以此聊以安慰自己的心靈。

陳布雷是個負責而忠義的人，所做的事情極其認真。他曾對自己性格做過一番解釋：「有的人寫我孤僻，罵我驕傲，其實這都是怨望。以我的身體，以我的性格，以我今天的地位和工作，不適宜於會客，不適宜於講話，不適宜於社會。甚至於有時候紀念週我也不到。每到一回會必是滿載而歸，遇著朋友，他們都是以請求委座有事託我，我受人之託，必忠人之事，所以與會回來之後，一定要把一件一件事替朋友辦妥，讓其放心。」對待朋友尚且如此嚴謹重信，對他自己當初做出的人生決定，他會隨便地否定自己？選擇新的路？他能嗎？就是他動了這個心思，陳布雷作為蔣介石的最高級幕僚，最瞭解最高層人的內幕的現實，以蔣介石的處事原則和精明，在蔣介石還十分需要他之時，不會輕易地放棄他。就是放棄了，陳布雷的命運又會什麼樣？我們是無法推測的。

他給自己的親人朋友上司都寫下了遺書，但他的遺書並不能說明什麼。寫在紙上的東西，能讓人相信多少？曾經有多少白紙黑字的東西，其實際情景於此恰恰相反。用這麼多的遺書，只會讓人想到，陳布雷並不想把他內心的想法告訴給世人，要以一種精神的完美終結來結束自己不完美的生命結束。為這種終結，他要找到一個理由，那就是他的疲憊和自責。否則，他為什麼在臨死之前和他的女婿意味深長地說：「我一生最大的錯誤就是從政而又不懂政治，投在蔣先生手下，以至無法自拔，於今悔之晚矣！」這「悔之晚矣」的哀歎，足以讓人心死。蔣介石的失敗，給了他這樣一個契機：用死亡徹底地了結自己所曾做出的一切選擇和決定。他用死做最後的全盤否定，否定了自己，否定了政治。

這樣一位知識份子，在這樣的政治舞臺上終究是要失敗了。

劉文彩在今天

小時候讀《收租院》時，是懷著滿腔的憤怒去痛恨劉文彩的，他逼得百姓賣兒賣女，而他自己卻過著花天酒地的生活，當時看一段，就有種要拿刀砍他兩刀的慾望，為那些成都、川西、川南等地的老百姓報仇。那天，因查找貪污犯罪之類的資料，在網上偶然發現了劉文彩的資料，突然想，劉文彩要是在今天會怎樣？我還會不會憤怒得要拿刀動槍砍殺劉文彩？

劉文彩最著名和最讓人記住的是收租的事。「男的肩挑手推、婦女背背篼、兒童拉著雞公車，雙目失明的老人來交租」，這情景是很淒慘的了。佃戶們在交不夠「鐵板租」時，則被拷打、威逼，資料顯示主要是這些手段。不禁想，劉文彩的手段也不能算怎樣的高，還是個典型的大地主而已。他還沒有用割舌頭辦法來逼租，也沒有用車輪子把擋了他道的人軋死、撞死，劉文彩的手段今天看來還是小兒科，處於初級階段。說句實話，憑著他的財富，憑著他的力量，其招法會更高超的。好在他死在了舊社會的一九四九年初，要不，他非幹出幾件驚天地泣鬼神的大事不可，讓人看看他這個地頭蛇的能耐是什麼。

當時劉文彩的生活的確是高水準的奢靡的，有奶媽、有司機、有轎夫、有丫環、有種田工等等。那麼大的大地主有這麼幾個人侍候，現今看起來也不算什麼。要是在今天，劉文彩的生活可能就不是這個樣子了。他當時住的是金龍抱柱退一步大花床，占地面積達九平米，相當於當時的一百餘畝上等水田一季的收入，約等於今天的人民幣三到四萬元，與賓館裡總統套房的床相比，差遠了。劉文彩若看了這樣的床，非是一看一瞪眼不可。他一年的大煙錢消費折算成大米，可供三百人吃一年。折合成人民幣九到十一萬之間，說起來也不算個啥。「大熊貓」「大中華」多少錢一盒，多少錢一條？一年花多少？貪官污吏去港澳賭一次賭掉了多少？數字筆者不說，大家也都像知道天上有個太陽，水中有個月亮一樣。當然，劉文彩還有其他的消費，但折算來折算去，怎麼也折不過某些人。比如，胡長清，比如慕綏新，比如「紅樓」裡的消費者們。在他們的面前，劉文彩那是「陳奐生進城」，長了見識的。

劉文彩的莊園是很大，可就那麼兩個「老公館」、「新公館」，而且是十餘年才陸續建成的，與有幾百套房子的人相比，那是小巫見大巫。他要是看了某些人家別墅的氣派，非氣得再蓋他兩個公館不可。但如果只以他收租的費用，是到了一百歲也蓋不起來的。那時的他一定也明白。

劉文彩的父親是個有些土地且兼營燒酒作坊的地主，像這樣的地主在舊社會是很多的，我爺爺就是這樣的。劉文彩本人也是趕牲口販運貨物做些小生意的人，而今看起來，也是個自己創家業打江山、沒有後臺、沒有靠山的靠個人奮鬥出來的人。聰明的劉文彩在那時就知道僅靠販運是成不了大氣候的，必須與軍事與政治結緣，借助槍桿子獲利要比販運貨物多得多、快得多。

劉文彩擔任了敘府捐局局長，敘府百貨統捐局局長，敘南護商事務處長，川南水陸護商總處長、川南水陸禁煙查緝總處長，川江航運管理局局長等等職務後，他的利益才猛增了。他創意了很多個收稅名目，像什麼「煙苗捐、鋤頭捐、印花捐、豬牙捐、妓女捐、廁所稅等等，如果拋開劉文彩強徵名目繁多的賦稅的行為，看他所立的名目，還是滿有創意的，假使這些東西不是進了劉文彩個人的腰包，而是進了國庫，劉文彩極可能就是今天的創稅大王、收費標兵、先進模範了。

以前只知道劉文彩靠怎樣怎樣欺詐農民，侵佔土地變成惡霸地主的，那時就想，只靠農民的那點子糧食，怎能有那麼多的錢？今天才清楚，他的大多錢財是和權力勾結在一起共同創造的。他真聰明，那時候就知道走槍桿子裡面出金錢的道路。現今，他又會採用什麼樣的辦法呢？可能更高明了吧。

想來，大邑縣是他的根據地，憑藉著槍桿子，憑藉著金錢，憑藉著他當的若干個局長的位置，劉文彩的大邑縣會不會成為新的「大邱莊」呢？會不會也私設公堂，把人乾淨俐落地打死？會不會成為人們共學的榜樣？登上高臺、戴上紅花，當個什麼勞模呢？我不知道劉文彩活在今天到底會怎樣，但我知道他肯定會活得很風光，很不一般。不信，你就靜下心來想一想。說得不對，我情願你罵我。

從杜月笙身上看到的

大上海，群雄逐鹿的地方。杜月笙一路殺伐砍打，在青幫裡雄居幫主的地位，超過了他的師父黃金榮。真正做到了「青出於藍勝於藍」。

在普遍的認識中，青幫都是一些沒有民族氣節，惟利是圖的下三爛社會陳雜汙物。其實，人是多側面體，在不同的時刻會表現出不同的側面，是好人還是壞人，是不能輕易一錘定音的。青幫頭子杜月笙就是一例。透過他在特殊時期的表現，也有其令人欽佩敬服之處。

杜月笙在抗日之時，表現出的民族氣節還是很令人豎拇指的，但被在青幫所做出的壞事湮滅了，只記住了他是青幫頭子這一個頭銜。在「一・二八」滬戰之初，日本為施緩兵之計，謀與中國當局接觸，協定「雙方停戰」。為此，日本找到杜月笙，要他代表中方對話。杜月笙在吳鐵城的首肯下，請法國駐滬總領事甘格林居間，在法租界與日本代表會談，杜月笙表現出一個中國人應有的民族骨氣。對於日本的傲慢和無理，各國領事懾於日本的氣焰，囿於自己的私心，多保持沈默。他憤然起立：「東洋要利用租界打中國人，如得到在座同意，我杜月笙要在兩個鐘頭內，將租界全部毀滅。」結果，日本想利用租界的企圖破滅了。為此，法租界讓杜月笙提出辭去法租界董事之職。後來為了把日本軍艦阻截在長江裡頭，他聽從蔣介石的命令，把自己大達公司的全部船隻沉沒在江底。除去自己的同門當了漢奸的張嘯林。忠義二字，這是中國一直膜拜的兩樣無形的東西，不僅左右中國的歷史，也是衡量人物的歷史尺規。忠不僅是對人的忠，還有對國的忠；義不僅是對人的義，更表現在民族危亡之時所表現出來的民族大義。在民族大義面前，杜月笙跳出了青幫的狹隘意識，以一個民族志士的姿態，立在民族的潮頭。他血液裡有著大忠與大義的成分。這是他永遠成為一個被官府利用的幫主和打手的原因。

成名後的杜月笙一直努力地擺脫他在青幫的惡名，但永世也沒有擺脫。上蒼就是這麼怪，一個人的歷史一旦定了位，想要改變那真是太難了。青幫給了他叱吒大上海的榮耀地位，也給了他一生也脫不掉的被人瞧不起的青幫服。他很知道青幫在社會上是個什麼角色。杜月笙後來打交道的人，都是社會名流。其中就有大名鼎鼎的國士楊度，名滿天下的章士釗。他在行為上，也努力表現出儒雅之風大家之氣。青幫是他賴以起家的資本，但這資本並沒有令他自豪和驕傲，他後來的日子，始終都在努力地擺脫青幫給予他的這種影響，一直在努力脫去這件並不光彩的衣服。舉行「選舉上海小姐」大賽，募捐到四億元的鉅款賑濟受水災的難民。成名後每年夏天給家鄉購買大量的消毒藥水，控制疫病流行，冬天購買大批量的棉衣救濟貧民，又一口氣給家鄉修了二十三座大小石橋。這僅僅是衣錦還鄉的榮耀嗎？其實，也是一種對自身曾為人不齒行為的洗刷。後來，又用自己六十大壽的壽禮，辦月笙圖書館和編印《上海市通志》。本質上都是為了這個目的，但無法脫去，只好裝點修飾美化。

青幫在黃金榮和杜月笙「領導」下，逐漸擴大起來，成為能在大上海叱吒風雲的幫派。他們有著官府無力觸及的領域，無力控制的力量，但仍然只是個可憐的青幫，它沒有名分和地位，在官府面前還是渺小的軟弱的。青幫需要政府的保護，政府也在利用青幫來為他服務。蔣介石為了利用杜月笙的力量，給了杜月笙一個少將軍銜。他非常自豪，還特意留影紀念，覺得自己名分發生了變化。他被官府授予了一個官銜，就像一個被人偷養著的女人，用一頂花轎從邊門抬進大宅子變成了姨太太。實際上沒什麼變化，小妾還是小妾，不過公開罷了，還是不能上得大排場。其實，一點都沒變，他們還是沒有被人瞧起。

青幫還是白幫，白道還是黑道，在合法化的組織面前，都不重要。重要的是只要不構成其對立面，不構成其危害，就會允許其存在。其實，他們兩者之間沒有什麼根本的區別，就在於合法與不合法的問題。青幫之所以被蔣介石接納，不是青幫的作用，而是青幫領域沒有擴大化，沒有顛覆他的可能。青幫們停留在小農意識的範圍裡，只是幫，沒有覬覦社會政權，沒有對其構成威脅。只是社會存在的一個特殊形式，一個層面。主要看政權統馭社會到什麼程度。當幫派的財力達到一定程度，有了思想體系，有和官府對抗的能力和要求，就不會被蔣介石包容了。中國的青幫、洪幫，或說「紫幫」、「綠幫」，都只是一個在小領域裡的苟活，成為一個對抗黨派的可能性太弱。在它沒有顛覆官府之時，看不起是看不起，惹它沒有必要，利用它還是必須。當一個社會在制度上出現了若干的盲點，就必然會出現一種這樣的幫派。

青幫，沒有被剿殺而存活下來，是因為沒有和官府對抗，順從官府，甚至做政府的幫兇，和政府掠奪同一個目標，這個目標是沒有反抗力的弱勢群體。形式上是控制，內容上是互利，本質上是一致。是一種地地道道的官幫勾結，青幫給予官府以幫助，官府給予青幫以方便。當青幫超越了許可權，就要動用強大的官府進行限制了。所以青幫杜月笙怎樣地叱吒，也不能成為「青黨」的頭子，而只能是上海的地頭蛇，青幫的頭子。

第二輯　軍閥

湮滅了光彩的袁世凱

提起袁世凱，首先記起的就是他掙命地做了八十三天皇帝的事，最後在全國的怒討聲中，悲愴無奈地脫下了龍袍，隨之以一句「這個事我做錯了」，清醒地告別人世。以他最不光彩的最後一筆，將自己定格在令人指責的歷史中，從而把自己的光彩永遠地湮滅在不光彩的歷史之中。

袁世凱絕不是個蠢笨之人，從他走過的歷史腳印中就可以探看到他靈性的閃光，否則也不會在那個動盪的民國時期坐到總統的椅子上。中國人向來願意以點概面，有全面否定或全面肯定的看法，就像某個人見義勇為或在崗位上怎樣拼力，最後犧牲了，接著就會出現：他平時怎樣大公無私，怎樣捨己為人，怎樣公而忘私，反正是世上人應有的所有的優點都集中地體現在這個人身上，「疤瘌」也成了花朵。如果沒死，那就是另外一回事了。而一個人在某些方面犯了「毛病」，做了不合情理的一二件事情，這個人就徹底完了，十惡不赦了，全部的成績都被抹殺了。細心瞧瞧就知道這類的例子是多麼的多，袁世凱昏庸大逆不道地做了皇帝，也確屬這類。

袁世凱也是一步一個腳印地走出來的。他組建新式陸軍就嶄露頭角，以德國的營制編制訓練，形成了標準化和規範化的軍隊，是中國第一支最引人矚目的模範軍隊，叩開了中國軍事近代化的大門，培養了一大批軍事人才。正是基於此，李鴻章才分外看重袁世凱。李鴻章一生中都處於別人捅簍子，他堵窟窿的角色。面對風雨飄搖千瘡百孔，無強兵無強力的大清帝國，他只能無奈地簽那一個個讓他蒙羞的條約。李鴻章從袁世凱的身上看到了希望所在，所以才在快死的時候說：「環顧宇內人才，無有出袁世凱之右者。」由此，袁世凱走上了一條政治之路。

政治之路總是充滿了鬥爭與血腥。軟弱了，別人以為你無能力，強硬了又以為殘酷無情。尺度的掌握是很難的，況且是在軟弱無能的大清統治下，袁世凱在接了李鴻章的班後，面臨的問題要比李鴻章還要多。說句實話，袁世凱這時實在是沒有要當皇帝的野心，從根子上講也是全心全意忠於大清王朝的，不僅這位大清首位臣子，就是每個人都會那麼做的。

八國聯軍攻陷天津後，成立了「天津地區臨時政府」，這是名副其實的都統衙門，它管轄了自天津到大沽口海河兩岸二十華里地面的訴訟、稅收，並攫有了「一切屬於中國政府的動產」的處理權，儼然成了「國中之國」，這無疑是中國人的恥辱。剛坐上直隸總督的袁世凱，對此十分惱火，堅決要拔掉這個硬釘子。但風波並未因袁世凱毅然拔掉了這個釘子而消停平靜。聯軍們先等著看熱鬧，再來等著請求他們幫助統管天津的治安，因為《辛丑合約》寫明聯軍在交還天津後，中國政府不得在距天津租界二十里內駐紮軍隊。二十里實際上包括了整個天津市區。軍隊不能駐紮，天津這個雜亂之地的治安就無法維護，袁世凱的權力就不能行使。聯軍在耐心地等袁世凱出醜，那時大大地拿一把。但袁世凱沒讓聯軍的願望之花盛開在臉上。聰明人的才智與能力，有時就表現在，在不合理的情況下找出一個合理因素，袁世凱打了一個漂亮的擦邊球。

知道西方有警察而中國尚未有的袁世凱，就如此地玩了起來：一支三千人組成的威武雄壯的警察雄赳赳地開進了天津，中國歷史上第一支與國際接軌的警察誕生了。聯軍們的美夢落空了。袁世凱用這一行動給了聯軍洋鬼子們一記響亮的耳光。與此同時，在天津還成立了巡警學堂，陸續增添了河巡、馬巡、暗巡、消防隊等。這在歷史上是不能不被稱為大事的，有幾個人能這麼聰明機智地做呢？

作為一個臣子總要為給他薪俸的朝廷賣命的，無論這個朝廷到了怎樣的程度，維護他的主子都是必須要做的。岳飛、文天祥就是以他們的能力，在補救行將滅亡的朝廷。我們不能以現今的觀念來責備歷史條件下的人物。袁世凱在大清朝即將毀滅的時候，也努力去拯救這個備受欺凌的國家。向朝廷提出了他的〈遵旨敬抒管見上備甄擇折〉：一、嚴肅政令，整頓朝綱；二、嚴格考核，培訓官吏；三、設立學堂，推行西學；四、限制科舉，考研務實；五、設立報館，公開政要；六、派遣留學，交通中外；七、考選使臣，洞悉外情；八、釐定廉俸，嚴懲貪污；九、振興實務，抵制洋商；十、取法西方，增強軍備。從中我們可以看出對政治、軍事、教育、外交、經濟、軍備等方面都有著很先進的看法，袁世凱也正是這麼做的。大清朝在最後十年能獲得巨大的進步，與袁世凱的嘔心努力分不開。興辦的學堂達到八萬七千兩百七十二所，留洋空前。因袁世凱的提議，科舉制度被廢止。官吏們要學國際法、政治學、憲法學、刑法學、民法學等，與世界拉近了距離。

袁世凱收回開平煤礦也值得一說。開平煤礦受美國工程師胡佛竄唆，以防聯軍佔領煤礦為辭，與英國訂立了出賣開平的假合同，但實際上不但開平煤礦，而且連同所屬的河道、口岸已統統落入英國人之手。袁世凱知道後，堅決要收回礦山，但英國人置之不理。袁世凱大怒拍案而起：「礦山乃國家財產，股資乃商人血本，口岸河道乃聖朝廷疆域，豈能憑一二人未經奏准而私相授受。我之錄列封坊，職司守土，寸壤尺地，義在必爭，斷不能坐視不管。」其實開平煤礦能這樣，也是由於他的恩師李鴻章的兩個兒子撐腰才這樣。當他知道後也未善罷甘休，還是收回。這件事，袁世凱看在恩師的面子，完全可以睜一隻眼，閉一隻眼的，但他還是鐵面的，雖也有私。

在歷史中，每個人都有其閃光的地方，都有其醜陋的地方，袁世凱也不例外，但他冒天下之大不韙而走上皇帝之路的行徑，就將他一生路上的閃光點遮住了。但願不要有人再做袁世凱這樣的蠢事。如果沒有任何閃光，還要這樣走那就是蠢中之最了。

袁世凱為何不重用梁啟超

在中國近代史的知識份子堆裡，梁啟超的才能無人能及。二十四歲之時，就名滿天下，袁世凱對他的才華，敬佩有加。「戊戌變法」失敗，流亡日本十二年之後，梁啟超在袁世凱函電不斷的催促下，回國就任法務次官。袁世凱在梁啟超剛剛踏上祖國的土地時，給予梁啟超空前的禮遇，讓他住賢良寺。賢良寺那是當年曾國藩、李鴻章做封疆大吏入京時住的地方，給予一個手無寸鐵只有一支筆的梁啟超這樣的禮遇，對於善玩政治的袁世凱來講，肯定有著自己的政治目的。

知識份子總有知識份子的可愛性，他們不複雜，看問題總愛從好的方面去考慮，不願把人看得太壞。梁啟超並不知道袁世凱重用他的目的到底在哪裡，善良地認為「回國後袁世凱待我不薄，若投身政治，則組黨為一途，可以聚集同道磨礪思想，中國社會最易消磨人物，此種污濁空氣今就勝昔，如不抵抗，仍是病國病民。」一心想要通過袁世凱這個權傾天下的大總統，在共和的名義下，用專制的手段，把中國引上憲政的軌道。梁啟超既不知道袁世凱的居心何在，也不知道袁世凱內心裡是怎樣看待他的。

熊希齡出任總理組閣，梁啟超要做財政總長，與熊希齡共進退。結果，袁世凱拿出的總長的名單裡根本就沒有梁啟超的名字，在熊希齡的再三力爭下，才讓梁啟超做個教育總長。梁啟超堅辭不就。沒辦法，熊希齡又只好和袁世凱說：「請讓出財政。」袁世凱說了真話：「我說梁啟超做不好的，書生會說會寫會飲酒會罵人，如此而已，明白了嗎？」熊希齡還在力爭：「不明白，梁啟超著作等身，尚未一試怎能就判以萬萬做不好呢？」袁世凱：「他文章寫得越多，就越是做不好。比如去五國銀行團借款，他是反對的，因為以理論觀之實屬大不該之舉。可是我只要錢，沒有錢怎麼派兵到南方去打仗呢？一個財政總長，我要他去借錢，他不去，跟我論理，寫文章，甲乙丙丁如何不該借，我要他何用？」

袁世凱還算坦率，把他的觀點直言不諱地說出來。袁世凱不糊塗，青紅皂白分得清，大不該的事情他懂，但他不需要一個正確的是非標準。為他的目的服務，是他選人用人的唯一標準尺度。這也不是袁世凱這個權力者一個人的用人標準，我們不要以為權力者做出的某些錯誤之事，是他們在不清楚不明白狀況下做的。那只是對他們的低估，什麼是對的，什麼是錯的，他們明白得很。如果，權力者都能按照真正的是非標準去做，也就不會出現那麼多不得志之人，也不會出現那麼多的冤假錯案，更不會出現歷史性倒退的現象。權力者個人的陰暗目的，是一切罪惡政治之源。

絕對的服從者是權力者的首選，學問在政治的天平上，根本算不了什麼！讓你拿上盆碗去借錢就去借錢，讓你拿著刺刀去殺人就去殺人，讓你誣陷張三就陷害張三，讓你跳河就跳河。不需要問為什麼，更不能和權力者理論，只需要按指示執行命令即可。中國的用人政策歷來如此。所以，我們在成長的過程中，總是被告知，要聽話，不聽話就要吃虧。不聽話這一條，就足以把自己擋在了可用的門外。對權力者而言，聽命和服從是最重要的。如果既是奴才又是人才，那最好不過，但這兩者在一個人身上常常分離。真正有才有識的知識份子不會輕易服從和聽命，他們有自己的思想和見解。讓權力者做出唯一選擇時，聽命者還是首選。滿腹學問滿心愛國，不會惟權力者言聽計從的梁啟超，在中國最高權力者的眼中，都是這樣的結果，況且是沒有梁啟超那樣學問的無名書生呢！學問在權力者的心中，永遠不是第一位的。袁世凱那樣隆重對待梁啟超和「延攬入閣」，不過是在裝飾自己政治門面時，借重梁啟超的名聲和力量，給自己帶來一種政治聲勢，一種政治效應，沒有其他別的東西。

「文章寫得越好，就越是做不好。」文章寫得好，最簡單的解釋是文章寫得對，不對的文章肯定不好。寫得對，說明認識問題的深刻。寫文章和做官的運行規則，以及要求是大不一樣的。知識份子一般關心的是國權、民權、政黨、民眾，考慮的是民族大事，瞻顧的是長遠的利益。而權力者瞻顧的是眼前的利益，權衡的是個人的得失利弊。這本就是不可調和的對立。知識份子向來具有固執性，對的堅決執行，不對的肯定要辯論，不會因此而顧慮自己的利益得失。但做官完全不同，對的執行，不對的也執行，是絕對的服從，哪怕是賣己，哪怕是賣國。能寫文章的人一般不會搞關係，不會處理平衡問題，認死理鑽牛角尖兒，是那種咬住屎橛給麻花不換的倔強人，這與政治要求正好相反。想要知識份子服從，必須有足夠的讓他服從的理由，否則，就要為他認可的理論戰鬥到底。另外，文章好，學問深，對政治上的把戲就越不屑，越不能容忍錯誤的存在，這會讓領導頭痛心惱的。別人頭痛心惱，不要緊，領導頭疼，就不得了了，有他難受的，自然就有你難受的。在中國特色的國情下，知識份子做官哪裡能做得好呢！不讓梁啟超當官，也對。在外國，不敢說會是怎樣的情景？

中國跳不出這個權力與知識的怪圈，中國就沒有走上文明道路的可能。知識被壓在權力的腳下匍匐著前進的國度，永遠不會站立起來。不只是袁世凱的例子這樣告訴我們。

孫中山：被圍剿的鬥士

一九二五年三月十二日，一位跨世紀的偉人，告別了他為民主革命而奮鬥了一生的中華大地，死前哀歎：「生死常事，本不足念，惟數十年致力國民革命，所抱定之主義，未能完全實現不無遺憾。」孫中山是以他畢生的精力從事國民革命，追求中國之自由平等的目的的。但他和同仁們血淚化成的成果，他和同仁們鞠躬盡瘁而建成的民國，被強暴了，被蹂躪了，孫中山本人也因此而留下一生的遺憾和痛苦。

孫中山是中華民國的開國總統，也是第一位，也是唯一一位「自願」交出總統權力的民國總統，這在中華民族的悠久歷史上鮮見。然而，他的「自願」也有著更多讓人深思的東西蘊藏在裡面，讓人思考讓人反思。

孫中山帶著理想和個人盡瘁的決心，在革命的道路上奮力拼殺。我們不能懷疑孫中山的能力水平和決心，但他在現實面前被圍剿了，他最終失敗了。孫中山評判人的能力水平值得我們思考：他們為什麼紛紛投向了袁世凱？為什麼陳炯明斷然背叛，且不惜下毒手謀害他？袁世凱又為什麼可以坦然接受大總統之位，且公然坐上洪憲皇帝的寶座？孫中山先生對這些進行了怎樣的思考？

就孫中山的同仁們而言，如黃興、汪精衛、胡漢民、宋教仁、陳炯明等，在最初進行革命時和他能志同道合，但隨著形勢的發展，與孫中山產生了巨大的分歧，內部的不統一，造成了孫中山政治路途的艱難與曲折。宋教仁的內閣制主張與孫中山的總統制主張，就給同盟會組織的團結統一造成巨大的陰影。此時，還存在著妥協調和勢力在極力地排擠孫中山，欲架空孫中山的領導地位。在這種情況之下，孫中山被選為臨時大總統，他的境遇也就可想而知了。他在上邊，但支撐他的結構卻在搖搖欲墜。組織內部的問題，往往比外界的衝擊力量更大更猛烈更難以抵禦。還有當時的張謇立憲派，不能說張謇的立憲怎樣的錯誤，但至少在革命組織內部構成了影響，幫了袁世凱的忙。孫中山信賴的胡漢民、汪精衛最後都倒向了袁世凱，汪精衛甚至能當面詰問孫中山：「你不贊成和議，難道是捨不得總統嗎？」就是他的左右臂黃興也主張只要袁世凱能推翻清室，就可以給他一個民選總統。這既可以看出，這些革命的主要領導者，是如何看待民選總統的；又可以知道，其實他們倒向的不是袁世凱，而是倒向一種力量。內部力量是如此的強大，內部的主張又是如此的複雜，孫中山能有多大的力量來抗衡？況且當時舊的體制、觀念、規範、信仰等並沒有消亡，或說還有相當大的力量在頑強地抵抗。

專制體制的利益，決定孫中山在四面楚歌的圍剿中，必然敗下陣來。內部孫中山無法統一，外界更無法駕馭。

孫中山是接受西方教育長大的，思想上接受的東西、產生的革命意識也是西方的，對中國傳統的專制體制造成的思維方式，沒有深刻的認識，更多的是一種西方思想在中國的強硬栽植。中國的這塊土壤，不是那麼容易接受這根西方的幼苗的。鮮活幾天之後，就要枯萎。孫中山的「臨時大總統」幼苗沒有茁壯成長的環境和土壤，它只活了九十天就死去了。孫中山的理想和願望，走進中國這個鐵桶般的屋子，是一道光，但很快就被黑暗湮滅了。

南北的形勢在當時已很分明，袁世凱是當時的內閣總理大臣，大權握於他一人之手，更不能讓人小瞧的是他有著讓人萬萬不可忽視的軍隊。在中國，誰有軍隊誰就是太上皇，誰就說了算，就可以想顛覆誰就顛覆誰。外部的圍剿正在緊鑼密鼓地進行，內部的圍剿也劍拔弩張。孫中山在民國的政府裡，所頒佈的法令和新措施都無法進行操作，即「號令不出百里」。一個政府的建立首先要有保障這個政府的軍隊，和養活這個軍隊的雄厚經濟基礎。但孫中山的政府不是一手拿著槍，一手拿著錢的政府。他怎麼能調遣一個有著那麼多年暴力歷史的專制國家呢？孫中山只是對這個統治進行了衝擊，屋子倒了，基礎還在。而在新建起的新屋子裡，住著披著總統外衣的皇上袁世凱，封建專制體制的大廈又建起來了。從本質上講，只要這種體制存在，即使不是袁世凱竊取他的成果，也有其他的人盜去他的總統職位。

孫中山的革命經費從開始到後來，基本都是各路人的捐款，雖然，後來也有財政收入，也是杯水車薪。一個政府要靠華僑們的募捐來存在，能久嗎？各省的軍政府死死地卡住經濟的脖子，孫中山再能講大道理，也沒用。此時，就是神仙來了，也救不了孫中山。兵權圍剿了孫中山，財權，圍剿了孫中山。也就難怪章太炎說：「政府號令不出百里，孫公日騎馬上清涼山耳。」所以，與其說孫中山讓位於袁世凱，不如說讓位於錢財和兵力。政治的較量，其實也是實力的較量，在力量上在錢財上占了優勢，便占了大頭兒。為什麼有的人死死地握著兵權不放？為什麼有人對財政大權死死地握緊一支筆？在歷史的經驗裡，人們成長了起來。

雖然，孫中山的後來人蔣介石以他的雄厚兵力和金銀，沒有較量過毛澤東，但他失去了人心。在爭奪政治權力的你死我活鬥爭中，人心，兵力，經濟三者是政治權力的三腳架，缺了哪一個，都要倒塌，都沒有取勝的保證。孫中山走的是上層的道路，蔣介石走的也是上層，而毛澤東與之相反。同時，毛澤東更看到了槍桿子和經濟的重大作用。毛澤東畢竟是在這塊專制土壤上出生、長大、成熟起來的人。

孫中山的西方成長教育基礎、他革新中國的願望在世界大環境中，和中國必然要有所改變的趨勢有了接觸點。但他的願望和民智的開啟程度有著巨大的差距，包括他的左膀右臂，包括他的同仁志士。民眾的整體民主意識還沒有萌發，封建專制意識還在那迎風飄動。孫中山的正確認識和理想，遠遠地超越那個時代的整體意識，他只點了一把火，但不知應由哪些人來加柴，哪些人去割柴。所以，那火不會熊熊地燒起來，徹底地燒掉那個舊世界。

一切都在圍剿他，他還能不把臨時大總統的椅子讓出來嗎？孫中山還算聰明，否則，他也會和其他那些總統一樣遭遇被趕下臺的命運。被包圍的人，要麼死掉，要麼把沒有子彈的槍交出來，舉手投降。

對專制這東西，以中國的現實，必須得有信心有耐力。要完全消滅它，在幾年十幾年內是不可能實現的，要一點點地刨，一點點地推進。要幾代人的努力，幾代人的鮮血，才能有所改變，它根基厚著呢！可喜可賀的是，孫中山在被圍剿的過程中，始終沒有退避山野，而是執著地戰鬥到生命的最後一刻。這也許是他不朽的主要原因。

徐世昌：慣看秋月春風

徐世昌，做過大清朝的一品官，做過袁世凱的宰相，做過民國的大總統，經過的人事升降、社會的變遷不可謂不多。閱人多矣，歷事多矣。他最有資歷做總統，沒有人有資歷和他較量。但中國的政治不相信資歷，只相信有沒有資本，徐世昌有資歷，卻沒有資本去當中國的總統，也就註定了他的落荒而逃。

一個人看的「春日秋景」多了，對他有極大的幫助，能在複雜的環境下應變自如，給自己創造更多的機會指點江山。但要有資本，就像經商要有成本一樣，政治更要有成本。沒有成本的政治是在洶湧的風浪上用竹排漂流，驚險之中，無力欣賞風景的同時，排翻人亡的機會太大了。中國特色的「總統」更是這樣。

徐世昌這位全國科考第四名，他的才華那是沒得說的。在翰林院庶常館學習的三年期間，他的成績也是一等的，成了當時大名鼎鼎的張之萬相國的門生。在中國文人治國的理念之下，徐世昌的前途是光明的，以後的發展也確證了他的書生道路帶給他的種種榮耀。大清朝需要他這樣一個「中庸」之人，一個「中庸」之國喜歡「中庸」之人，他堅守的「中庸」幫了他的大忙。正因為此，徐世昌可以在大清朝那一縷落日的斜陽裡，被欣賞而得到飛升。然而，一個沒落的朝代，任何人也不能拯救它。書生從來沒有資本去和有實力的人物鬥幾個來回。因為，在中國，政治的資本就是兵權就是武力。即使他到了袁世凱小站的軍中，其實質也不過是個幕僚是個擺設。當時，徐世昌是幫朋友的忙，為袁世凱出出謀畫畫策，也是為自己謀些小利。堂堂的翰林院編修到軍中，那是很少見的，這無疑給沒有多少文化的袁世凱的臉上貼上了一層厚厚的金箔，袁世凱當然很器重。就是後來的北洋三傑，王士珍、段祺瑞、馮國璋都成了他的下屬。對他來講，在軍隊裡，徐世昌是個文人，在文人圈子裡，他又是個軍人。但他未想到他的這一段經歷，會對他以後坐上總統的座位，幫了那麼大的忙。對他個人來講，這樣的忙，不幫倒好。

徐世昌在清朝沒落到極點，急需人才的情況下，占了天時，他成了慈禧、袁世凱、張之洞欣賞的人。袁世凱在疏中就曾說他：「公正篤誠，才識明練。前在臣軍辦理營務，遇事能持大體，不避勞怨，調和將士，撫馭得宜，全軍翕然悅服。尤於時局要政潛心考究，志切澄清，故以儒臣暢曉軍情，洞達時務。」他當上了國子監司業，相當於最高學府的副校長。一九〇四年，他署兵部侍郎，同年又當上了文衡（主考官）。一九〇五年，他入值軍機處，到年底又當上了兵部尚書，即國防部部長。涉足政務、財務、學務、軍務各方面，可謂黨、政、軍徐世昌無所不到。有這樣的經歷，他看到的東西太多了，他接觸到的人也太多了。

他不僅在中央幹過，在地方也幹過。一九〇七年，他自己提出申請到了東北奉天做東三省總督，在基層鍛煉了兩年，做出了一些令朝廷滿意的政績工程。為消除「內地督撫同城院司不和之弊」，統一成「合署辦公」，成為中國首創。而且專門修建了公署，規模壯觀，工作人員的工資明顯提高。用人及財款上都有了改進。這些表面都是為了大清朝廷的門面，實際上是慷清朝之慨。不過是表面的政績工程，也就類似把大樹從山上移了下來栽到城裡，朝廷一檢查，滿好滿好。結果兩個月過去，樹死了，山上的樹坑還在那露著。徐世昌在東北做了幾天「秀」，就回了中央，但他留下的弊端在他走後，明顯地表現了出來。

翰林院人才濟濟，如草如木一樣多。徐世昌在翰林院整整待了三年，磨練成了他深沉、圓通、達變的性格。「人老奸，馬老猾，兔子老了不讓抓。」經歷得多總會給他帶來足夠多的幫助。徐世昌諸多的經歷，把他推上了總統的寶座。不過，中國的總統寶座哪裡那麼好坐。因為，中國的總統和外國的總統有著本質的不同。我們只是把「總統」的形式拿來了，內容卻沒學來。從袁世凱竊取了孫中山的位置起，中國的總統就不是真正意義上的總統，基本上不是大盜就是大盜的傀儡。

袁世凱死了，張之洞死了，他成了資格最老的人，無論是黎元洪還是馮國璋做總統，他為各派擁戴的地位都不受損害，他都凌駕他們之上，他們對時局的看法還要詢問徐世昌。但徐世昌的看法只是看法，看法阻止不了拿槍的手臂不抬起來，揮刀的手臂不放下來。面對馮國璋、黎元洪辭職的現實，他並沒有明瞭時局的態勢，更沒有提高他對現實的認識。這個四分五裂的北洋團體，他這個看慣「秋月春風」的翰林院編修、大清宰相是無力拯救的。但他想以自己的威望和資格來承擔起團結這個逐日分裂衰敗下去的隊伍的重任，打破兄弟相殘的惡劣局面。他畢竟在北洋隊伍幹過，畢竟是個飽讀詩書的書生，他心中是不是有一種明知不可為而為之的悲壯？是不是有著一種自己要扭轉分崩離析局面的書生倔強？

段祺瑞和馮國璋同時下野的情況下，徐世昌這個不握兵權的讀書人，被雙方同時認可，他本人也有了要救北洋的執著想法，於是，他「出山」了。但能坐穩他的總統寶座嗎？徐世昌有資格做「和平老人」，他像安南一樣東奔西走地去調停，能起多大的作用呢？美國就要打伊拉克，安南也沒有辦法，只好徒勞地呼籲而已。段祺瑞有重兵在左手，馮國璋有強兵在右手，徐世昌手裡有什麼呢？遊說要在武力的基礎之上，中國的歷史，是武力起決定作用的歷史。

他做總統之際，北洋軍閥已成皖、直、奉三足鼎立之勢，徐世昌手中兵無一個，有的只是資格。資格當不了大刀，更當不了子彈。在軍閥混戰的世界裡一個翰林院編修有能力來縱橫捭闔嗎？中國是大刀和棍棒的天下，誰贏了是王，誰輸了就是寇。磨刀霍霍的世界，無黨可依，無兵可恃，只有超然地位的徐世昌能做滿總統的任期？徐世昌以為他的資格、洞達和圓通，能調停出一個和平的世界，那可能嗎？徐世昌眼中的「和平統一」是肥皂泡。在一個霸權的社會裡，左手要有權力，右手要有兵器，兜裡要有經濟。有資本的天下，有資本的總統才是中國的總統，袁世凱就懂這個道理。孫中山、黎元洪、馮國璋、曹錕、李宗仁皆在不同的方面不能同時擁有。所以，必然都成了被趕下臺的總統。為什麼那段時間的總統像走馬燈一樣地換？在不斷的紛爭、抗衡和力量的此消彼長中，資本不斷地變化，必然要不斷地更迭其力量代表。武力說了算的原則，本就是強盜的哲學。

向來被人稱為「水晶狐狸」的徐世昌，其實還不是狐狸，至少他選擇了當總統。無論他的初衷是什麼，都是不理智不聰明的。於岸邊，看了太多次的明月，沐浴了太多的春風的他，一迷糊，最終還是掉進了湍急的河流。中國的棍棒政治，哪裡是翰林院編修所能駕馭得了的。

曹錕：一分清醒一分醉

像走馬燈一樣地換總統的民國，可說是人才輩出，出身低微以販布謀生的曹錕也當屬此範圍。雖然在歷史的長河中像個小曇花一樣一閃即逝，而且是鬼迷心竅地用金錢作為催化劑，把它催開了，但凋零後的他，在天津租界裡卻保存住了一份清醒，或許是從權力的昏醉中走了出來吧，但這一份清醒留給世人的記憶，卻沒有留給世人的昏醉更深。

人處在某一特定的位子上，如果胸中沒有點貨真價實的東西，常常要被這個位子上的光芒照得昏頭脹腦，不知自己是誰。曹錕便是如此。在軍旅中成長壯大起來的曹錕在掌握了直系大權之後，就動了要當副總統的念頭兒，惦記上了。什麼事就怕惦記，這念頭兒一起，就像泉水一樣源源不斷地往上湧。外在的一切都不會放在眼裡，內在的一切都要為這個念頭服務。曹錕的這個念頭，成就了他也毀了他，我們從他後來的結局就知道了。

其實，曹錕完全可以不去問鼎這個總統，以曹錕所擁有的兵權，哪個當權者都要向他俯首。在他所在的直系頭子馮國璋死了之後，能與他相對弈的，也不過就是皖系的段祺瑞與奉系的張作霖兩人。就是在馮國璋未死之時，馮國璋與段祺瑞也是極力地拉攏他，他握有的重兵讓他有著舉足輕重的地位。此時，尚清醒的曹錕利用了兩者，保存了自己的實力，更加壯大起來。段祺瑞看出了曹錕要當副總統的心思，自然以此作為誘餌來誘使曹錕了，段祺瑞點燃了曹錕的希望。當一個人看到希望就在不遠處時，那希望就會像草像火一樣迅速蔓延起來。對於一個曾販布鬧市的人來講，總統那是和皇上一樣的，而皇上的椅子那是很讓人血液加快地流淌的，別說是曹錕，誰都要心跳過速。馮國璋死後，他的這個慾望強烈得不可遏制了。

人一激動，就要血沖腦門子。這時曹錕已過了六十，奔古稀之年了。年齡最是讓人難以抗拒的，曹錕明顯地看到了時間的緊迫，形勢的嚴峻，而總統的位子又似乎是那麼半步之遙，就是動了這個念頭兒的誰都要急出尿來的。再不努力，過了這個村就沒這個店了。已等得不耐煩的曹錕熱血滿腔地操刀上陣了，向總統衝刺，拼著全力，這一拼徹底地毀了曹錕。在這種等不及的狀態下，是最易做蠢事的，他大膽無忌地說「曹錕賺了一輩子錢，不買個總統當，買什麼呢？有錢買個總統當，才叫做有錢會花呢！花錢買個總統當，比要錢買個貪污的名字臭一輩子強得多呀。」當然，他的錢肯定不是他個人和祖上積攢下來的，而是搜刮來的，不花留著幹啥。如此，在歷史上，他為自己留下了永恆的「賄選總統」的「美譽」，也為中國的選舉留下了永恆的一幕醜劇。

這杯做總統的慾望之酒把曹錕灌醉了，只知道總統的風光，卻不知道這個位子的難坐。他的前輩黎元洪、馮國璋、徐世昌哪個不是風光光地上臺，灰溜溜地下臺。他滿以為他在總統的大殿上能風光地跳幾圈，在總統的椅子上安穩地坐幾年，憑著手中握有的兵權。卻不知總統的椅子上佈滿了荊棘，他屁股上的繭子還不能抵禦一棵棵荊棘。「要害人，就讓他當總統。」已是千瘡百孔的中原大地在賄選後捲起千層浪花，曹錕還沒有能力「浪遏飛舟」，況且曹錕也不是做總統的料。他的位子不在這裡，而是在直系，去統帥他的將士攻西占南。這就像是一個當科級幹部料的人，非要去當廳級幹部一樣，毀的是自己，害的是國家。曹錕不知道什麼適合他幹，什麼不適合他幹。他本就是個在台下指揮的人，卻非要跳到臺上唱戲，能不砸鍋嗎？

硬撐著硬坐著地當了一年總統的曹錕，走進了監獄，被囚了一年之後，已脫下了總統服的曹錕，邁到了百姓居住的大街上納涼了，這裡的風把他吹醒了。正如每個人身上都有優點一樣，曹錕的優點凸顯出來了，神志清醒回歸自然的本質，還原為本階層中的人，堅守了一份做人的氣概。日本人欲利用曹錕為他們服務，以「建立一個以曹錕為中心的新政府」來勸誘他時，他像曇花一樣表現出了一絲純淨而高貴的品質：「就是每天喝粥，我也不會為你們日本人辦事。」事後還告誡一雙兒女一定要保持民族氣節。失權後的曹錕是徹底地清醒了，不再不屈不撓地為權力努力了。這一份清醒是很難得的，有多少人至死也沒有清醒呢，仍然在權力的迷醉中沉睡，仍然在拚命地維護他不勝任的權力，更有多少人清醒了之後，又重新走入昏醉，一次次在權力的慾望中失去自我，還執迷地以為，非他這個地方無以存在，非他這個世界便無以維護。

曹錕清醒而寂靜地生活了十一年，他死去了，還是值得慶幸的，因為畢竟醒了，而且至死。

蔣介石的金蘭之好

《易經・繫辭》上說：「同心之言，其臭如蘭。」這裡的「臭」指幽香，其香就如同蘭花散發出的香氣。金蘭之好的來源大概就是從這裡來的吧？結了金蘭之好的異姓兄弟，其友誼該有蘭花的清香，其感情更該如金子一般的貴重。但實際上，能堅持這樣的友誼實在是多乎哉？不多也。數數歷史上的知名人士，以換蘭譜拜把子而著名的非蔣介石莫屬，無論是從數量上，還是從影響上，還是從怎樣對待盟兄弟上，都無人能和他相比。

蔣介石的盟兄弟的數量，大概有幾十人左右，在青史上能留名的近二十人。他結交大致可分為三個階段：一是在家鄉的少年時期；二是走出家鄉留學日本及初入國民黨時期；三是和各方軍閥混戰時期。等到他大權在握統駕八方之後，就沒有蘭譜了。

蔣介石的起家，與他的盟兄弟們有著直接的關係。陳其美、黃郛、張靜江、許崇智，都是他剛進入國民黨，沒有站穩腳跟之時結拜的把兄弟。這些人的資格都比他老，權力都比他大，地位都比他高，年齡也比他大。他們在國民黨內部都有著舉足輕重的地位，直接決定著手下人等的升降命運，蔣介石看好他們的一個最重要的原因就在這裡。他們是他跳躍起來的墊腳石，是他的「恩師」、「良師」，此時的他是個地地道道的小學生，小弟弟。但隨著形勢的發展就不是了，變成了政敵或說是影響他權力的障礙。雖然善待了陳其美，那是因為陳其美死的早。陳其美如果死的晚，他的結果也不會比張靜江、黃郛、許崇智好到哪裡。陳其美的死，成全了蔣介石夠哥們義氣的美名，贏得了人們的敬重。

換過蘭譜，又口口聲聲被稱二哥的許崇智，被他一腳踢到國外，「取爾代之」坐了許崇智的椅子。一心想讓他做國民黨領導人的張靜江，不惜自己的一切，在金錢上在計謀上，扶植他幫助他。實際上又如何呢？當他翅膀硬了，對於張靜江便開始疾言厲色，甚至公開大罵：「我看你在浙江要獨立了，等我把閻、馮打下以後，再來打你！」張靜江是個搞經濟建設的人，根本沒有攫取政治地位的野心，這一點，當時的人們是有目共睹。但蔣介石最怕的就是有人和他爭奪權力，他的權力是他辛辛苦苦從別人手中一點點奪過來的，所以他也最擔心這一點。

黃郛是最早的同盟會會員，和陳其美的關係十分密切。當時任護軍第二師（後改為陸軍第二十三師）師長，蔣介石在他手下任團長。就在此時，他們三人結為兄弟，蘭譜上鮮鮮亮亮地寫上了「安危他日終須仗，甘苦來時要共嚐。」在「濟南慘案」中，蔣介石怕自己出面承擔責任，影響自己的形象，拿他做了自己的替罪羊，導致黃郛備受世人唾罵。後來在天津簽定的《塘沽協定》，更是讓黃郛蒙羞千古。黃郛對此提出「弟如要兄依舊留平協贊時局者，希望今後彼此真實的遵守『共嚐艱苦』之舊約，勿專為表面激勵之詞，使後世之單閱電文者，疑愛國者為弟，誤國者為兄也。」他們這些人的作用，就是幫助他在國民黨內站起來，並為他承擔責任。等到他們沒了用，或構成了對他的影響，就不把他們看成「恩師」、「良友」，而是政敵了。他換蘭譜是以利益為半徑畫圓的。欲獨霸天下的政治者從來不講感情，也不能講感情。只是利用別人的感情，利用別人的忠義，來推動自己的政治羅盤，登上權力的寶座。如果相信政治者所說的感情，所說的交情，那是最大的錯誤和極點的愚蠢。

等到蔣介石在國民黨裡的地位基本穩固，開始向外拓展進行北伐。他也仍然玩弄拜把子換蘭譜的把戲。李宗仁也好，馮玉祥也好，張學良也好，他們都是能和他較量的人物，彼此都知道拜把子是互相的利用，沒多少真實的成分在裡面。後來彼此打得雞飛狗跳的，也是這些換過蘭譜的兄弟，蔣介石給馮玉祥的譜書是：「安危共仗，甘苦共嚐；海枯石爛，死生不渝。」沒共嚐什麼甘苦，兩個人的仗倒是打得天翻地覆。張學良也被他囚了一輩子。在他們的地位基本平衡之時，利益把他們聚在一起。當他們的地位出現不平衡之時，利益又會導致他們分裂。這不是一紙金蘭帖子就能左右的。政治的友好和感情，是建立在彼此經濟和地位的均衡上的互利，沒有這些，一切都沒有建立的基礎。而利益和地位是空中的樓閣，任何一次的浪潮和狂風都會把它掀翻，實力是最有力的話語權。

桃園三兄弟成為中華千古美談，三兄弟沒有再和任何人拜把子，忠貞地堅守著桃園的盟約。中國人正是因為他們的榜樣力量，才篤信結拜的帖子。但算一算，敦厚之人被蘭譜所害的歷史比比皆是。想想蔣介石的蘭譜，本就是寫在水上的東西，其數量和言詞已經表明了其不可信性和權宜性。今日看來，蔣介石的蘭譜，不過就是一卷手紙。

一個個盟兄弟被蔣介石打垮，逐出政治舞臺，也怨不得蔣介石，怪只能怪自己的愚蠢。

兩難處境的吳佩孚

軍閥混戰的民國，今天你和他聯合打我，明天我又和你聯合打他；今天你背叛我，明天他又背叛你；今天兩人焚香磕頭拜把子，後天兩人又打得血肉橫飛。爭奪利益，保證自身存在的目的，決定了他們只能這樣既背叛別人，也背叛自己。這樣的情景，一點也不讓人吃驚。讓人吃驚的是在這樣混亂如麻、惟權是圖的年代裡，還有一個人能在波濤洶湧的大戰中，大敗不頹，大勝不驕，始終不背叛自己，也不背叛別人，一生堅守不變的操守。這個人就是寧為玉碎、不為瓦全的吳佩孚。

歷數大大小小的軍閥們，吳佩孚是最能引起人思考的人物。他的性格，他的才智，他的操守，他的脾氣，都令人思索。如果踏著一本本書籍「回到」炮聲隆隆民不聊生的民國，會看到他是軍閥裡面，唯一一位永不背叛自己宗旨的梟雄。而正是由於他不背叛，既讓他成為常勝將軍，也讓他成為一敗塗地不能再起的亂世英雄。政治的無恥性和人格的操守本身就是矛盾的，玩政治，就不能堅守操守；堅持操守，就不要去搞政治。兩者都要堅持，那是必敗無疑的。

吳佩孚是曹錕一手提拔起來的人。默默無聞的吳佩孚是憑藉自己的才能，在曹錕的營中一步步升起來的，對無能的曹錕，他看得非常清楚，中國傳統的感恩心理，使他不能僭越自己的本分。他始終沒有背叛過曹錕，就是曹錕昏了頭要當總統的那一刻，極力反對曹錕那麼做的吳佩孚也沒有背叛他。根本不在意曹錕給他的顯赫地位，悄然離京返回洛陽。在洛陽，他關注著北京的動態，看到曹錕一夥的一場場鬧劇，他心裡是很難過的。曹錕是個「恢弘大度，襟懷開朗」之人，但他的學識、人品、政治眼光、軍事才能是無法去統領一個政府的。不僅這一點吳佩孚看得很清楚，就是曹錕競選上總統後的結果，他也看得清楚，但他又無力阻止曹錕要將競選總統進行到底的決心和當選總統後所帶來的嚴重結果。那段時間，他心裡是很痛苦的，每餐必酒，每飲必醉，曾說「一著錯，滿盤輸」。但對曹錕的感恩之心，又決定了在遭到保派（曹錕）、津派（曹鋭、王承斌）的排斥後，向曹錕表示：「生我者父母，用我者曹使，苟有二心，神明殛之。」說出這樣話的吳佩孚，心裡也有一種無法言說的悲壯：你是怎樣的，我都不會背叛。成也蕭何，敗也蕭何。曹錕提拔了吳佩孚，也害了吳佩孚，但知恩圖報的吳佩孚在一生中，從來就沒有怨恨過曹錕。

混亂之天下，總是留給帥才之人來統領。吳佩孚是將才，不是帥才。如果曹錕是個帥才，他們倆的組合，那將是另一樣的歷史。吳佩孚進入了那個領導集團，他既不會出人頭地，也不會高升到如此的地位。在曹錕手下的時光還是他一生裡最明媚的日子，畢竟曹錕給了他叱吒風雲的天地，展示才華的天空。馮國璋不能，段祺瑞不能，張作霖不能，蔣介石更不能。

吳佩孚選擇了信任他的曹錕，他也就選擇了做忠義的殉葬品。忠於曹錕，吳佩孚是失敗的命運，背叛曹錕，也逃離不了失敗的結果。人說吳佩孚的失敗是他愚忠的結果，言外之意他應該背叛曹錕，取代曹錕的位子。那是站在今天的立場上看，處在吳佩孚的角度看，就不是那麼回事了。忠義是中國歷來崇拜的東西，背離忠義兩字，就要受到千夫所指，萬人痛罵。吳佩孚更是這樣看待，從他認為自己是戚繼光再生，崇拜岳飛上看，他不可能背叛曹錕。背叛曹錕，他在人格上首先就敗了，他一向標榜的操守，如何向世人交代？那不是自毀人格嗎？不背叛曹錕，本質上是不背叛自己。不背叛曹錕，忠於曹錕，又明知他是個沒什麼水平沒什麼能耐之人，拿一個這樣的庸主他是沒有辦法的，只能和曹錕一起跳火坑。以吳佩孚的聰明，在他心裡怎麼能不明白這點？吳佩孚對詭秘萬端的時局都能高瞻遠矚，對他自己在曹錕帳下的角色及在大環境下自己的選擇，能沒有一個透徹的分析？吳佩孚曾對曹錕的副參謀長王坦講：「曹三爺這人你不是不清楚，在前臺他是唱不好的。」太平洋戰爭爆發前兩年，在淪陷的北京城裡生活的吳佩孚就對抗日時局預言：「將來進攻東京的，一定是美國軍隊。」這樣一個人，他怎麼能看不出自己跟著曹錕的結果？他在洛陽的矛盾和痛苦，絕不是因為以後的仗不好打和局勢的艱難。看到自己的主子是如此的無能又自不量力，又不能背叛他而去，還得為他獨當一面，這是何等的艱難。吳佩孚既沒有進路，更沒有退路，他進入了兩難境地。兩害相權取其輕。第二次直奉大戰前夕，曹錕一日連發數道十萬火急催促他到北京的電報。但吳佩孚十分猶豫彷徨，他明白這個仗打起來毫無把握。無論是在經濟上，在兵力的訓練上，在內部的團結上，還是直奉大戰在整個中國大環境中的處境上，他都已經看到了沒有勝利的把握，遲遲不進京，但又不能不進京。他在「四照堂」表現出的輕鬆，也是硬起頭皮對故主的報恩，明知不可為而為之。就當時的歷史大環境而言，勝，吳佩孚是英雄，敗也英雄。敗的是仗，不敗的是他的人格他的操守。我們不難理解，他流落四川在河市壩過生日之時，南北著名人物像段祺瑞、曹錕、蔣介石、閻錫山、李宗仁、唐生智等都派人去賀壽。此時，他已經沒有東山再起的可能了。勝與敗，都是一個大寫的吳佩孚；生與死，都是一個鐵骨錚錚的漢子。

他一生一世活的就是「操守」與「氣節」兩個詞，給他帶來榮譽，更給他哀傷和痛苦。中國的操守，就是這樣一把雙刃的利劍。同流，違背他的心願；不同流，就要處於失敗的境遇之中。皎皎者易汙，在以爭地盤奪利益為目的的群體軍閥中，在內部那麼多以曹錕為首的一心只想升官發財的圈子裡，吳佩孚是唯一一個不遺餘力地高喊「文官不要貪污賣國，武官不要爭奪地盤」和「救國救民，一切以統一為前提」的人。因此，有才能有膽識且萬分清高孤傲的他會在所有的圈子裡成為一個桀驁的孤立者。他個人的操守左右不了時局。第一次直奉大戰以後，吳佩孚決議革新全局，促成全國統一。針對時弊，他提出了九項方針：一、廢除巡閱使及各督軍。二、裁兵。三、查抄奉系各重要人物家產。四、組織超然內閣。五、召集國會，制定憲法。六、劃分租界，國稅歸中央。七、各省設省長，直接對中央負責。八、軍隊歸於國家，軍餉由中央發放。九、各地治安由國軍與省警，分別擔任。這些方針今天看來也是合理而先進，但在那個歷史情況下，是行不通的，他也看不到行不通的道理在哪。希臘神話中的正義之神，左手執衡，右手握劍。吳佩孚他想施與這個社會國家以正義，但他有能力揮劍，卻無能力執衡。縱然他自己可以不貪戀權勢，堅決地拒絕了陸軍總長的官銜，在北京只待了一天，就回到洛陽去練兵，也無法扭轉局面。整個直系都陶醉在勝利之中，享受紙醉金迷的生活。實際上，因了他的操守而無法平衡大局，被直系孤立了起來。在政治的舞臺上，是不能講操守的。否則，被打得傷痕累累之後，還要被趕下臺。

大小軍閥，都在不同程度上耍一下花招弄點錢來壯大自己的隊伍。像段祺瑞、張作霖、馮玉祥、閻錫山等，都曾利用外國的勢力和金錢來打主意，然後想賴帳，但吳佩孚沒有。為人方正，律己最嚴，平生從不打誑的他有自己的骨氣和氣節，他不會玩手段耍花招，怎麼回事就怎麼回事，下三爛的事他不為，也不屑為。他能把自己心裡的東西赤裸裸坦然地表現出來，讓人共同去看，這是他區別其他軍閥的最大之處。吳佩孚畢竟不是政治家，一個真正的軍人就當如此的耿直而坦蕩。政府和軍隊應是隸屬的關係，政治和軍人應是分離的，但在民國時期，軍隊和政府是一個，軍人和政治是一個。誰能最後統一中國，誰就要既有符合政治者的要求條件，又要符合一個軍人的要求條件。吳佩孚是軍人，是有文化的軍人，這讓他有著軍人的耿介和氣魄，更有著文人的弱點和優點。而這兩樣結合在一起，被歷史捲進了政治的大海之中。背負的東西要比純粹的軍人和純粹的文人所背負的東西要多得多。他背負著兩種人的沉重，被卷到了政治的海洋裡，他不是政治家，更不懂政治的規律，但又無法逃避地捲入政治的漩渦。在政治的圈子裡，一個不會耍花樣不善於應變之人，怎麼能駕馭得了多變的政治？況且上邊還有一個他永世不能背叛的曹錕。在一個沒有英主的環境裡，一個多出色的將才，也不能把戰爭的勝利轉化為正確的政治。

吳佩孚需要面對的東西太多，需要顧慮的東西也太多，束縛他的東西也太多。這本身就鎖住了他的雙腳，讓他無法真正自由地衝鋒。

吳佩孚有一顆關注民眾疾苦的心，但被歷史和歲月埋藏起來。他要用戰爭消滅紛亂局面，解除民眾的痛苦，但戰爭又給民眾造成了更大的疾苦。「民國軍人皆紫袍，為何不與民分勞?!玉杯飲盡千家血，紅燭燒殘萬姓膏。天淚落時人淚落，歌聲高處哭聲高。逢人都道民生苦，苦害生靈是爾曹！」這首詩是他在自己五十四歲生日時所作。從中可以看到，這是他的又一個兩難之路。民眾的疾苦，他不可能沒看到就寫出這樣的詩篇。四處硝煙的中國，吳佩孚只能靠戰爭這唯一的辦法來武力統一。哪一個紛亂的朝代，不是用武力來達到統一的呢？他懷有的目的只有一個，即統一中國結束紛亂的局面，抗禦外侮。在那樣的情況下，他不貪錢，不愛權，不納妾，不居租界，就足夠證明他對自己的要求是什麼了。在戰爭和民眾的疾苦中，吳佩孚是艱難的。他在努力要儘快結束戰爭，但群雄逐鹿的中國是不會給他這樣的機會的。如此的世界，他的處境該是何樣的艱難？

統一中國需要戰爭，戰爭需要錢，錢從哪裡來？是他最棘手的問題。曹錕放手讓他打仗，也放手不管錢從哪裡來。當王克敏提議「允許法比德等國賠償庚款改用金佛郎案」，吳佩孚大怒：「拼著打敗仗，大夥兒一塊完蛋，這賣國的事俺絕不幹！」因為，改用金佛郎，白白增加國家上億的負擔，卻能獲得千百萬元的賄賂，可以移作軍費。吳佩孚如此的震怒，王克敏又想出：出賣北京文淵閣保存的四庫全書；出賣朝鮮漢城的中國公使館用地；關於山西省炭礦經營者之鐵道運費折價之預約補償款等。看著方案，吳佩孚斬釘截鐵地說：「賣書，賣國有地產，賣國家權益，我不能為這區區幾百萬，擔千秋罵名！」段祺瑞為了權力就不像他這樣，而敢於大膽去幹。賣國得錢的事他不幹，沒有其他辦法弄來軍費，這又成了一條捆住他雙腳的一根鎖鏈。仗必須打，錢又沒處來，不敗哪裡跑？他把他的失敗歸罪為馮玉祥的倒戈，其實根本的原因還是錢的失敗。對馮玉祥固然有看法，但馮玉祥在經濟上的困窘，是他倒向張作霖的根本，馮玉祥向張作霖提出的區區十五萬大洋不就是證明嗎！

吳佩孚身上有著如此多的繩索，他又不想割去其中的任何一個，他怎麼能夠獲勝？在一個個虎視眈眈不擇手段無所顧慮的大小軍閥面前，他只能成為一個落馬的敗北之將，但他的人格從來就沒有敗北。孚威將軍的人格魅力正在迷霧中日漸明晰，歷史總會還一個英雄最後的公道。

農民馮玉祥

農民的形象在人們的心中是純樸、憨厚、堅韌，在關鍵問題上能表現出超越尋常的大智行為。同時，也不乏愛耍點小聰明，愛占點小便宜的毛病。所以農民在大義面前能凜然，在小事上卻也總是暴露出他們自身的致命弱點。讓他們在展示聰明之時，因了小弱點，而喪失了很多很多。民國的眾將領之中，馮玉祥是純粹的農民出身，在他身上所體現出來的農民特徵，是再明顯不過了。

提起鼎鼎大名的馮玉祥，在中國的歷史上有著濃重的一筆。首先想到的就是他在抗日戰爭期間所表現出的愛國行動和民族氣概。在民族危亡時刻，馮玉祥確實表現出一個愛國軍人所應有的品格，這是毋庸置疑的事實。但我們評價一個人，要探詢一個人的整個歷史，追尋一個人的行走全程，才能真正瞭解他的全部，不可以只看到某一段的行走軌跡，就來下一個整體結論。雖說歷史是由成功者書寫的，但正是由於有失敗者的介入，才捲起了驚險的波波大浪。馮玉祥也是民國裡捲起無數大浪中的一員。

馮玉祥第一次與蔣介石謀面時，身著灰色粗質土布軍裝，腰束布帶，足登土布鞋。這樣的形象和我們常戲說的農民，只差腰繫的是布帶，不是麻繩。這也不能代表什麼，還是做事上最相似。他和李德全結婚的婚宴，更體現出農民的風格。每桌四個菜和饅頭、小米粥。四個菜，即是肉炒白菜、炒雞蛋、煎豆腐、半隻燒雞，煙酒全無。馮玉祥能這樣做，自有他的道理。他出身貧苦的農民之家，連他的名字都是人家在他十一歲時，為能拿到軍餉而隨口叫出來。如此的情況下，成就了他「勤儉、愛人、耐勞、實做」和「不嫖賭、不吸煙、不下飯館」的習慣。他屬於農民階層，而他所置身的階層卻不是農民的環境。在整個民國時期，農民是最不被重視的階層。曹錕和吳佩孚欣賞他的是治軍的才能，來為他們出力。馮玉祥沒有認識到這點。以吳佩孚秀才的清高自傲，他沒有把馮玉祥看在眼裡，但又不能小視他的治軍才能，而馮玉祥所具有的農民的固執性和吳佩孚的自信和獨尊，形成了矛盾，不只在為人處事上，在軍事上也體現出來。和曹錕的相處上，馮玉祥因指責曹錕「用人不當」、「日事奢華」、「剋扣軍餉」，成為一個不被人接納的人，和曹氏集團形成矛盾。特別在他直言「我既不是奉系，又不是直系，更不是皖系，而是國系」之後，被整個直系孤立起來。他的農民性格把他自己孤立起來，此時，他沒有一塊自己的地盤，沒有一點獨立的能力，只有一點自己的兵力。一個孤立的人，有時是可怕的，會做出別人想不到的事情來。

背叛，只有背叛，以背叛來獲得生存與發展的機會。

硝煙四起的民國，以馮玉祥的經歷和處世辦法，他是無法和任何一個軍閥合作到底的，事實上也確是如此。在第二次直奉大戰中，他倒戈投了張作霖。這一點，張作霖對幫了他大忙的馮玉祥十分瞧不起，當馮玉祥想對中央政局有所主張，張作霖便輕飄飄的傳出一句話：「這次直系戰事，馮玉祥是雇工，他沒資格參加會議。」原因是馮玉祥通過段祺瑞向張作霖要了十五萬大洋。真是吃人的嘴軟，拿人的手短。第二次直奉大戰後的會議上，馮玉祥已經陷入了張作霖和段祺瑞的包圍中，被迫無奈退出政局退避西北。曹錕對他是有恩的：馮玉祥無法在吳佩孚手下幹下去，就跑到曹錕處向曹錕訴苦說：「吳玉帥壓迫我，弄得我不知怎樣辦是好，看樣子他是要繳我的械。」曹錕說：「不會，他怎能繳你的械？既然你倆不和，我另給你想辦法，你上我身子後頭待著去吧。」不久，曹錕發佈馮玉祥為陸軍檢閱使，帶隊移駐南苑。曹錕萬萬沒想到他保護的人，正是後來囚禁他的人。如此的行為，馮玉祥不僅沒有撈到任何的好處，反而遭到各軍閥的非議和輕視。他的這一次背叛，給自己帶來了更加艱難的處境：吳佩孚和張作霖攜起手來打他，他只好出國。馮玉祥固然有背叛的理由，但在對待這件事上，他眼光實在是太短淺了，看不到要為眼前的這點小利付出慘重的代價——整個老一代軍閥都在以他為敵。四面楚歌的馮玉祥，只有南方的國民黨政府沒有反對他。馮玉祥要在聯合中，才能生存下來，和蔣介石走到一起，就成了馮玉祥的唯一一條路。

農民不被重視，但誰都不能無視其存在。農民有自己的力量，不能不正視其存在，但在利益的最後瓜分上，農民總是吃虧。一九二六年回國，他又聯合蔣介石，蔣介石饋贈他五十萬元硬幣犒軍。在蔣介石、馮玉祥、閻錫山、李宗仁四派聯合北伐中，馮玉祥部所起的是主力軍的作用。然而，馮玉祥部所得的好處是最少的。馮玉祥只獲得了一個有職無權的北京市長和崇文門監督，給的地盤也最少。這既是蔣介石怕擴大了馮玉祥的勢力，更是對馮玉祥的蔑視。掌握了馮玉祥的性格，給他戴高帽子，給他糧餉。馮玉祥一生統兵生涯，總是被軍餉困擾，人們也就總是抓住這點，利用他的兵來打仗。

馮玉祥和所有軍閥的合作及戰爭，代表的是兩個不同的層面，進一步地說就是利益的不同層面。矛盾始終存在，在特定的歷史條件下，可以緩解而不能消除。蔣介石代表的是有產階層的利益，馮玉祥代表的是農民階層的利益。這是由於他和其他軍閥所居的環境、成長的過程都不一樣決定的。他們無法在關鍵時刻找到共同點。

農民自有農民的胸襟，他們愛自己的土地，就像愛他們的生命一樣。在有人侵略他們的土地之時，他們會不惜犧牲生命來捍衛自己的土地。農民不會像商人，不會像小文人，不會像小資產者那樣，去算計自己的得失。馮玉祥在這一點上更加突出。抗日烽煙驟起，馮玉祥高舉抗日大旗，不計得失，保衛自己國家的主權。即使被蔣介石放逐到外國，他也沒有放棄，反而更加努力地抗日。馮玉祥能被人們記住，被歷史銘記的原因就在這裡。也正由於他在這一點上的作為，把他前半生的農民弱點掩飾了。

張作霖的聰明

張作霖出生於遊手好閒的小雜貨鋪店主的家庭，沒唸多少書，只在私塾讀了那麼幾天，趔趔巴巴認幾個字而已，後來又投身綠林做了鬍子。但就是這樣一個人，卻兩次問鼎中原，成為不是皇帝的皇帝。有這樣歷史的人，卻能有這樣的功績，想來自會有與眾不同的超人地方，我想。把有關張作霖的資料盡情拿來擺在案頭，於深夜慢慢走近這位草莽英雄，發現他身上散發出的魅力，推翻了往日對他的所有偏見。

在所有的軍閥中，要數聰明，誰也比不過張作霖。別人的聰明是小聰明，而張作霖的聰明是大聰明。小聰明在玩把戲上，大聰明在識己、識人和用人上。是他的大聰明，把東北統一富強起來，也是他的大聰明，讓他問鼎中原。是啊，一個真正的英雄哪會偏安一隅。

張作霖的聰明首先在於他看對了自己。他知道自己是個什麼人，擺正自己的位子，不遮掩自己是個什麼樣的人。這一點，不是誰都能看清的，有多少人一旦有了一點地位，就忘乎所以不知自己是誰了。愚蠢到了以為自己的地位可以把人家踩在腳底下，自己就變成了偉人，甚至以為握有的那點小權力，可以讓自己上九天攬月，下五洋捉鱉。張作霖很清楚地知道自己身上到底有幾斤肉，幾斤骨頭。所以，聰明地聽取有知識有才幹的人的話，真心信賴並重用有才能之人，來彌補自己的不足之處。張作霖非常明晰自己不能的地方，因而聚集了眾多人才在自己的身邊，改變了自己，進而改變了大局。

識人用人上，「英雄通病是輕儒」，但張作霖並沒有輕儒，深知自己綠林之為是不能辦大事的。王永江是個善於智謀更善於理財之人，張作霖重用他，可他害怕有人在張作霖眼前說閒話，影響自己所定措施的實行，就委婉地向張作霖說起他的擔心。張作霖對此擲地有聲：「你只管幹，我什麼也不聽。」不久，他手下的武將十分不滿王永江的作法，跑到張作霖那裡彙報。張作霖聽完後大罵：「槍桿子能打天下，不會治天下，你們懂得什麼？給王岷源（王永江）牽馬扶鐙都不配。」結果，在王永江的努力下，不只解決了財政赤字問題，而且東北的經濟大幅度地增加，為張作霖進軍關內做出了巨大的貢獻。張作霖又大力網羅人才，先後尋求到了許多文武之才。在資金困難的情況下，創立東北大學。不惜重金聘請一流教授到東北來任教，教師的待遇在全國首屈一指，最高時，教授的薪水在三百六十到八百元現大洋。而當時南開大學教授是兩百四十元，北京大學、清華大學是三百元，還常常欠薪。很多全國著名教授像梁漱溟、章士釗、梁思成等都到這裡授過課。張作霖重視教育，為東北培養了多方面的人才。在短短的兩年時間，東北就發生了明顯的變化，這是其他軍閥所沒有做到的。人不怕沒文化，就怕不重視文化；人不怕沒知識，就怕不尊重知識；人不怕不聰明，就怕不會運用別人的聰明。

張作霖本人沒什麼水平，沒什麼文化，但他很信服有文化、有水平的人，這就給了他更多的機會。和他同時代的幾個大軍閥，論文采、論韜略、論計謀，張作霖都無法和他們相比，但最後都沒有鬥過他。一個太能行的領導，往往不太相信人，對事情的處理總是要求面面俱到、對人又愛求全責備，會造成手下人畏首畏尾，才能得不到全面的發揮。太不行的領導，往往很專制霸道。因為他不行，就要用專制手段來掩蓋他自身的虛弱，從別人的服從中，獲得一種權力的快感。張作霖對自己的能力有著充分的認知，所以，他既能相信人，又不專制地聽從別人的建議。

知道如何用文人，也知道如何用武人。張作霖手下的一個叫姜登選的師長曾講過這樣一件事：一個姓吳的旅長，作大豆生意，虧空了軍餉二十四萬元。這個旅長正在打算逃跑或自殺的時候，被張作霖知道了，馬上把他叫去當面詢問說：「你最近有沒有什麼事？」旅長說是做大豆生意，虧挪了軍餉。張作霖憤恨地指責他：「你這小子有幾個腦袋，你敢虧挪軍餉，現在怎麼辦？」旅長說正想自殺，來生再報答大帥。於是，張作霖說：「你這小子太沒出息，一個人的生命，豈只值二十四萬。你跟咱們做事，還怕沒有錢用嗎？你好好把軍隊帶好，這筆錢我撥給你好了。」不知這位旅長後來在戰鬥中仗打得怎樣，如果我是那位旅長，我會冒著敵人的炮火，帶著我的部下，前進，前進！直到流盡最後一滴血。領導的藝術是識人用人的藝術，領導的魅力是信服佩服的魅力。用領導的藝術和魅力征服別人，緊緊地抓住人的心跟著你甘心去幹。一槍崩了那個旅長，也沒什麼錯誤，張作霖沒這樣做的結果，安撫的不是旅長一個人，而是無數的手下之兵。由此可以知道他雄赳赳打進關內的原因何在了。

郭松齡倒戈失敗後，郭松齡的手下人驚恐不安。但張作霖在對待這個問題上，異常聰明地採取了不株連他人的辦法，把那些忐忑不安的人，重新籠絡到自己的身邊。為緩和內部的緊張恐懼心理，張作霖舉行了一次慶功宴。在觥籌交錯、推杯換盞之時，宴會廳的大門突然大開，四個全副武裝的副官抬進來一隻皮箱，放在地中央，然後敬禮說：「報告大帥，這隻箱子是從郭鬼子（郭松齡）軍部搜出來的！」張作霖問：「箱子裡裝的是什麼東西？」一個副官大聲地回答：「報告大帥，這箱子裡裝的全是我們城裡人私通郭鬼子的密件和信函！」張作霖環視四周，滿臉怒氣地說：「竟有這樣的事，好大的賊膽！」然後他又微笑地說：「算了，算了，既然郭鬼子已經死了，事也就算了，其餘的一概不究了，把箱子抬出去燒了吧！」這齣好戲，一看就知是張作霖一手導演的。雖然模仿了曹操燒毀他手下人和袁紹聯絡書信，以及楚莊王熄滅燈火的辦法。沒文化的他，卻做了這樣一件聰明之事。把這些人緊緊地圍攏在自己身邊的目的，就這麼輕易實現了。他們以後只會為張作霖肝腦塗地，賣命終生。對這件事，吳佩孚等其他軍閥，別看他們有超長的軍事韜略，誦詩繪畫的才能，但他們是不會像張作霖這樣做的。就是今天，多少人還在對不利自己的人進行強力報復，欲置之死地而後快呢。張作霖能勝他人就勝在他的聰明用人上。

說實在的，軍事謀略上他敵不過吳佩孚，在權謀使用上他敵不過段祺瑞，在鑽研上他敵不過馮玉祥，在縱橫捭闔上他敵不過蔣介石，但有一樣他永遠可以超越他們，那就是他識人用人的胸襟。一個大老粗，有這樣的認識很不簡單。多少受過高等教育，位居權位而自命不凡的人，油鹽不進，把手下人視為他的無知奴隸呢！不妨找找看。

透析

段祺瑞

翻閱眾多叱吒風雲的成功者與失敗者的名單簿子，眼睛停留在他們名字上時，禁不住總要尋覓他們何以成功，又何以敗北的原因。因為，他們對這個生存的社會付出過努力，也給這段歷史留下了抹不去的印記。這種努力和印記，默默無語地告訴我們這些後代子孫們，他們有過怎樣的經歷，又經歷了怎樣的滄桑。「造訪」膽子、心計、手段都讓人吃驚的段祺瑞時，他滿身散溢著悲涼和清苦。為了他追逐的目標，他吞進去自己的悲涼與清苦，化做一種頑強和不懈。對政治權力的關注，消解了他一生的艱難，甘心如此不懷一絲悔意。居於高處又有著非凡才能之人，內心裡往往更加的淒涼和孤獨。這種孤獨和淒涼無法與世人言說，只會埋在心間直到死亡。而讓段祺瑞如此走一生的，不是別人，而是他自己的固執和僵化。

段祺瑞是極其固執之人，他認為不對的事，一定堅決地制止絕不讓步，不管你是誰。這是他走向高位的主要原因。他和袁世凱之間既是袍澤，又是乾女婿和乾岳父的關係，但他並不因為這種關係，而改變自己的主張。有一天，袁世凱想讓自己的大兒子袁克定當新成立的陸軍模範團的團長。按說，此時是誰都會舉雙手同意，何況是袁世凱一手提拔起來段祺瑞。就是袁世凱沒想到要提拔他兒子，作為段祺瑞都應該替老袁想到。做總長、部長、封疆大吏不容易，做個小團長算個啥事呢！可段祺瑞卻不知好歹地說了一句：「我看他不行吧。」袁世凱和他談了老半天，他還是堅持不同意。最後，袁世凱說：「你看我行不行呢！」結果這個陸軍模範團的團長，也就只好袁世凱自己當了。堅持己見，不肯改變自己的看法，堅定地走下去，在學術研討事情上，沒什麼壞處，還會因堅持可能獲得巨大的成功。如果在政治上固執堅持，就一定沒有好處。他極力反對袁世凱稱帝，不惜和袁世凱鬧僵鬧翻，被迫稱病在家待著，不出門，不辦公，不見客，孤零零一個人退居家中固守自己的主張。好在袁世凱不久就死了，否則，段祺瑞一生的政治生命，可能就此斷送了。但段祺瑞還是因固執吃虧了。

段祺瑞生活上枯燥而僵化，他沒有那些大軍閥們那樣多姿多彩的生活。段祺瑞不喜遊山玩水，沒有斂錢嗜好，唯一的愛好就是下棋打牌，還不是單一地為下棋而下棋，為打牌而打牌，兼有以此作為看人用人的根據。這樣的生活，帶給他的是頑固的行為，僵化的思想，不靈活，不變通的性格。鄧漢祥在回憶錄《我所瞭解的段祺瑞》中說，段祺瑞剛開始對馬君武沒什麼好感，但當聽到鄧漢祥說馬君武的圍棋下得好，就同意馬君武來試一試。他們兩人經過兩三次對弈，段祺瑞對馬君武的印象大為改觀，後來竟任命馬君武為司法部總長。人們說「傅良佐打牌打出來一個督軍」，是因為傅良佐博得了段祺瑞的歡心。讓段祺瑞高興是一方面，但至少馬君武下棋傅良佐打牌時，段祺瑞考察到他是可用可信之人。段祺瑞曾對鄧漢祥說：「打牌雖是遊戲，也可以看出人的好壞來。陸宗輿打牌時，鬼鬼祟祟的樣子惹人討厭。」他通過棋藝棋德來觀察一個人的品行，然後再做出用人的決定。別說是那個時代，今天的麻將桌不也常上演套牢想利用之人的節目嗎？固執的段祺瑞不知道，人在江湖上是詭譎多變的，下棋打牌看不出多少好壞。沒幾個人能像他那樣透明透白，也沒有幾個人像他那樣頑固地堅持自己一成不變的行動規則。

段祺瑞的每天每年的生活規律永遠不變，與其說是規律，不如說是僵化枯燥。他和家人從來不一起吃飯，即使是大年三十那天，也不違背自己的常規。他的家庭是一個小專制王國，他的妻妾和血親之人，實質上都是他主宰下的小國裡的臣民。段祺瑞不是一個溫情的人，只不過是在一個所謂的家裡，實現他的王國統治。一個沒有什麼溫情的人，他的生活不會有七彩的陽光。他在家也寫詩，而且不少，可沒有留下半句詩篇讓我們通過他的詩來瞭解他的內心世界。在他心裡填滿固執和僵化，詩寫不好，事也做不好。人僵化了，就要走極端，就要為他自己認可的極端，而不顧一切地努力。段祺瑞一生追求的是駕馭民國的權力，固執地為這個權力一次次地退，又一次次地進，直到他慘得不能再進半步。透過他的家庭生活，就可知他是怎樣地佈置政治舞臺的背景。他對待家庭生活的方式，也是他對待政治的縮影。

他的固執和僵化還表現在用人待人上。他相信的人，他就不改變地相信，他看不上的人，也絕不改變地輕視。這使他沒有多少朋友，沒有多少知己，一生都處在孤獨的境遇之中。徐樹錚是他最信賴的人，也是他最欣賞的人，任何人挑撥他們之間的關係，都沒有成功，但也是這個徐樹錚給他帶來很多麻煩和敵人。袁世凱執政時期，段祺瑞明知道袁世凱不喜歡徐樹錚，但為了讓徐樹錚當國務院秘書長，段祺瑞不怕得罪袁世凱，甚至不惜和袁世凱反目。在袁世凱執意不同意的情況下，段祺瑞拍了桌子，把煙斗扔到地上。最後袁世凱沒辦法，只好讓徐樹錚當了國務院的幫辦秘書。對此，袁世凱心裡能舒服？後來黎元洪當上總統後，段祺瑞組閣，段祺瑞又有意讓徐樹錚當國務院秘書長。黎元洪也和袁世凱一樣堅決不同意，結果，還是段祺瑞勝利了。不同意徐樹錚做國務院秘書長的人，想來不只是上面兩個著名人物。因段祺瑞的堅持和欣賞，徐樹錚獲得了秘書長的位子，但也因此給段祺瑞身邊增加了更多的反對者。把討厭徐樹錚的情緒轉移到段祺瑞的頭上。對一個人太好、太重用不是什麼好事，會給自己樹立很多對立面，也把那個人孤立起來。所以，人們想要打擊段祺瑞，自然先衝打徐樹錚這塊盾牌，段祺瑞又執意保護徐樹錚，造成很多矛盾就成了必然。段祺瑞對此根本不在意，一意孤行，結果害了徐樹錚，也害了他自己。唯一的知己徐樹錚死了之後，就再沒人真正理解幫扶他了，他成了真正的孤家寡人。段祺瑞總是很嚴肅，無論對誰，很少露出笑容，更不會開玩笑。導致人們不願意和他在一起，不願意和他探討問題。他生活在一個人的世界裡，別人走不進他的心中，他也走不進別人的心中。在這種情況下，他會更固執，更僵化地堅守自己的追求。他生命裡只剩下了權力，沒有別的東西來左右他的行動。固執和僵化始終頑強地催促著他的權力之夢的實現，攻是為了進，守是為了進，退也是為了進。這一份頑強和固執，如果放棄了，他就什麼也沒有了。

段祺瑞性格倔強，喜歡直來直去，不繞圈子，不喜歡趨炎附勢，也不搞陽奉陰違。總是以他的軍人風格去處理政治之事，民國時期的政治是多麼靈活多麼多變，人也要靈活多變才能適應。然而，段祺瑞不會通融，他認定的，就不可改變地堅守，絕不輕易放棄。別人在被逐出權力圈子後，都不再奢望再問鼎最高權力的寶座，但他不倦怠不放棄。這一份固執和倔強是他能一次次執掌權力的基石，也是把他趕下臺去的木棒。因為固執，才能堅持，才會剛愎自用；因為倔強，才能堅守，才不會趨炎附勢。

段祺瑞到死都沒有放棄對政治的關注，這也是他的執著和頑強。在他臨終之時，他還在關心政治關心國家。他的「八勿之說」遺囑，就是向政府提出「復興之道」：「勿因我見而輕啟政爭；勿空談而不顧實踐；勿興不急之務而浪用民財；勿信過激之說而自搖邦本；講外交者勿忘鞏固國防；司教育勿忘保存國粹；治家者勿棄固有之禮教；求學者勿鶩時尚之紛華。」這是他一生對政治的最後觀點，也是他對從事了一生的政治的最後總結。這個倔強固執的段祺瑞，至死也沒有想改變自己，至死也沒有改變自己。

對這個滿目瘡痍的國家，段祺瑞是深愛的，只是他用真正男人的愛之方式來表達。

閻錫山學馬克思主義

看了這個題目你別不相信，這是千真萬確的。

在我淺薄的認識裡，大軍閥們無一不是殺人不眨眼的魔王。他們為地盤你殺我砍，流血飄櫓。他們能坐下來學點知識研討點理論，那不是像天方夜譚一樣嗎？近日，《閻錫山這個人》把我教育了一頓，曾被扭曲的認識被這本書給拉直了。

一九三三年間，因老父患病，閻錫山在老家河邊村隨侍近十個月。在這期間，他倡導民主和學術自由，對哲學和馬克思學說產生了濃厚的興趣。聘請張友漁、溫健公、邢西萍等一批進步教授學者，對馬克思學說進行研究。在研究中，閻錫山學的還是蠻活的，絕不生硬地接受。在和對哲學非常有研究的杜任之探討辯證法時，他就說：「黑格爾與馬克思，一個唯心，一個唯物。各執一詞，各有所偏。我主張心、物不可偏廢，執兩用中。」並進一步和杜任之說：「你對我的講話再提一些相反意見吧！經過辯駁才能立得住。」後來再和杜任之的不斷討論的過程中，他還對即將回太原的杜任之殷殷地說：「一種主張，一種學說，總要拿到社會上去，讓大家討論研究，這才能辨明是非曲直。我不是大學教授，不能在報上發表論文，同人家爭論。這就限制了我的主張的普及，也引不起人們的廣泛注意。能在報上展開就好了。」閻錫山獨霸一方稱雄山西，想怎樣不可以？把自己的理論文章拿到山西的哪家報紙上，不是頭版頭條？就是自己寫不出來，讓那麼一大群秘書代寫出來是什麼難事？其實，從他晚年在臺灣的陽明山寫作的上百萬言各種作品看，就可知道他有能力做到。但就是這個閻老西，就是這個大軍閥，還明智地知道自己不能做什麼，明智地知道經過辯論的東西才能在社會上立得住。行伍為生之人，難能可貴不？今天的人們當作何想？對此是汗顏，還是自豪？

到了一九三五年二月的一天，閻錫山對杜任之說：「我請來一批共產黨的理論家，就在河邊村討論我的學說。他們今天就要到了，我要和他們展開辯論。他們駁不倒我的學說，就得聽我的主張。道理是越辯越明，真理終究要戰勝。讓他們也敞開講一講馬克思主義，我也願意聽聽馬克思談的究竟是個什麼道理！」以今看來，並不需要去辯論。不認可他的學說理論，啪啪兩聲就可以了，閻錫山手裡的槍多得很。還可以把他的理論強行寫進山西法規條文中，易如反掌。再不行，給他們戴一頂政治的大帽子逮起來，是什麼難事？然而，閻錫山有著一個政治者的胸懷和自信。

在宣佈了理論討論會的秩序和方法後，讓理論家人人都講講馬克思主義。溫健公講唯物辯證法和《資本論》的「商品」和「資本積累」，邢西萍等人做補充。在三天的講述中，閻錫山仔細而耐心地聽講，認真地研究馬克思主義，尋找一切可供他使用的武器。他萬分感慨地說：「馬克思真了不起，他分析觀察事物，就像一隻顯微鏡一樣，竟然能看到人們所看不到的東西。不過，他把一切演變都看成是運動的必然法則，是忽視了人為的因素。如果照他的理論，那就用不著人為的革命了。可是，他還要號召人們起來革命，那就與他的理論自相矛盾了。」在對待階級鬥爭的問題上，他明確地表明自己的看法：「階級鬥爭要不得。要革命，馬克思就要挑起階級鬥爭，讓人們互相殘殺，這是不人道的。階級鬥爭為什麼不對？因為，問題出在社會制度上。這不能怪人。治病，就要看病源在哪裡，是甚病，就治甚病。」別說，這閻老西還是個思想家呢！絕不固步自封，有自己的獨立見解。在閻錫山性格裡，固然有其不可否認的僵化、保守、愚昧、殘暴的成分，但也有著開放、民主、開明的東西被他活用，來為其發展服務。難怪山西能被他弄得像個鐵桶一樣地統治了三十八年之久，別人不敢輕易覬覦。武力固然很重要，但駕馭各方俯首聽命的，並不是武力的結果。武力可以獨霸一時，但不能雄居一世。

閻錫山探討馬克思主義是在中原大戰失敗後，於山西老家臥薪嚐膽之時。他不僅像一切軍閥一樣注重建組軍隊，更重要的是對山西的地方經濟、政治及文化，進行了大膽的改革創新，以增強自己和各方面對抗的實力。就任太原綏靖公署主任後，即實行了《山西省政十年建設計畫案》。強調「無山不樹林，無田不水利，無村不工廠，無區不職校，無人不勞動，無人不公道。」他注入極大的精力搞經濟建設。他曾說：「從事建設，以經濟為上，應本學理公式與經驗，三次五次的研究核計。多研究一次，多增加一次的精確。」其實，對閻錫山進一步地去瞭解，就可以知道大軍閥只是他的一個側面，經濟家、政治家才是他的根本。他對理論的重視，對政治的權衡，對經濟的拓展，對地方的建設，都說明了他立足於博采，為擴大自己獨立存在空間服務。在那樣的一個窮兵黷武的歷史條件下，都想拓展自己的疆域，只是採取的手段方法不同。閻錫山的手段方法與別人有著很大的不同，他能學習一點馬克思主義，並能看出其問題，就是一例。今天，又有幾人真正地對《資本論》進行認真的瞭解和研討呢？

閻錫山怎樣地看待馬克思主義，並不重要，重要的是一個軍閥對待一種理論的處理方法和態度。

第三輯　蛾眉

西施、貂蟬：古代的「女特務」

西施，春秋戰國時期浙江諸暨苧蘿村人，是越國有名的美女。越王勾踐稱臣吳國之時，遍訪美女之後選出她和鄭旦，把她倆獻給了吳王夫差，打入敵人內部腐蝕對方，以達到勾踐自己報仇雪恨的目的。貂蟬，東漢時期王允家的歌女，也是國色天香。王允在想了許多辦法，也沒有除掉欲篡權東漢王朝的董卓後，才想出了利用「連環美人計」來除掉董卓。這兩個故事家喻戶曉，不用筆者再多說，都清楚。

古代著名的四大美女都與政治有關，只是和政治發生關係的形式不同。從形式上講，西施和貂蟬與政治的關係比較相似，都是打入敵人內部瓦解對方，為自己的最高政治者服務。她倆的出身都是那麼的低微；她倆都有著一顧傾人城，再顧傾人國的美貌；她倆都是在政治者沒有什麼更好辦法來打倒敵方的情況下，出馬上「戰場」的；她倆唯一攜帶的武器都是美貌和身體；她倆的使命都是麻醉腐蝕敵方的最高統治者，製造矛盾，給己方創造有利條件。就連她倆最後的結局都那麼的相似——留下許多疑惑，不知所終。

今天看來，她倆就是那個時代的「特務」，那個時代的「克格勃」。我們的先人那麼早就想到用這樣的辦法來對付敵方，也夠聰明的，難怪「美人計」至今還很有生命力地存活。我們的先人在智困力竭、窮途末路之時，還能想到用女人的身體為他們的政治服務，也夠男人的，也難怪至今還有女人願意利用權力者來撈取好處。可悲的是，在用過了之後，無一例外地，她們又都被拋到權力者的視線之外，成為被扔掉的犧牲品。

越王勾踐臥薪嚐膽，固然受人尊敬，但他如果聽從范蠡的勸阻，不草率行事，而是像他後來那樣禮賢下士，厚待賓客，賑濟窮人，獎勵生育，繁衍人口，操練兵馬，也不可能有為吳王夫差駕車、牽馬，親口嚐吳王夫差的糞便之事了。這就應了那句俗語：「孩子死了，來奶了。」一說句不是君子該說的話，勾踐實在算不上是什麼能人，堂堂的一國之君，還能為打敗他的一國之主牽馬、駕車、嚐大便，也夠他能的，後來被他打敗的吳王夫差就沒有像他，而是毅然自縊而死。好在他最後打敗吳王夫差報了仇，否則，後世的人們還不知給他一個什麼樣的說法呢！所以，提醒我們，對能承受非常之罪，願為對方做非常之事的人，就要警惕了。其背後目的和動機，絕不能低估。勾踐主動地趴在夫差的腳下，本質上就已經麻痹了夫差，從精神上催化膨脹了夫差的驕傲情緒。

勾踐在仇恨面前，放棄了對美麗女人的佔有，並利用女人來幫他奪回國家、洗刷恥辱。如果沒有這段恥辱，如果沒有這個復仇計畫，那麼西施肯定就成為勾踐宮中的女人。他也會和吳王夫差一樣難以逃脫好逸好色的窠臼。吳王夫差在父親死了後，不也是立下宏願，讓人每天在他經過的院子中，問他「夫差，你記著與越王的殺父之仇嗎？」結果不也是在勝利之後，頹廢了下去。中國的君主，從來都沒有逃出過這個規律。與其說是西施把夫差迷惑得無心國事走向滅亡，不如說是復仇後的勝利和安逸把他擊敗。為什麼吳王夫差和越王勾踐在發誓報仇之時，他們能無視美女的存在，不被美女所左右？西施她的「特務」行為，深究起來，也沒有多大的作用。

貂蟬在王允的「連環美人計」中的作用，也是一樣。董卓與呂布之間本已有矛盾，只是不明顯。但在貂蟬作用下，加速了矛盾的激化。隨著時間的發展，董卓的殘忍不義，呂布的暴躁鹵莽，兩者不可能保持永久的親密關係。因為，董卓和呂布之間沒有能保持永恆關係的基礎，雖然他倆是乾爹與乾兒子的關係。他倆互相利用彼此好處的時間是短暫的，呂布不可能永遠地為董卓賣命。就董卓而言，一個命人將俘獲的兵士纏上塗有豬油的布而後活活地燒死之人；一個將數百的降卒凌遲處死，先斷舌、斬手、再砍足、挖眼，然後置於水中慢慢煮死，來作為席間飲食欣賞內容的殘暴之人，他能長久而平安活著？即使沒有呂布和貂蟬，也會有別人來殺掉董卓。董卓的自身行為已經決定了他不能獲得善終，進一步說他已經為他自己肚皮點燈準備好了太多的火柴。王允只是利用貂蟬這根火柴頭，在呂布的臉上擦了一下，便點燃了董卓肚臍上的燈罷了。

政治中的美麗女人，不過是骯髒而醜陋的政治大菜中的一點味精和蔥花，並不是主要原料。沒有她們，事情還是會那樣的發展，但在政治者的心中，她們是他們手中的最後稻草。但對她們而言，她們卻付出了慘重的代價，沒有了正常女人的正常生活。政治最終把人扭曲了，無論是對男人還是對女人。

王昭君

甘心出塞？

一個女子騎著馬，在淒厲的北風裡，漸漸地在中原大地上走遠了，走向她完全陌生的匈奴。從此再也不能吃到中原的飯，喝到中原的水了。這是昭君出塞的故事，家喻戶曉。歷史走過了兩千多年，她仍然在我們的視野裡活著。

在正史上，人們把她能被千古傳誦的原因歸結為，她為匈奴和漢朝的和好做出了巨大的貢獻。這更多的是從政治的角度去思考，也是為政治服務。我們是否從一個女人的角度去思索過，她是以什麼樣的心境而選擇了這樣的一條不歸路？

王昭君能被人們記住，不是和親，而是她本身給這個事件帶來的新聞轟動效應。如果她沒有美貌，如果漢元帝看到她的美貌沒有動心，如果沒有毛延壽把她的容貌畫得醜，如果沒有把毛延壽殺了，那麼，這還能有這麼大的影響面嗎？在中國的歷史上，為本朝代的和平而遠嫁異族的公主們很多。她們在歷史上，並沒有留下多大的名氣，難道她們的作用就沒有王昭君的作用大？

就王昭君個人來看，她選擇這樣的道路，也是無望之後做出的決定。王昭君在深宮裡待的時間不是三個月五個月，而是住了多年的時間。久居深宮之中，是不是已經不抱皇上召幸她的希望了？美女如雲的後宮，只有競相送禮給畫工才能早見到皇上。所有的機會都握在畫工的手裡，宮女們的那一份禮能薄嗎？畫工的胃口能小嗎？不能否認美貌的王昭君不願送禮的那份清高，但我們也可以想想，她有沒有給畫工毛延壽送禮的大本錢，這值得我們思考。那些已經送禮給畫工的宮女，她們就被皇帝召見了嗎？沒有被召幸的可能，又沒有被放出宮去的希望，這本身能不讓人絕望？

那麼多的宮女不願到匈奴去，自有她們的道理。在漢武帝時期，江都王劉建的女兒被賜公主名號，嫁給烏孫王昆莫為妻。在那裡不通語言，服食皆異，公主作歌而哀：「吾家嫁我兮天一方，遠托異國兮烏孫王。穹廬為室兮旃為牆，以肉為食兮酪為漿。居常思土兮心內傷，願為黃鵠兮返故鄉！」這讓人滴淚的歌，後被傳到長安。公主終沒有返回故鄉，而是在昆莫死了之後，悲傷地從俗又嫁給做了烏孫王的昆莫的孫子岑陬。不久公主就死了。這個事離漢元帝要挑宮女嫁匈奴的時間大概是近一百年左右，所以，宮女們不可能不知道這件事。異域生活的不適，異域生活的風俗，這也是漢元帝不願把公主和宗室之女嫁給匈奴的原因。宮女面對這樣的情況，自然不願前往。而這正給了王昭君一個逃離寂寞深宮的機會。

此時，有了這樣的機會，雖然是遠嫁他鄉，但畢竟是可以嫁出去，可以遠離這充滿險惡鬥爭的鳥籠子般的後宮，可以有自己的兒女，可以有自己的天倫之樂。與所處的茫茫無期的寂寞深宮相比，那要好得多。王昭君能絕然拋棄自己中原故土，也是權衡了之後而做出的一種無奈的選擇。試想她有被皇上寵愛的機會，她肯遠嫁？她肯到與自己的一切都不一樣的地方去生活？就為了漢朝和匈奴的和好，她這個平民女子有那麼高的境界？嫁到匈奴是她擺脫自己現有狀況的唯一道路。

她是湖北秭歸一平民家庭的女子，和深居皇宮的公主及宗室之女不一樣。在她離開中原之時，她帶去了不少漢族的禮儀和先進的農耕技術及工具。她已經做好了準備把那裡作為自己的家，同時，帶去的這些東西可以讓她感覺到故鄉中原離她並不遙遠。所以，王昭君在匈奴能夠生活下去，而且很好地生活下去。

無以數計中的一個宮女被指定離開後宮嫁到匈奴，也不是不可能，我們的歷史從來都是按照政治者的需要來定位一個人的。但真正主宰人的並不是政治，而是情感。如果是個女人的話，更是如此。歷史的戲劇性在於歷史用王昭君的漂亮，既狠狠地打了漢元帝一耳光，又不見血地殺了毛延壽。在王昭君身上，我更多地看到她無奈地邁向氈裘之地的悲涼。她用忍受異域的苦痛，她用自己的美麗作為代價，來擺脫深宮的寂寞。

女皇角色的背後

在那樣的年代，那樣的背景下，一個女人能「奮鬥」到那樣的位置，真是不簡單。但我們的歷史更多地關注她的殘暴和私生活。這也難怪，畢竟我們的天下是男人的天下，我們的歷史是由男人寫的。在讀唐史時，對這中國唯一的女皇武則天，確實是讓我停卷深思了好久好久。

武則天有著常人所沒有的勇氣和魄力。在自己的老丈夫唐太宗病重之時，能勇敢地和比自己年輕五歲的太子有那麼一腿，這本身就不是一般的女人所能做到的。她這樣也是在進行一場賭博。勝了，還能繼續在宮裡過榮華富貴的生活；輸了，對她也沒什麼壞處。聰明的武則天在皇宮裡待了十多年，面對自己以後的生活，她總要作出最佳的選擇。老皇帝死後，沒有給他生過孩子的女人就都要被趕進尼姑庵做尼姑。這樣的命運，武則天能甘心？她自然要做最後一搏。要想擺脫孤寂的尼姑生活，她沒有別的辦法，只能拿自己的身體作為犧牲品。蒼天真夠厚愛武則天的，讓她遇到了與她的性格正相反的李治。否則，她也就沒有以後的所有故事。

男女的相處，有時真是需要互補。武則天的勇敢，武則天的殘忍，武則天的果斷，武則天的聰明，武則天的才能，高宗李治一樣也沒有。但李治有皇位，武則天只能靠這個位子來改變自己的命運。被李治接回皇宮，她是先皇的人，又被新皇上納為新婦，畢竟不是什麼好事。皇宮本就是充滿了嫉妒和仇恨的地方，一個這樣的人還被皇上寵愛，武則天要面對的爭鬥實在是太多了。她要在皇宮裡生存下去，她就不能不耍手段。蕭淑妃死了，王皇后的敵手就是武則天，她不行動她的命運就要和蕭淑妃的命運一樣。這樣的前景，以武則天的精明，她不可能看不到。她沒有王皇后那樣強大的家族後臺可依靠，但要打敗對方，最能讓皇上相信的就是違背常識去做，才能達到目的。在當時，誰能相信她親手把自己的女兒掐死？女兒悲慘地死了，她才能平安地活。女兒死了，作為母親的武則天，她的內心也一定不大好受。她要生存，要在皇宮裡活著，而且要活得更好的願望，決定了她只能犧牲自己女兒的生命，女兒的屍體也確實讓她排除對手站穩了自己的腳跟。她那麼寵愛她的小女兒太平公主，固然有武則天說的太平公主「類己」的主要成分，但有沒有把對自己親手殺死的女兒的那一份愛和內疚轉移到太平公主身上的因素呢？

皇帝丈夫李治的懦弱和無能，給了武則天展示自己才華的最好機遇，也給了武則天登基皇位的最好契機。李治的身體不好，面對那麼多的公務，需要一個人來幫他，武則天的才能恰恰有了用場。「上初苦風眩頭重，目不能視，百司奏事，上或使皇后決定之。后性敏捷，涉獵文史，處事皆稱旨，由是始委以政事，權與人主矣。」每個人都有惰性，皇帝也一樣。能輕鬆自在地生活，不是很好嗎？武則天在沒有了對手的日子裡，她也一樣不能安心。因為她當上皇后的經歷畢竟很曲折，那麼多的大臣極力反對，她絕不會掉以輕心。同時，在參與政治的過程中，她要報復曾經為難她的人。一個個大臣在她處理政事的過程裡，被她除掉。她在每除掉一個曾經阻礙過她「前進」的大臣之時，一定也有一種快意在眉梢升起。如果說沒有當上皇后之時，為了保命為了生存，那麼，當上皇后之後，權力不僅給了她安全，更給她帶來了快感：她可以主宰這個世界裡的任何一個人。一個人沒有嚐過這種滋味，也就罷了，一旦知道了，不會輕易地放棄。我們看到幾個人心甘情願地從權力的寶座上走下來？幾乎都是被趕下來，被推下來。武則天要保護她用心良苦得來的權力。

人的心情會隨著地位的變化而迅速轉變。武則天掃清了後宮的對手，開始剷除大殿上反對她的人，她才能安穩地享受她的權力。高宗也做過反抗，但徹底地失敗了。高宗李治要把武則天廢為庶人，被武則天架空的皇宮，已不是高宗李治的天下了，反倒把上官儀父子的命搭了進去。在對待權力的擁有上，她一刻也沒有過懈怠，包括對待她的兒子。人們在她毒殺兒子的問題上，更多地是從母親的角色去看待她，而沒有從權力的魅力上去思考。在中國的皇權履歷表上，殺子殺父的還少嗎？此時的武則天已經不是母親的角色，而是一個最高權力的擁有者。她要佔有絕對權力的永久權，兒子也是她的對手，甚至說是她最大的對手。對她構成威脅時，也一樣會像男皇帝那樣對兒子下手，這也沒什麼值得我們吃驚。對武則天的思考，我們不要停留在女人的身份上，更要看到她是一個佔有權力的人。自從她獲得了權力，她就得一直走下去。半路停下來，對誰來講都是不可能的，武則天更不會。

在她登基做了皇帝後，她的權力穩定了，朝廷也就穩定了，她的殘暴行為也收斂了。她的孤獨和哀傷也凸現出來。兒子們被毒死的、被逼殺的、被貶謫的，都遠離了她。男寵既是她享受快樂，也是她擺脫孤寂和哀傷的什物。面對大臣她是威嚴的皇帝，扮演皇帝的角色；面對男寵她是一個女人，需要男人來排解她的孤獨和寂寞，滋養她日漸枯萎的身心。

從西元七〇五年一月被趕下龍椅，到七〇五年的十一月，她死時的十個月期間，她都想了些什麼，我們無法知道，但她選擇了「去帝號，稱則天大聖皇后」。駕馭過至高權力後，她最終還是女人。這又說明了什麼呢？

上官婉兒：宮廷裡的浮萍

上官婉兒，一個有著柔弱名字的女人，在波濤洶湧的宮廷裡掙扎沉浮了四十七年之後，帶著她那壓倒千萬男人的才氣，追著武則天的腳步，訣別污濁的宮廷之水，漂出給了她權力，給了她風光，給了她榮華，也給了她慘死的宮廷，回見她那被武則天殺掉的祖父和父親。她被唐朝的真正主人李隆基殺掉了，但不是因為她是婉兒，而是因為她是武則天曾經的代言人。結束了婉兒的生命，就是徹底地結束了武則天的時代。上官婉兒的一生是一朵青青的浮萍，在武則天斑駁的影子裡浮蕩，直到唐朝李氏王權的真正回歸。

襁褓中的婉兒就被武則天左右了。祖父上官儀父親上官庭芝被下獄殺死，母親帶著她進入宮廷為奴。昔日丞相的兒媳、孫女，一眨眼的工夫就成了奴才。上官婉兒一出生的命運，就是這麼波蕩。是花總要開，是葉總要綠。十四歲的上官婉兒，面對武則天的命題作文，文不加點，須臾而成，文意暢通，辭藻華麗。十四年過去了，失去祖父和父親的仇恨會在一個小姑娘的心中停留，可是不會停留多久。時間能削平高山，也能抽乾河流。她要活命，還要活得更好，就得為活命而掙扎，為活得更好而努力。為奴的上官婉兒她有什麼呢？她憑什麼能好好地生活下去呢？委屈自己是她生存下去的基本條件，才氣是她唯一的資本，彰顯自己的才華是她擺脫為奴的華山之路。竭盡全力地賣自己的才華，才能浮出水面，才能活得更像人。幸運的是，婉兒遇見了一個欣賞她才華的主人，這個主人給了她新的生活，新的生命，並如水一樣滋養著她。武則天是以俯視者的角色，看著婉兒在她所給予的生命之水裡滋生，以至沉浮。

婉兒的才華，是愉悅武則天眼睛的風景；婉兒的忠心，是安穩武則天心靈的中藥。武則天統治的是男人社會，她的權力又是從男人的手中千辛萬苦奪過來的，隨時還要警惕男人對她權力的顛覆，本能上對男人有著防範的心理，哪怕是她的兒子。武則天更相信女人給予她的支持和幫助，願意女人進入她的權力決策中心。武則天是絕世的睿智者，但她更是女人，對女人的理解和駕馭，自然遊刃有餘輕鬆自如。太平公主和婉兒，成為武則天左膀右臂的主要原因可能就在這裡。公主是她的女兒，婉兒是她的使喚奴才，在一起朝夕相處，對她們有著更為深刻的認知，她們的一舉一動盡收眼底，一有風吹草動，想要滅掉她們，不費吹灰之力，就像踩死一隻螞蟻一樣容易。還有，這些女人像藤蔓一樣要依賴她這個權力者，才能好好地生活下去，對她有一絲一毫的不忠和二心，生命都不保，還有什麼榮華富貴？殺死婉兒祖父和父親的歷史，武則天不會忘記，最初對婉兒不可能不存有戒心，看到婉兒被生活、被權力、被享受完全馴化為自己真正的順從者時，武則天會產生一種真正的放心和放手。就人來講，武則天的胸襟和度量是博大的，但胸懷和度量也是勝利者展示自己風範的一種方式。大度是建立在力度的基礎之上，沒有勝利作基礎的胸襟，缺少一種力度；沒有力度作基礎的大度，缺少一種風度。對籍沒宮廷集奴才與才女於一身的上官婉兒，武則天在喜歡上官婉兒的才氣基礎之上，表現了一個她想殺誰就殺誰，讓誰臣服誰就臣服的勝利者的王者風範。

對武則天的欣賞和重用，上官婉兒的內心會產生一種感激，這種感激會變成一種效忠行為，而這正是武則天最需要的東西。種下怨恨的種子，不難，解開仇恨的繩索，也不難。武則天聰明絕頂，上官婉兒才華橫溢，兩人惺惺相惜。殺死親人的仇恨，在這樣多的條件之下，太容易冰消雪化了。況且，婉兒的記憶中沒有過父親和祖父的形象，沒有受到過他們的疼愛和關照。一個女孩子在既能擺脫往日卑賤地位，又能獲得一人之下萬人之上的高位、榮華、享受的情況下，她沒有不妥協的路。機靈聰慧的上官婉兒會在最初的忐忑不安保全自己的境遇下，逐漸認可武則天的才能和心胸。或許，在上官婉兒的內心，可能還產生過她的祖父不該向唐高宗提議廢除皇后武則天的想法。武則天執政的二十五年，上官婉兒緊緊地跟隨著她。她們已變成了不能分離的一個整體，互相變成了依附，如浮萍之於水。

武則天死了後，她兒子中宗和兒媳韋后執政唐朝，但不是唐朝的真正回歸，還是女人執掌的天下，或說還是按照武則天和上官婉兒的政策去擺佈這個國家，進一步說是武則天死後的最後餘波。為韋后賣命還是為太平公主賣命並不重要，重要的是她還要在宮廷裡繼續留下來活命，繼續她習慣了的富貴日子，繼續武則天賜予她的已經形成的潛在權力。她擺脫不了宮廷的吸引力，她就擺脫不了兩個權力集團的較量。兩個權力集團都需要她的力量，太平公主和李隆基方面需要她的力量，但不需要她這個人，而韋皇后既需要她的力量，又需要她這個人。韋皇后的勢力不弱，且是正宗名正言順的皇后，婉兒自然要傾向韋皇后一邊。雖然有著種種有關婉兒投靠韋皇后是因為和武三思及崔湜等男女之間關係的說法。極可能有這種因素，但以婉兒的聰明，她會以自己的生存利益作為考慮的基點，她畢竟在宮廷生活了四十多年。「身似沉浮雨打萍」，宮廷的風雨，淋到婉兒的身上並不少。生存是婉兒的根本，她一生都在為如何生存而在權力的漩渦裡掙扎。韋后不自量力地掌政，無形中加速了婉兒生命的完結。其實，婉兒不是因韋后的掌權而死亡，而是因為沒有多少智慧才幹的女人繼續對權力進行操縱，褻瀆了唐朝宮廷裡的所有男人。此時，給了李氏男人重新奪回權力的機會，李隆基佔有了最佳時機。

上官婉兒執燭率宮人迎接李隆基，並把她和太平公主所擬的遺詔拿給劉幽求看，希望通過劉幽求來求得李隆基對她的饒恕。這遺詔是婉兒最後的救命稻草，但她不知這根稻草救不了她的命，也不知女人統治天下時代的結束日子，就是她生命的終結日子。李隆基坐穩江山後，派人整理收集婉兒的作品，編成文集二十卷。這是李隆基對一個女詩人才華的肯定，但不是對一個曾經涉足最高權力圈女人的回想。婉兒的才華和生命，是依附在女人掌政這一水中的。水乾涸消失了，婉兒也該到了結束漂浮生命的時刻。青青的浮萍歸去了，婉兒留下她的詩，作為她在這個水面曾經沉浮過的證明。

楊貴妃

擁有過愛情嗎？

每次想到白居易的「在天願作比翼鳥，在地願為連理枝」，馬上就會想到唐玄宗和楊貴妃兩人的故事。一千兩百多年後的今天，回眸他們倆之間的感情，到底是什麼樣的愛情呢？

西元七三四年，楊玉環（七一九－七五六年）嫁給唐玄宗的第十八子壽王李瑁為妃，這一年她十五歲。七四〇年，唐玄宗在知道了自己的兒媳婦十分美貌又十分多才多藝後，他像他的爺爺唐高宗一樣在女人的問題上敢於大膽做事，只是他爺爺娶了自己的後母，他娶了自己的兒媳婦。他們祖孫倆又都上演了同樣的戲劇：武則天做過一段尼姑，楊玉環做過一段道士，都為新角色進行了「脫胎換骨」。楊玉環在未成為貴妃之前，和唐玄宗以情人的關係同居了六年沒有任何名分，也就是實習階段。到七四五年，她才被冊封為「貴妃」，成了唐玄宗的正式女人。這一年楊貴妃二十七歲，而唐玄宗已經是六十一歲的老人了。

楊玉環從被唐玄宗見到後就「三千寵愛在一身」，其非常人可比是不容懷疑的。不僅僅是容貌的事，更在於楊貴妃的善解人意成為唐玄宗的「解語花」，知道老皇上喜歡什麼不喜歡什麼，這更重要。美貌在男人的眼裡非常重要，有了美貌就有了敲開權貴大門的敲門磚，剩下的就是聰明、才藝、靈氣了。沒有能讓男人開心的地方，時間久了那愛也要衰退。楊玉環獨霸皇宮十七年，真是不容易。現今有法律的保障，有婦聯的保護，我輩都難能保證婚姻的永久性，那個年代那麼多的對手，楊玉環還真讓人佩服。這可能說歪了，但我想說的是男人在要美貌的同時，更要快樂，我們往往把男人所製造的快樂當成了對女人的愛情。六十多歲的老人，不僅需要女人，更需要女人帶給他排除心靈老去的歡樂。

皇宮裡能有愛情？一個相差三十四歲的一對男女，她和唐玄宗的愛情，真就是那樣纏綿美好？二十一歲被從自己年輕的丈夫身邊搶來，然後和五十五歲的老公公同居，別人怎麼想楊玉環不知道，我是徹底地認為，剛開始的那一刻，她的心裡不會怎麼好受。皇權無力抗爭，何況是個女子。進了皇宮，一切就操在皇上手裡，讓皇上高興了便什麼都有了，皇上怒了什麼便都沒有了，包括生命。楊玉環能不明白這個淺顯道理？曲意承歡再自然不過了。楊玉環跟唐玄宗時間長了，自然逐漸瞭解唐玄宗的脾性愛好。對待唐玄宗就不會像別的女人那樣拘謹畢恭畢敬，會更自然更本性更女人地對待唐玄宗。唐玄宗首先是老男人然後是老皇上，逐漸衰老的唐玄宗會感到楊玉環在他身邊的舒服。男人在年輕時對女人更多的是性，而老了，在用女人來映照自己沒有老的同時，有著更多的安逸舒適的願望。唐玄宗需要她的美貌，需要她的才藝給他晚年生活帶來歡樂，而楊玉環需要唐玄宗的權力為她的享受為她的家人服務。這本身也是交易，一個以權力買歡樂，一個以美貌換利益，不過是在皇權的統治下變得合情而合理。試想面對一個蒼顏老夫，楊玉環會是什麼心境？否則，她何以又和安祿山有著那麼多的傳聞。於今看來，唐玄宗只能滿足她的物質需要，而不能滿足她的所有需要。唐朝是個相對開放的朝代，就在不遠的以前，武則天、太平公主、韋皇后、上官婉兒都演出了一場場的淫亂之劇。這種餘風不可能到了唐玄宗時代就煙消雲散，楊玉環在那樣的背景之下，她和安祿山之間的性事，還是很能讓人相信的。安祿山認她為母，不過是這種曖昧關係的遮羞布罷了。

唐玄宗畢竟是皇帝，在真正關涉到他自己的權力和生命之時，唐玄宗還不是毫不猶豫地放棄了他的楊玉環。楊玉環也一樣把唐玄宗看成是她好好存活在後宮的堅強靠山。楊玉環終將會被殺，只是時間早晚和誰來殺她的問題。楊玉環的受寵，導致楊家得勢雞犬升天，已經構成對李家氏族利益的危害，那麼，唐玄宗如果比楊玉環死的早，李氏家族在不放過楊國忠的同時，也絕不會饒了紙醉金迷生活的楊玉環及其家族。不幸的是，她死在了萬般寵愛她的唐玄宗的手裡，這也就是戲劇性所在的地方。

唐玄宗在楊貴妃死後又安安穩穩地活了七年，直到七十八歲的高齡才死。在「人生七十古來稀」的年代，顛沛流離逃亡到四川，能活到那麼高的年齡，其沒肝沒肺子的程度也就可想而知。如果真是他的刻骨愛情，如果真是愛楊玉環，那麼親口下旨殺死自己的所愛，心靈會受到怎樣的煎熬？一個高齡老人經不住這樣的打擊。楊貴妃之死也沒讓唐玄宗受到多大的傷害。

老天造了這樣的奇女子來享盡人間富貴，大概就是讓唐玄宗成為一個有人性弱點的人吧！宮廷裡沒有愛情，真正的愛情在民間。

第四輯　文臣

不可饒恕的商鞅

說到變法，我們第一個想到的人就是商鞅，想到他為變法所做出的努力，以及所付出的代價。對於中國這位第一個變法之人的歷史研究，不乏其人，但我還是對他有著濃厚的興趣。翻開有關他的變革資料，不經意間發現，他所進行的變革，固然有很多對秦國對黎民百姓有好處的事，但有一件事，他是不可原諒不可饒恕的。對中華民族來說，他是罪魁禍首。

秦孝公在充分認識到「落後就要挨打」之後，於西元前三五九年，重用商鞅，並採用了商鞅的變革措施，於是在秦國公佈了新法令。其中有一條是「實行連坐法。每五家人家編為『一伍』，十家人家編為『一什』。一伍一什互相監督。一家有罪，其餘九家應當告發。不告發的，十家連坐，受腰斬處分。告發的和殺敵人同樣有功。私藏罪人的和罪人同樣有罪。」

商鞅為什麼制定這樣一條法令？原因一定有多種，其中的一條原因無疑是讓人告密，或說鼓勵人告密，來穩固秦國的統治和保證改革的實行。一家有罪，殺一家好了，何必要把那九家統統給腰斬呢？如此的酷刑，哪一家不會是如驚弓之鳥？人們從此在告發別人、被別人告發的境況中生活。鄰居家犯了罪，或說犯了點小毛病，那九家就會爭先恐後地飛奔著去告密。否則，就要把自己一家老小送上死亡刑場，看著他們被咔嚓咔嚓攔腰砍斷。這樣慘境，誰能忍看？告密去吧！管你有沒有什麼罪，犯沒犯法。況且，告發的和殺敵的同樣有功。能想出這種連坐法的人，真是人精中的人精，高明中的高明。

需要告密的市場有了，告密的規則有了，還缺告密者嗎？為什麼中國有那麼多人愛告密、愛打小報告、愛無中生有的原因，今天通過商鞅的法令才找到了根源。源頭原來在這裡，始作俑者，還是商鞅這個大改革家通過法律手段一手製造的。以後的朝代如武則天時期出現的舉報箱，不過是商鞅所制定的法令的延續和發展。西元六八四年，唐朝武則天開始執政。她於垂拱（武后年號）二年三月，在宮中設立了「銅匭（音軌）」，也就是舉報箱。所有來京告密的人，官府大開綠燈，免費提供食宿。目的當然是穩定、維護她剛剛到手的權力，對外的聲明卻是希望聽到百姓的聲音。百姓的聲音聽到了多少，無人知道，但朝堂裡不時傳來被告密者淒慘的叫聲和人頭落地的聲音。

這還不是最重要的，最重要的，也是最根本的是，商鞅把告密這個行為，用法律的形式，把它合法化和公開化了。進一步來講，在告密公開化和合法化的情況下，無論告密者所告之事是真還是假，告密者都沒有了羞愧感和罪惡感，而變得理直氣壯。這是對人性善良一面的踐踏和摧殘，更是對居心不良者實行惡行的縱容。

原因是所告之密，有兩種可能，一種是有秘密之事可告，二是告密者無端誣陷。真有秘密讓人告了，沒什麼。不是誰都是正人君子，一是一，二是二，實話實說。誇大其事，無中生有的告密，在大千世界芸芸眾生裡，能沒有嗎？不是曾經有一種八分錢的郵票，就能把你搞掉的說法嗎？如果沒什麼秘密被人陷害了，想要洗清，可不是像說話喝水那麼容易，否則，人間不會那麼渴望海瑞復活，包青天再生。在浩瀚的中國歷史上，因被告密而無辜遭遇不測備受冤屈的人，如糧倉裡的穀子。

這總讓人想到「文革」時期。人與人之間的信任信賴，受到空前的清洗，造成一種彼此之間要互相揭發，才大公無私，才是革命的好同志，才能保護自己的態勢。告密成了一種瘋狂，也成為一種合理合法。夫妻之間、父子之間、朋友之間、兄妹之間，互相揭發互相告密，來表現自己的無私性、革命性。導致親人朋友備受凌辱，甚至造成他們悲慘死去。在「文革」中，這樣的事，實在數不出有多少件。英國、法國和其他國家有沒有有關告密的法律，不大清楚，但美國卻有一條有關告密的法令：夫妻、父母與子女之間的證詞，不作採信。在顯得有人情味的同時，也更顯得人性化。

告密，告密的歷史真是悠長，從來就沒有間斷過，而且經久不衰。因為，這是權力者維護自己位子的最簡單最直接的方法，是告密者整掉別人的最容易最有效的辦法。也可說，利用告密來實現目的是最拙劣的辦法，也是最醜陋的辦法，更是最無能的辦法。不過，在專制的體制環境下，告密還是很有市場。在公正、嚴明、公開的前提下，是不需要告密來解決問題的。所有的事情，都在人人監督，人人介入的公正、自由、平等環境下，還需要憑藉告密這個見不得人的方法，來實現目的嗎？另外，這也是在沒有民主、自由、公平的環境中解決問題的一種渠道，不管告的是什麼事，不管告的是真事，還是假事。因為，他要解決問題，無論是對人有害，還是對己有利。只要沒有一個公正的環境，沒有一個民主的氛圍，沒有一個自由的空氣，告密，就不會消失死亡。只要有告密的環境存在著，就有小人的天地，就有冤屈產生。

可恨而不可饒恕的商鞅，在制定這一條法令之時，無論如何也沒想到這些吧，地下有知，會後悔嗎？

蕭何為何只能當輔臣

蕭何與劉邦是沛縣人，共同起家造秦朝的反。論水平、論能力，蕭何只比劉邦強不比劉邦差，但蕭何的一生就是忠心無貳，堅定不移地跟著領袖劉邦走，幫著他打江山，幫他保江山。兩者相比較，對百姓而言，坐皇帝椅子比較合適的當屬蕭何，但蕭何為什麼就不能當皇上，只能做劉邦的輔臣呢？於是翻《史記》，於《史記》的字縫間，才突然明白了一點點。

初始，蕭何在沛縣做主吏掾，這是一個主管法律之事的官。在劉邦啥也不是白丁一個時，蕭何就是這樣一個官了，而且把法律之事做得讓上級在政績考核時非常滿意。當然，蕭何是如何利用職務之便來招待上級的《史記》未記載，不敢依現實而言古。這說明蕭何是很有水平的。一般情況下，做法律的，性格上都比較嚴謹、慎重，不是那種怒髮衝冠、橫刀立馬之人。這才會出現他在劉邦攻下咸陽，眾人皆搶金銀財寶美女的情況下，獨自一個人默默地到秦官衙中，「收秦丞相御史律令圖書藏之。」這是一個搞研究的人。想想，一個人趴在破書堆中（當然是沒戴眼鏡）去劃拉法律條款、戶口名簿，然後裝進大口袋裡回家進行研究的人，他怎麼能當皇上。皇上是啥人？如蕭何這樣，是不會對權力有多大野心的。當一個人對某一件事情有興趣，對另外一件事情的興趣就要適當地減弱。劉邦的野心就在於：「嗟夫，大丈夫當如是也。」他倆的目的，他倆的興趣點不同，從本質上講，蕭何是個文化人或說是個書生。在封建專制社會，哪個讀書人是造反當上皇帝的？文化人或書生沒有封建皇帝所需要的霸氣、多疑、兇狠、狡詐。

就在蕭何一心一意地在後方為劉邦做後勤工作時，劉邦多次派人慰勞蕭何，蕭何這個一根腸子的人還很高興，根本沒有認識人家為啥這樣一次次去慰問他，還是他手下的鮑生點化了蕭何：「王暴衣露蓋，數使使勞苦君者，有疑君心也。」蕭何這才明白此中道理。按說他倆都是沛縣人，在劉邦啥也不是白丁一個時，蕭何都是傾力相助，可說是莫逆之交，本不應持有懷疑態度的。「防人之心不可無」，劉邦是充分理解這個道理的。但蕭何沒這個心眼，而沒這個心眼，統治起別人來就困難。在人家要造反了要抹你脖子了還相信人家，那不被推翻才怪。多疑是皇上的基本共性，而蕭何的頭腦中沒有多少對人多疑的細胞。

有一次，劉邦在外平叛陳豨，家裡呂后又殺死了韓信，讓他不放心的就是這個蕭何了，所以又「使使拜丞相何為相國，益封五千戶，令率五百人一都尉為相國衛。」有過這種被懷疑歷史的蕭何仍然執迷不悟，後經手下人召平點化才又曉得劉邦也懷疑他謀反。這樣的人他怎麼能當皇上呢？一個心眼做事，顧及不到幾方面情況的人，怎麼能統治八方。

另外，蕭何沒有劉邦的無賴氣。從蕭何被劉邦捆綁起來押在大牢後，又將他放出時說的話，就可知劉邦是什麼東西。把莫逆之交的蕭何押也押了，綁也綁了，還大言不慚地點火：「吾聞李斯相秦皇帝，有善歸主，有惡自與。今相國多受賈豎金而為民請我苑，以自媚於民，故繫治之。」這和無賴說的「好事歸我，壞事歸你」有什麼區別？等到蕭何光著腳走到大殿上時，他又像個變色龍一樣臉不紅心不跳地說：「相國休矣，相國為民請苑，吾不許，我不過為桀、紂王，而相國為賢相。吾故繫相國，欲令百姓聞吾過也。」翻譯過來就是：「相國你不要說了！相國為民眾請求苑林，我不應許，我不過是桀、紂那樣的君主，而相國是賢相。我所以關了你，是想讓老百姓知道我的過錯。」聽聽，和上面的一段話比較起來，這種詭辯與狡詐是蕭何能做得出來的嗎？做不出來，你蕭何就不能駕馭得了百官大臣，這和「引蛇出洞」是一樣的道理，一個模子做出的槽子糕。

蕭何也沒有劉邦的兇狠無情。劉邦可以將兒女推到車下，可以置老父於項羽手中而不顧。危在旦夕之際，能那樣從容不迫地說分我一杯羹。蕭何面對長安土地緊張，百姓糧食緊張的情況下，為老百姓向皇上劉邦請求：「長安地狹，上林中多空地，棄，願令民得分田，毋收稿為禽獸實。」對與他無任何關係的百姓，他尚且如此仁愛，他能否做出「分一杯羹」之事，也就可知了。一個人有情感，他會軟弱，而軟弱對一個皇帝來講，那是太不利了，有多少皇帝就是因了軟弱而被欺騙，被人篡權，被人整死。

性格中沒有這麼多東西的蕭何，他只能做他的相國，只能一心一意幫劉邦。其實，不只是做皇帝要這樣。蕭何的幸運在於手下有了那麼多鮑生、召平之流點化他。岳飛手下如果有一個「鮑生」能告訴他，你打到黃龍府救二主，直接威脅趙構皇權的話，岳飛也就不會死了。蕭何只能當相國，皇權的職位要求條件，蕭何性格中不具備。

精神貴族

張良

尋找金錢的貴族，無論在古代還是在今日都不難，不說一抓一籮筐也是一大把，而精神的貴族則難尋難覓了。不說今日，只說古代，能讓人覺得是精神貴族的就不多。點燃一盞燈籠於歷史的隧道中去追尋，突然發現，漢代的張良就是這樣的貴族。

張良本人出身便是貴族，家曾五世為韓國相，就是秦滅韓國時，張良還有家僮三百人呢。在這樣的環境下成長起來的張良本身就具有了貴族氣質的因子，他的思想他的見識，肯定和農民出身的大大小小因造反起家而成為王侯的人們不同。他思想中所具有的精神之質別人無法理解透視。

他沒有了財產，但他仍然是貴族，而且昇華為精神的貴族。張良他有著一種執著的高貴。在為韓國報仇後，他殫思竭慮為他的韓國後代謀復韓王的位子。此時，張良也成為了韓國的司徒，辭別項梁、劉邦，帶著只有千人的隊伍，和韓王成回去了，並取得了數城，使山東六國都歸了韓王成領導。韓國是那麼弱小，項梁、劉邦的隊伍卻是那麼的強大，但他依舊癡心不改，幫輔著韓王成。現實的情況張良能看不清楚嗎？但他的良知、他的精神決定了他對韓國的情誼不可改變。不因弱小而捨棄，不因勢大而趨附，這是他的品格他的氣質決定的。在他輔佐韓王成的那段時間，始終動盪不安，時有秦兵來騷擾，但張良仍然不改初衷地追隨著。在劉邦幫了張良奪回了韓國領地之後，他又幫劉邦謀劃了「燒棧道」這條對劉邦起著關鍵性作用的計謀。從根子上幫了劉邦的大忙，然後又回到韓國去了。他等來了他精心全力輔佐的韓王成被項羽殺死的消息，韓國的嫡親血脈沒有了。以張良對韓國的感情，他會是什麼樣的心情？在劉邦營中的韓國庶子信，被劉邦封為韓王，張良又要隨韓庶子信回故土。但劉邦強硬地留下了他。此時，張良也可能看出對韓國沒有了太大的支助價值，作為韓國故相的子孫已盡了全力，也一而再再而三地努力了。或許他看不到韓國復興的希望而放棄了追隨韓國庶子信的腳步，或許知道了項羽殺死韓王成之後，他要借助劉邦殺掉項羽來實現他的再報仇的目的，無論怎樣，從他對韓國的這一系列做法，我們都可以知道他，大義不缺，大忠不乏。

從張良前段時期看，雖幫了劉邦很多的忙，但他的心是在韓王身上，忠與義是他精神之骨髓。到了劉邦的帳下，他只是個最高級的參謀，沒有實權。參謀的作用誰都曉得，所提謀略，你願意聽就聽，不愛聽就不聽，有參而無決的權利，只要參與謀了就盡到了責任。在劉邦面前，他始終有著一種貴族的氣質，不卑不亢，飄逸如仙。當劉邦坐了皇帝的寶座後，他所表現出的精神，更加讓人覺得是一種絕塵的高貴。這比他前段實現價值展現智慧，更加不易。世上能有幾人對榮華富貴無動於衷？能有幾人對名利地位不屑一顧？張良做到了，走得堅決，走得從容，走得睿智，走得瀟灑，走得空靈，走得高貴，不帶走一片藕斷絲連的心緒。

他尋找的藉口是：「以三寸舌為帝者師，封萬戶，位列侯，此布衣之極，於良足矣。」以「學閉穀、導引、輕身」來彰顯自己的退隱。其實，張良是那麼聰明，是運籌帷幄決勝千里之人，對與他相處那麼久的劉邦的品性能不知道？不瞭若指掌才怪呢。他幾次離開劉邦，而甘心扶保韓王成回故土的事，劉邦能那麼簡單地就忘記？與他一起揭竿，跟了他一輩子的蕭何，他都不放心，時刻擔心著，他能放心如此執著追隨韓王的張良？能放心這麼一個有頭腦、有智慧、有才幹、有水平的人在朝廷上自由地行走？不知當時的劉邦有多大的心理壓力呢。滅了秦朝，消滅了項羽，報了滅韓國殺韓王成的仇，張良的個人願望和價值都實現了，劉邦其人所能做出什麼樣的事情，也在他的預料之中。他高貴地瀟灑地走出了紅塵，是否著一襲白衣，不知。以他的品格，我想應是。塵世所唱所云的瀟灑，與張良的那份瀟灑相比，是多麼的蒼白，多麼的孱弱。

張良是經歷過榮華的人，他的貴族氣已在他的血脈裡流淌，對封侯之事，能有多大的興趣。他的義完成了，忠實現了，能力體現了。他已經逾越塵世的庸俗，跳出了紅塵的紛擾，以三界外的超然，去觀看這幫農民造反者在朝廷的紛爭。但他又無法全部地脫離，劉邦、呂后都在攪擾他的生活，他又不能不拿出自己的看法，這也是他無奈中的無奈。所以，他只能以借病為名，深居簡出。他的精神是不是痛苦的，我們無法知道，但他被呂后強迫進食後不久，就病死了。

張良在功成名就時，沒有那種小農者的狂妄與囂張，以真正的貴族之氣，展示了平和、坦然、冷靜和大度，凌空而視，笑傲硝煙瀰漫的朝廷內外。任何人都無法左右他，也無法尋找任何藉口來整治他。他以這種精神貴族之氣來抵禦紅塵對他的侵襲和傷害，保護他這個只是參謀的貴族書生。那農民為侯為王者所表現出的霸氣與乍富後顯露出的窮酸闊氣，張良的水袖會不會飄然一甩，不攜一縷清風而去？

真正的貴族不是誰想當就能當的，絕不是穿上皮爾卡丹、戴上金利來，就能達到的。精神沒有那樣的檔次，思想沒有那樣的水準，品格沒有那樣的高貴，行動沒有那樣的決絕，張良就是個假貴族。布衣著在張良的身上，他也是貴族，而且是最高貴的精神貴族。

司馬遷沒弄懂的事

探討司馬遷和漢武帝之間關係的文章太多了，再來湊這個熱鬧，基本上是鎖不住多少人的眼球，但還是擋不住誘惑。你想想，一個是歷史上最著名的皇帝，一個是歷史上最著名的史學家，兩者狹路相逢，上演了一段曠古之事。女人本是愛湊熱鬧愛說是非之類，我也是女人，而且是個愛權力愛文學或說是啥都愛的女人。對此，怎能放棄發表雌論的機會？

在人們普遍的認知裡，說司馬遷獲罪是因為他為投降匈奴的李陵說話，意在諷刺漢武帝的大舅哥李廣利在出擊匈奴時戰敗而返，故而讓漢武帝大怒。以我這個深居閨中，愛倒著看人的小女子瞧來，不見得這麼簡單。漢武帝可不是一般的皇帝！

這還要從李陵說起。李廣利戰敗後，漢武帝又派公孫敖出西河，與強弩都尉路博多相會涿塗山

（今蒙古人民共和國境內），結果也是沒有什麼戰果。就是在這樣的形勢下，漢武帝派李陵出兵深入匈奴境內。李陵手中只有五千步兵，漢武帝沒有再給他人馬，就下詔令李陵從居延遮虜障出兵，同時讓路博多進兵西河。這是兩條路，彼此之間沒有聯絡，更談不上照應。無形中造成李陵孤軍深入，還沒有後援的態勢。結果，李陵的五千人被匈奴的三萬多騎兵包圍。李陵力戰，身邊只剩下十餘人，才降了匈奴。漢武帝是對匈奴作戰的最高總指揮官，一切軍事行動，戰略部署，人事安排，都是漢武帝一手確定。漢武帝指揮上的錯誤，人事安排上的錯誤，決策上的失誤，是李陵的失敗進而投降的根本原因。漢武帝那麼聰明的人，能不明白是自己的指揮錯誤造成了李陵的失敗？但他能輕易把責任攬在自己的身上？他是皇帝，皇帝是天的兒子執行天的旨意。李陵投降的消息傳到朝廷後，據司馬遷〈報任少卿書〉載，當時「主上（漢武帝）為之食不甘味，聽朝不怡，大臣憂懼」。難道只為了區區五千人和李陵的投降，而食不甘味，聽朝不怡？這之前，因李廣利戰敗而死的人比這多好多倍，漢武帝也沒怎樣。長點心眼兒的都明白皇帝食不甘味的原因，所以「群臣皆罪陵」。李陵之前的兩次出兵匈奴失敗，好勝的漢武帝不可能無動於衷，會希望這次出兵洗去兩次失敗的恥辱，結果不僅失敗而且投降。漢武帝能不惱恨心中？領導做對了是對，做錯了也是對。承認自己是錯的，皇帝的威信何在？皇帝的尊嚴何在？以後怎麼發號命令？我們不要把皇帝領導看得多高尚，多純潔，多有胸襟，多有氣魄，他們也是人，也打嗝也放屁。人所具有的一切缺點，他們一樣都不少，甚至有時比我們老百姓還要做作、卑劣、無恥。

聰明的漢武帝以一場討論會的形式推卸掉了自己所應承擔的責任，大臣們紛紛指責李陵投降的聲浪淹沒了漢武帝的錯誤。司馬遷和他父親司馬談是漢朝的史學大家，說的話有相當重的分量，漢武帝需要這樣的史學大家來給李陵的錯誤蓋棺定論，所以徵求司馬遷的看法。不識相的司馬遷偏偏不明白漢武帝的心事，相反還為李陵說了話。李陵沒多少錯誤，那不就是我漢武帝的錯誤嗎？這不是「哪壺不開提哪壺」，而是把那壺割開，讓人看裡面是個啥樣。放在我這類民女民夫身上沒啥，放在皇帝領導身上，能饒了你？漢武帝盛怒之下，司馬遷的命根子也就沒了。不識相，就要為不識相付出代價。不過，這代價有點太大了。

漢武帝的這一招，其殺傷力和影響力都是極其深遠的。第一，讓你司馬遷說話是讓你說皇帝我想要你說的話，而不是說違反我心意的話。史學大家都被皇帝我如此一刀處理了，看你們誰還敢再說三道四。想直言忤逆，來吧！也受這樣的刑罰。哪個男子願意受這樣的處罰？為保下邊而快快閉上上邊吧！殺一儆百的道理，是領導們最明白也最常用的。第二，不管決策指揮得對還是錯，將士出征在外都要為皇帝我賣命戰死疆場，不能投降敵人。在漢武帝徵求大臣們的意見時，就已經把這種聲勢造出去了。對李陵輿論上的狂轟亂炸，本就是對以後投降者的警告：李陵投降的結果，就是你投降的結果。堵住以後投降者的路，鎖住為投降者說話的嘴，掩蓋自己所犯的指揮決策錯誤。實在是太高明的一招好棋，漢武帝不愧是雄才大略的漢武帝。

李陵投降事件平息後，漢武帝說了真話，說李陵沒有救兵才導致失敗投降，那麼救兵應由誰派遣？為補償自己所犯的錯誤，漢武帝派人犒賞了李陵軍突圍出來的戰士。李陵降匈奴一年多後，漢武帝曾派公孫敖去匈奴迎接李陵回朝廷。其實，這些都是漢武帝對自己指揮決策錯誤的無語承認。

當然，是在他平靜了下來之後。但他所犯的錯誤無法救活一個個士卒，無法讓我們的史學大家司馬遷找回做人的幸福。歷史，司馬遷弄懂了，漢武帝的心思，卻沒弄懂。

誰的心思我們都可以小看，或說不看，但領導的心思絕不能小看，或說不看。看與不看不一樣，看懂與沒看懂更不一樣。學問大著呢！如果他的心思你永遠不懂，也沒關係，那就先把他看成是有一切人性缺點的人，這是不二法門。

東方朔的幽默

幽默可以帶給人們輕鬆愉快，同時也能鞭辟入裡。一個善於幽默的人既招人喜歡，又會給自己帶來很多隱形的好處，這從我們身邊會幽默調侃的人身上能找到好多的例證。這不是今天人們才發現的，古代這樣的人物就很多，典型的當屬漢朝的東方朔了。

東方朔是個很滑稽很會說笑話的人。漢武帝與他的關係很好，很喜歡他在身邊工作。即使有了讓漢武帝不高興的事，也能不開罪東方朔，東方朔也由此活得很快樂很滋潤，君臣同樂地工作著。

有一天，大伏酷暑，漢武帝下詔讓官員到宮裡領肉，等了好久，分肉的官員也還未來。東方朔就自己拔出劍，割了一大塊肉，並對同僚們說：「大伏天，肉容易爛，大家快快拿回去吧！」第二天，漢武帝對東方朔說：「昨天賜肉，你為何不等詔書下來，擅自割肉回家，這是為什麼？」按說這是違反規定，要治罪的。東方朔卻很滑稽地說：「朔來！朔來！受賜不等詔書下來，為何這樣無理！拔劍割肉，為何這樣勇敢！割得不多，為何這樣廉儉！帶回家給細君（妻妾），又為何表現得如此的仁愛！」漢武帝聽了就笑了：「要你自作批評，倒是表揚起自己了！」結果賞了他酒一石肉一百斤。讓人生氣很容易，讓人從心眼兒裡高興可不是容易的，而東方朔能做到讓皇上高興。讓別人高興不大重要，讓皇上或讓說了算的人高興那是太重要了。

東方朔是很聰明的人，在陪皇上嬉戲時，總是能讓皇上哈哈大笑。一般情況下，位低之人在位高之人面前，總有一種拘束，不自在，不自由，不敢擅自說笑，怕影響了自己，更怕言詞不慎得罪上方，造成不好影響。位高之人在需要對他尊重的前提下，也極力地表現出威嚴的樣子。但皮筋總繃著也不行，也要經常地縮回來，誰都需要那種輕鬆愉快的時刻。皇上每日朝廷上正襟危坐，臉上的肉繃得緊緊的，也是很累的。以皇上的高位，不是哪個臣下都敢和皇上開玩笑、逗他開心的。不只是皇上，只要是部下和上級的關係，基本上就是很嚴肅很正統的關係，否則也就不是這種關係了。在他需要把繃著的臉鬆弛下來時，下級如果找好機會和他幽默，也就是撓到了他的癢處，他開心了、高興了，在平時是問題的事情也就不是問題了，可判罪責罰的也可不判罪責罰。東方朔的幽默就在於在漢武帝那裡找得準，撓得恰到好處，所以歡歡快快地生活在漢武帝的身邊。

恰到好處的幽默滑稽把一種緊張的氛圍鬆緩了，起到「曲則全」的作用，像潤滑劑一樣把鏽硬的齒輪轉動起來。在不損失什麼的前提下，對齒輪來講不是很高興的事嗎？就像有人很會處理關係，既能把上級弄得舒服，又把下級弄得愉快，但細觀察其表演，並不是那種簡單赤裸的拍馬，而是很活地運用了幽默滑稽，在適當的時候，適當的場合，讓人高興。職位高的人看著你在幽默，就像大人看孩子在那玩鬧一樣，會很開心，而開心對每日在爭權奪利的角逐場上的人來講，是多麼難得，多麼千金難買。就像皇上願意回後宮和太監們嬉玩一樣，官場上的人也同樣不敢輕易地把自己那威嚴的架子放下。在幽默中獲得快樂的同時，也保障了威嚴，因為仍處在居高臨下的狀態中。

據劉向《說苑》記載，備受漢武帝尊敬的他的奶媽經常在外面惹事、犯法，犯了幾次後，把漢武帝惹怒了，要殺她，她就來求東方朔這個皇上非常喜歡的人去說情。東方朔低頭想想，你這麼辦還可以解救自己：「而必望濟者，將去時，但當要顧帝，慎勿言此，或可萬一冀耳！」翻譯過來，就是希望我幫得上你的忙，等皇上下命令要辦你的時候，把你拉下去，你被牽走的時候，什麼也別說，但你走兩步，便回頭看看皇上，走兩步，又回頭看看皇帝，千萬別說皇上饒命，原諒我之類的話，或還有一線希望。結果，「帝淒然，即赦免罪。」這不只是東方朔的智慧表演，而是他的滑稽在政治中的具體運用，如此救了奶媽，也讓皇上有了孝心仁愛的場合，使雙方獲得好處。皇上能不喜歡這樣的人嗎？提拔他做個什麼官那太容易了。

有時用直諫硬幹所起的作用，往往不如幽默滑稽所起的作用大。楚國的優孟就和東方朔一樣善於幽默勸諫。

楚莊王有一匹非常喜歡的馬，給馬穿上錦繡衣服，安置在華麗的房子裡，拿棗脯餵養它，但馬由於這種優越環境而肥胖死亡。楚莊王派大臣們為死馬治喪，準備用棺槨盛殮，按大夫禮安葬馬。當時所有的大臣都勸阻，認為不能這樣做。莊王一生氣大怒曰：「如有膽敢為葬馬的事來勸諫的罪該處死。」優孟聽說了，馬上到大殿上大哭，問他緣故，優孟說：「我請求用雕花的美玉做棺材，用紋理秀麗的梓木做外槨，老人孩子背土築墳，齊國、趙國的使節陪祭，為馬建立祠廟，撥一萬戶的城邑進行供奉。諸侯各國聽說了，都知道大王把人看得很低，卻把馬看得很貴重了。」莊王：「我的過錯竟然到了這樣的地步嗎？」運用了這種誇大的幽默形式，解決了問題。

我們缺少的就是一種幽默，當然，被僵化、被緊鎖、被桎梏的中國人，是不可能都能像東方朔、優孟那樣的，但應培養一點幽默的性格。因為，幽默是一種力量。

以卵擊石的楊震

楊震是誰？如果沒有讀過東漢歷史的人，似乎有些陌生，但如果你知道「天知地知，你知我知」這句話的話，就好辦了，因為這是楊震說的。不妨看看能說出這麼經典話的人，是個什麼樣的人。

這段「經典」很有意思呢，楊震快五十歲了，才得升遷做荊州刺史後又調任東萊太守，在去東萊的路上，昌邑的小縣令王密是楊震提拔起來的，這日見到恩人路過自己的地方，就拿著也不知是貪來的還是自己攢的十斤金子，到楊震住的地方看恩人。楊震看了很不高興，但又礙於情面還是和婉地說：「故人知君，難道君不知故人嗎？」王密這小子還聽不出什麼數來地說：「暮夜進饋，何人知曉？」楊震勃然而說：「天知地知，汝知我知，共有四知，何謂無知？」就這麼傳下來了，後來升遷為大司農，也就是現今的財政部長，接著不久又升遷為司徒，即現今的國務委員。

楊震升遷之時正是東漢安帝劉祜當皇帝之時，東漢已進入了衰落時期，外戚和太監把持朝政，劉祜成了傀儡。楊震這個卻金之人看著皇上甘心受這些人擺佈，就不知好歹地上疏勸諫皇上達五六次之多，並告訴皇帝不要這樣不要那樣，相當於今日告訴領導這樣不行，那樣不行，這樣不好，那樣不好。安帝是鄧太后一手扶植起來的，鄧太后幫著執政達十八年之久，安帝在羽翼之下生活了這麼久，好不容易自己當家作主自個說了算，也就由著自己的性兒做事了。大膽賞賜他的親近之人，只要他喜歡讓誰當什麼官就當什麼官了。乳母王聖及一些群小就此得勢，和皇上穿上了一條褲子。楊震這個一根腸子一根神經之人哪裡知道告這些人的狀就是告皇上。他的上疏奏摺一次次地石沉大海。要是別人，早就咔嚓一下腦袋掉地了。好在楊震是關西名儒，德高望重，皇上也顧忌一點面子，更怕動搖大局，也就未動手，但心裡很是不痛快。也是，整天喊你萬歲、萬歲、萬萬歲與整天說你這也不對那也不對，哪個更讓人痛快呢。

恰在此時，一個無名之輩趙騰上疏，指陳時政得失，安帝正對楊震一肚子氣，沒有地方撒呢，當即下旨逮捕趙騰，判了個死刑。作為司徒的楊震，怎能袖手旁觀，又一次上疏，但安帝就是要借趙騰的頭殺楊震的威風，看你還要不要再上疏，閉上嘴好了。

「福無雙至，禍不單行。」已不得煙兒抽的楊震看不出火候，又察出中常侍樊豐私建住宅，而且面積也相當大。卻金的楊震豈能容忍中常侍這樣做，只等皇上旅遊回來再上疏一本。然而楊震還未上疏，對方已惡人先告狀了。說太尉楊震袒護包庇趙騰，「前因陛下不從所請趙騰，心懷忿懟，意圖構逆，所以上見星變，顯示危機，請陛下先行收震。」皇帝心中早就不喜歡了楊震，總沒找到藉口。況且他們說的都是皇上最怕的事，好不容易自己執政，說了算，別人一提要「構逆」之事，心早就嘣嘣跳了。本是為他著想的事，也不是好事了。楊震只能把自己鴆死在夕陽亭了。其實，就是楊震這一次跑掉了，下一次也跑不掉。

安帝，不僅僅是安帝，所有的封建皇帝，都形成了以他為核心的集團，團結在一起，凝聚成一個圈子，而忠義正直之人之臣是在這個圈子之外，想進都進不去。這個集團是以利益為主，像西漢的外戚專權、東漢的宦官掌政，都是以他們這個集團的利益為核心，想的不是未來的江山怎樣，百姓如何。以利益為目的是極易團結在一起的，一損俱損，一榮俱榮，一人得道，雞犬升天。他們成為一個堅固的堡壘，一條繩上的螞蚱。想要跳出去都不可能。

正直忠義如楊震類的人物，他們不需要某些東西來把他們聯繫在一起，也沒有聯繫在一起的動因，只憑道德忠義行事。他們每一個都是單一的獨立的個體。在這一個個獨立的個體中，每個人都按照一個自己認定的標準規則行事。所以，他們是零散的獨立的，在如此強大的利益集團面前，他們的力量是軟弱的不堪一擊的。群小也在拼命地保護集團利益，不准有任何力量來衝擊他們的眼前利益，在長遠與目前的利益衝突中，敗下陣來的從來都是長遠的利益。這是人類的共性，就像「夷以近，則遊者眾；險以遠，則至者少。」就像路易十四說的「我死後，哪管他洪水滔天」一樣，其實，不只是風景不只是路易十四。

面對的是如此的利益集團，以楊震的羸弱去撞擊，無疑是以卵擊石。這讓我想起好多的諫官們，想起好多的思想家們，想起彭大將軍。好在多年後，人們從他們身上流出的鮮血中看到了真理所在，看到了正義所在，但當時他們每個人的遭遇都是很慘的。人們從他們頭破血流的身上是不是明白了一些什麼呢，不知今天以卵擊石的人減少了還是增多了？

王允的表演才能

屍橫街頭，脂膏塗地，肚臍上還用火點燃著的董卓，做夢也不會相信這樣的結局是他親信的王允幹的，但歷史事實就是這樣令人難以相信地存在著。王允以他極具才能的表演，把自己的心思深深地埋了起來，浸入骨子中血液裡，等著時光來助他殺了董卓。他的表演才能在等待的過程中發揮著巨大的作用。

王允是如何在董卓面前表現表演的書中未細表，但從董卓將「朝政大小，委允主持」，就知道王允在董卓的手下會是什麼樣的角色形象。王允「事多白卓，卓因結為密友，無嫌無疑」，這顆不定時炸彈就這麼從從容容地埋在了董卓的身邊。可怕而又可憐的是董卓尚以滿心的歡喜，去欣賞去撫摸這顆表面充滿了花紋的炸彈。「卓見允面色尪瘠，總道是為己分勞，格外體恤，表封允為溫候，食邑五千戶。」王允穩穩地把真實的自己埋了起來，剩下的是一個為了目的在盡情表演的王允。王允的高超才能就在這裡。其實細追究，人生是舞臺，都在表演，只是表演的水平不同，所以會獲得不同的結果。董卓時期，具表演性的人物一樣很多，但最成功的自然要屬王允，因為他獲得了看表演的董卓的萬分信任。

董卓是個刁猾的人，不會隨隨便便就聽從別人的話。但聽從了尚書周毖、城門校尉任伍瓊勸說他「力矯前弊，徵用天下名士」的話。他也確實做到了推賢進士，聚集了一大批知識份子。執掌國家政權的董卓是個武夫，是沒有多少才能和心思調動人的。他相信以武力去解決一切問題的程度，就像他用武力來謀得權力一樣。同時人都有個羨慕的心理，董卓也不例外，沒有多少文化的董卓敬拜知識份子，對學富五車的蔡邕恭敬有加，蔡邕的話無不聽從。王允在他的眼中也屬知識份子，有文化的人，當然心中也有了對他的敬服。在這樣的土壤中，王允的表演空間存在了，舞臺架上了。剩下的是他的表演，怎樣贏得董卓的信任和目的的實現。

王允在董卓面前「曲意取容」。違背內心的意願去做某件事，而且要做得「結為密友，無嫌無疑」，是要有怎樣的城府和內涵？戴上一個完全相反的「面具」去表演且要恰如其分，是怎樣的艱苦卓絕？王允的高妙之處就在這裡，狠毒之處也在這裡。董卓野蠻殘暴到了截舌斬足、鑿眼目的程度，但他的殘暴是明目張膽地進行，是有目共睹的，誰讓他不舒服不快樂，就明箭明槍地放。看起來令人毛骨悚然，可這種行為總能讓人有所準備，王允的行為與此相比也絕不值得稱道。對王允來講，他的目的是好的，但手段總讓人有些疑問。董卓對他是十分的信任，「向司徒王允拱手，囑託朝事，登車而去。」王允正是利用了信任對董卓下了「絆子」，使了「毒」。品味起來這更可怕。

當明晃晃的大刀砍來時，人有防備的心理，而且死也死得明白。暗處的親近之人的「冷箭」射進心窩，連死都要做個糊塗鬼，是不能讓人瞑目的。當然以董卓的罪惡是該死，但讓人死總讓人死個明明白白。知識份子的王允以這樣的手段去實現目的，怎麼說來也有點那個了。

事情有時也真怪，或許是在捉弄人類的思維，往往讓最瞭解自己的人、自己最信任的人、最欣賞的人來打敗自己。對方就怎樣的才能高超、演技絕頂嗎？也未必。對他人過分的信任和欣賞，會讓自己的眼睛變得朦朧起來，對方做的一切似乎都合乎心思，對方所暴露出的問題錯誤便不那麼重視了，不會進行進一步地思考，防備心理消失了。而這種情況又給對方增加了更大的表演空間，特別在政治的舞臺上，表演者更是穿上了令人眼花繚亂的舞衣，迷離得讓人難以分辨一切。騎著自行車上班的大貪官，穿著破軍大衣的大巨貪，不是一再地出現嗎？他們的演技也是相當高超的，人們在他們的演戲中並不知道他們是貪官，是喝著他們「血」的豺狼。他們埋得更深，讓人更難以辨認。這比那些一眼就讓人懷疑為貪官的人更具殺傷力。人們會被欺騙得更久遠，貪婪的東西更隱秘。

王允的戲演得逼真到位，但在殺了董卓後，就脫了舞服露出了他的本來面目，那些「好人貪官」也一樣。演戲演得過了火自然會有結果，這結果就是失敗。王允的戲並未過火，但他砸了。不是他的演技窮了，而是不演了。王允繼續演下去，還是個讓人欣賞的人，歷史就欣賞「演戲」的人。演得越假越沒自己了就成功了，真實的本質的就要被淘汰。當人擁有了絕對的權力時，有時就不願意演下去了，也就要砸了。比如董卓，比如王允，比如魚朝恩。當人凌駕一切之後，不演了，回歸本真了，他死亡的日子就不遠了。

楊修到底被誰所殺

提起楊修，總要想到「雞肋」。如果沒有楊修，曹操的口令「雞肋」是不會如此地傳揚後世。妙就妙在經過了楊修的「棄之不甘，食之無味」解釋，頓讓曹操與楊修的名字永遠連在一起了。在傳統的看法中，我們都認為是曹操忌嫌楊修。因為每一次曹操的小把戲都被楊修識破了，讓曹操大折面子，從而動了殺楊修的心思，結果就把楊修殺了。但我臆想事情並非這麼簡單。

曹操也是個肚子裡能撐船的人物，否則也不會聚集了像荀彧、孔融、張郃、曹仁等一大批文人武士。僅從曹操的詩歌中就可品味出一些肚量來。那又為什麼那麼果斷決絕地殺了主簿楊修呢？從資料上看是「思主簿楊修，依附子恒，且為袁氏外甥，將來我死，他必導恒為非，亂壞我家，因誣修洩漏機密，勒令自殺。」這樣看來並不是因楊修的聰明和曹操的嫉賢妒能而殺了楊修。

首先，怕楊修的聰明給他的子孫統治天下帶來麻煩，其次，怕楊修的智謀與先見性讓他的子孫不易統治。以曹操的聰明，他很清楚他兒子們是沒有他的雄才大略的，更沒他的兇狠狡詐高超權謀。以他的能力還能駕馭得了楊修，而他的子孫們是沒這個能力的。為了他辛辛苦苦得來的江山，他是不能在睜著眼睛之時，就甘心放手不管。曹操他要為子女負責，所以，他將深知他的楊修遠見卓識的楊修殺掉了。我們不是看到好些人為了子女的幸福為了子女的將來，培養大批的嫡系人物，排除與己不和之人嗎？假使以後的在位人物六親不認，某天「包公」起來或「與己不和之人」統治著他的後代，他能不擔心子女的命運？先給子女弄好位子謀好房子，事情都消停了安全了再大撈一把回家的人物少嗎？道理是一樣的。

假如曹操能活一輩子不死，他是不會殺楊修的。曹操是很會玩些智力遊戲的，並以此為快樂。從他知道楊修破解「黃絹幼婦，外孫齏臼」為「絕妙好辭」就從內心裡嘆服楊修的知識淵博、足智多謀。一個人要玩什麼遊戲，如果沒有對手，只是一個人居高不下地玩那是很沒意思的。曹操在遊戲的過程中，固有對楊修的嫉妒之心，但也肯定有自愧之意。因為曹操也是蓋世的英傑、一代梟雄，對楊修的智謀也是有著某種欣賞與肯定的。曹操的把戲沒人破解應答，時間久了也會枯燥無味的，需要有人來和他唱戲，這從我們某些人物身上就能找出幾點證明來，細心去看看就知道了。無論是多大的領導，他也不希望他的身邊都是傻瓜，共鳴可能不大需要，心有靈犀一點就通還是好事，減去了不少的麻煩。和上司玩撲克，打橋牌，總讓他贏，他會覺得沒意思，偶而戰勝他一二次，他會很喜歡，就像王熙鳳和賈母玩一樣。

從曹操讓楊修做主簿就可明白一二。主簿的官職主要負責節杖文書、內傳外宣、參與機要總領府事。對於這個部門的人員，曹操是不會用一些草包的，而楊修在他的所有主簿之中，是聰明有餘，城府不足的一個人。楊修沒有主簿司馬懿的老謀深算，精於掩藏自己的政治水平。如果深究的話，這要從楊修的知識份子共性上挖。一般來講，知識份子都比較單純，胸中有什麼就說什麼，不會指著三卻說著四。看人做事時喜好表現自己，沒有顧忌別人喜怒的腸肺。有時在火候上更是把握不準，有礙那些握有生殺大權之人的尊嚴面子，從而對他的統治造成威脅。因為懼怕自己的無知在眾人面前一覽無遺。無形中知識份子給自己樹立了敵人，而敵人不是單一的一個，是有後代的，他們要為後代思考。楊修知道「雞肋」的意思後，馬上整理行裝準備回家，而且大膽無忌地把這場戰爭的結果高聲說了出去。這是純粹的知識份子行為，如果是司馬懿、司馬昭、曹操、劉備、孫權這些政治家會這麼做嗎？不會的，一定不會。這就可以讓曹操想到他死後，「參與機要」的主簿楊修，會怎樣去對待他的子孫？會對他的子孫構成什麼樣的影響？把這樣的一個人留在子孫的身邊，他怎麼能放心地走？

這樣的事，也不只有曹操會這麼做，一個握有政權的執政者，都會進行這樣的思考。唐太宗臨死之時，將太子詹事李世績出調為疊州都督，怕李世績構成對他兒子的皇權威脅。聰明練達的李世績一經受詔，家都來不及回就上任去了。唐太宗告訴太子：「我今外黜世績，就是為你打算。他若徘徊觀望，我當責他違詔，置他死刑。」時代向前發展了，唐太宗到底比曹操高明，沒有殺死李世績。但道理是一樣的。對於不好駕馭的人物，他們只能殺了他或罷免他以保護他的子女。所以如果曹操活著就不會殺了楊修，是權力的延續帶來了死亡。成為殉葬品的楊修，到另一個世界陪曹操去了。楊修不構成對曹操的威脅，而是對他兒子的威脅。

裴寂的能耐

可以說劉文靜、裴寂兩人是唐朝李世民家的開國功臣，沒有此兩人，李氏家族的興起真不知是在哪一年哪一月。在兩人鼎力相助下，大唐起程了。古往今來，開國功臣的結局大多都不大好，不是被殺，就是被囚，即使不被殺也要在功成之時，隱身自退，惜身保命。就兩人的結局來講，劉文靜死在了李氏家人手裡，在大唐剛見了點亮的時候。而裴寂卻相反，一生滋滋潤潤地活在唐朝，緊緊跟隨著掌權者行走著，雖然貞觀三年，他被唐太宗免官放歸故里，最後死在廣西，但也算是善終。他為什麼就能那麼長時間地站穩腳跟？他的能耐在哪，他的政治技巧又在哪呢？

剛開始，裴寂並未怎麼看好李世民，說李世民是個少年「能成什麼大事？」但在劉文靜的鼓動下，李世民前往拜會裴寂。裴寂這個人好賭博也好喝酒，李世民就盛筵款待，又拿出數萬緡錢，白天晚上陪著裴寂一起喝酒賭博。這樣一來裴寂高興了，決定幫李世民創業，他們之間的關係建立的基礎就是這樣的。裴寂不像劉文靜那樣直來直去，且雄心勃勃，深謀遠慮。對裴寂這樣的人，李淵與李世民的防範心理肯定比對劉文靜要小。對權力者而言，為了權力，他不會吝嗇金錢美女，但對權力就不同了。在人們的普遍看法中，好酒好賭之人是不會對權力有太大奢望的，因為有了酒有了錢，可以滿足他這一嗜好，基本上就夠了。相對地講李淵和李世民對他比較放心。就像李靖要被李淵殺死時，李世民前往阻擋，李淵絲毫不遮掩地說：「我看他狀貌魁奇，將來恐不易駕馭。」如此看來，易駕馭才不會對他的權力構成威脅。

要說裴寂是個吃稀飯的那也不對，他是極善於出個小謀劃個小策的。跟從李氏家族以後，確也獻了不少良策，但絕不像劉文靜那樣直言快語，自恃才高能大，這可能與他在隋朝時做宮監這官有關。反正裴寂的官做來做去都比劉文靜高。劉文靜有點瞧不起這個曾是宮監的人，在兩個人都是開國元勳的情況下，裴寂受了幾句話的氣，沒有藺相如的肚量的他，自然也要在心裡記上一筆。所以在李淵要殺劉文靜時，他果斷地幫李淵下了決心。兩個人中只剩下一個佐命之臣，且不似劉文靜那樣直爽坦蕩，敢言直諫。誰都不希望自己的耳朵邊有個一會兒說這樣不對，一會兒說那樣也不對的人。劉文靜在謀略上遠見上確比裴寂高。人都有個程度不同的嫉妒心，裴寂也一樣。看著劉文靜橫在他眼前，自然不快活，也阻擋了他前進的腳步。此時劉文靜一死，裴寂獨得佐命之功，備受寵幸，位子馬上高升了，做了晉陽道行軍總管，即我們現在說的派出的嫡系部隊的總司令，皇上是他的直接上級。沒有參照物了，沒有競爭對手了，安全係數大了，再加上深得上寵，他的位子自然穩定了。

一個人做什麼事更好，那要看他的才能。裴寂本不是個將軍元帥的料，只因上寵而當了這個官。結果他指揮的那場大戰一敗塗地不說，還把原有的一部分城鎮弄沒了。他比劉文靜幸運得多，並未因打敗仗而被削官，回朝後照舊當他的官，仍被李淵信用，遇到什麼事仍首先召裴寂等人商量。就是李世民殺兄戮弟時，人們也找到了裴寂，而他也不表明態度地說：「不圖今日竟見此事，後此將如何處置？」在朝中，裴寂跟隨李淵父子轉戰南北，又在隋朝中當過官，對他們的情況太瞭解了，知道自己不是個當指揮的料，只能在朝中為官也就甘心了。能與他爭功爭位的劉文靜，讓他推進了地府，他也就輕鬆了。不會有什麼怨言，惱恨。一味地圍著當權者轉了。如此，堅固地保護了自己。權力者是不大喜歡用太有才的人的，因為超過自己，難以駕馭，也不喜歡用蠢材，因為幫不上他什麼忙。庸者則既好用又易用，對自己還有幾分崇拜，權力的指揮慾望可以獲得滿足。

裴寂在指揮軍隊上，他是不行的，在發現人才上也是不行的，但卻始終不敗。概括講來，他是個很會審時度勢的人，明白當權者的心理，在保護好自己的同時，把威脅自己的人幹掉，構成威脅的環境沒了，只剩下順從主子，給主子做個好奴才。在李世民登基時，裴寂還穩穩當當地坐著左僕射的椅子呢。

裴寂的能耐大概也就如此吧，但權力者需要這樣的人。

劉文靜

必死的原因

如果說「人生得一知己足矣」的話，那麼唐朝的李世民是最應知足的。在他眾多的朋友當中，最瞭解他最能判斷他的明天的當屬劉文靜。是劉文靜點燃了他的雄心壯志並將他李家推向了走向皇權的道路。按理說劉文靜應享受李家永世的感謝，但他卻被剛剛建立的李家王朝果斷堅決地殺掉了。

隋朝後期，可說是群雄逐鹿中原，就是鄉民惡棍都在獨踞一方稱王稱帝，曰朕呼寡起來。數十起揭竿之事就是證明。拿起棍子就要當皇帝指揮天下的，當時可算是一抓一大把。此時，誰是真的英雄，就看他的辨才識人能力了。李世民能脫穎而出，首先得力於劉文靜的傾心相助。

劉文靜只是個晉陽縣令，官是小點，但卻有凌雲之志。看清了天下大亂群盜如毛之時，必有英雄出現的形勢。回眸中發現了傾心下士、志趣高遠的李世民，也就把籌碼押在了李世民的身上。

所以在劉文靜被隋煬帝抓進牢獄後，在李世民前去探望他時，劉文靜說了激將的話語：「今天下大亂，還有什麼正當賞罰？除非有漢高祖、光武帝等，崛起世間，指亂反正，或尚得善惡分明，沒有冤死的好人。」一點就透的李世民真的被激將起來：「君亦未免失言，難道今世必無異才，只恐肉眼未識真人呢！」言外之意自然是：我就是漢高祖，我就是光武帝。從未表露過心機的李世民把窗戶紙捅破了。什麼事就怕把紙撕開，蒙著就不一樣就不好說，一旦見光見亮了就無所謂了。於是李世民要揭竿而起了。

劉文靜是晉陽縣令，對當時當地的情況瞭解得如自己的手指頭一樣。在為李世民出謀劃策後，還親自出馬為李氏家的崛起招兵買馬，募來大批的人馬，隨後又跋山涉水去突厥通好，搞好外交關係。經過劉文靜的鼎力相助，李淵與李世民父子的基業初見了規模，開始向皇權挺進。

人的一生是不能事事盡如己意的，要風得風要雨得雨，誰也做不到，因為人總有自己的弱處。劉文靜只是個縣令，算做小文官，在隋朝陰霾壓抑下生活的他，有了自己展露才華的時機，他不會把才華埋起來。因了才華，他被李氏父子欣賞有加，把重任放在了他的肩上。在李世民「患瘧」之時，李家讓劉文靜去指揮消滅薛舉的戰役。李世民有些不放心地告誡他要「勿妄開戰」。被自己的才智被自己的自信沖昏了頭的劉文靜滿以為他能指揮好千軍萬馬，戰勝小小的薛舉這個草寇，結果他導致了幾乎是大唐的全軍覆沒的敗局。讓剛剛強壯起來的大唐受了重創，由此他被罷官了。對統治者而言，首先是聽命，然後才是其他的。不聽話不聽命，不管你有多大的能耐，他不會有多大的情誼，這是由權力的屬性決定的。

劉文靜被罷官的日子一定不好過。經歷了「甚邀主眷」，突然從天上掉了下來，滋味哪裡能好，況且唐朝的開國之事全出自他的策劃。心底會不會升起像我輩被下崗的惱恨呢？雖然後來他又被恢復了爵邑，但只是個列職尚書。這個官遠不是他希望要的。就劉文靜來講，他是個知識份子，而知識份子的基本特徵就是喜怒皆形於色，不會掩藏自己的所思所想，這無形中就給自己埋下了禍根，但他並不曉得。和他一起幫李氏家族舉旗的裴寂與他正相反。雖說當初並不怎麼看好李世民，但當認識到了李家的前途後，裴寂就青雲直上，當了右僕尉。官位居劉文靜之上，功勞卻在劉文靜之下。劉文靜不是個「路見不平一聲吼」的人物，但肯定也要說出三言兩語的不滿。讓裴寂這小子聽到了，自然產生了齟齬。在中國素有「寧得罪十個君子，不得罪一個小人」的說法。裴寂就屬小人之列。人有時喝涼水都塞牙，此時劉文靜就是這樣。他被他的失寵小妾之兄誣告謀反時，裴寂正好當了這個案子的主審官，冤家碰著對頭，還有個好？於是大筆一揮，判了死刑，立即執行。李世民曾勸告他的父親，說他在入關前後「恩寵懸殊，文靜怨望，不可謂無，謀反事不致有。」唐高祖李淵還下不了決心畫下那一朱筆。可怕的是裴寂狠狠地按了一下皇上李淵的手腕：「文靜才略過人，性實陰險，今天下未定，若留此人，必為後患。」於是李淵毫不猶豫地畫了一筆。劉文靜的血流在了大殿之外，浸潤著整個唐朝的硯臺朱筆。

文靜死了。如果說劉文靜死於裴寂之手，死於李家王朝，那麼不如說他是死於自己之手——對主子英明程度的高估，對主子度量的高估，對主子對他的欣賞的高估。他太相信主子的英明了，太相信主子對他的包容。以為是空前的明主英君，看不到其人性的弱點在他們身上是同樣地存在著。

他們一樣喜歡聽順承的話，一樣不喜歡怨言，一樣需要只能賣命不能違命的人。當主子意識到你的才能可能成為他以後的禍患時，他是不會顧及以往對他的貢獻的。

才固能成事，也能敗事。要看對什麼人，對什麼事，在什麼時間，在什麼情況下了。文靜太相信李家對他才能的認可，太相信李家對他功績的肯定，太相信李家不會寵信無能小人。然而他錯了，唐朝的皇上也是中國歷代暴君統治卜成長起來的，血脈中的東西不會因個別的功績就能將其沖洗掉。劉文靜把李家看做是一代英雄時，就決定了他必然受到傷害。正如我們把一個人一個領導看得非常高大，非常有水平，從而非常敬重，突然看到其卑劣的一面時，痛苦的是我們，受傷害的是我們一樣。當對其存有些許的人性看法，也有人性的弱點時，無形中會給自己增加一些保護層。劉文靜如果把李家的皇權保護意識看到了，李家的人性弱點看到了，他是不會死的。

劉文靜看清了紛爭的世事，看清了李家終將成霸主之業，但卻未看清人的本性。所以，他死了，死於看不清楚人是怎樣統治人的，人是應該怎樣來保護自己的。

伴食宰相

盧懷慎

一個人如果既有才能又有品格那是再好不過的，如果沒有才能或才能差些，那有個好品格，也是讓人佩服的，可怕的就是既沒品格也沒才能。追尋歷史人物的遺跡，有品格有才能的人很多，沒品格沒才能的人也很多，但有品格欠才能的人卻不多。尋著這條河去探尋，「遇到」了唐玄宗時代的盧懷慎。他便是這樣一個人，一個讓我敬重的人。

唐玄宗初期，用姚崇做宰相，而用盧懷慎做副宰相。與盧懷慎相比，姚崇是個非常有才能的人。舉個例子來講吧，姚崇的兒子死了，請了十多天假。宰相一人之下，萬人之上，要管的事那是好多好多，結果十多天下來，案頭上積攢了小山一樣的文件等著處理。盧懷慎的才能差多了，不知如何處理才好，只好向皇上謝罪。十多天過去，姚崇來上班，「須臾了畢」。兩個人的才能可見一斑。在這樣的情況下，一般的人一定會很嫉忌姚崇的才能，想辦法幹掉他，也就無法比照誰更高明，誰更有才能。在權力的傾軋中，往往讓人有這種心態，何況中國素來是「醬缸文化」。「我上不去，你也別在高處待著」的思想絕不可能是在一個賣菜的人腦子裡產生的。讓人敬重的是盧懷慎「自以才不及崇，每事推讓。」這一推讓，把姚崇的才能成全了。他可以放心放手去實施他的措施辦法，不必顧及副宰相盧懷慎背後使刀子腳下用絆子。人的精力是有限的，防備別人的心思多了，幹正經大事的心思就要少了，幹正經大事的心思用少了的結果也就不會那麼理想。姚崇面對的副手是如此的自知之明，因而他是幸運的，他可以全身心地投入幹事業的洪流之中。

其實，盧懷慎的品格也並不僅在這裡。「原來懷慎之人，才具雖然有限，操守卻是甚廉。平居不營資產，俸賜多給親舊。」盧懷慎的才能確是遜色幾分，但他的操守卻高出幾分。讓他在朝堂之上穩穩地坐著他的副宰相。皇帝面對這個才能欠缺而操守高尚的宰相，也極其寬厚。「朕以天下事委姚崇，卿但坐鎮雅俗，便足稱職了。」唐玄宗也知道盧懷慎肚子裡的情況而未求全責備，這對盧懷慎來講也是幸運的。否則，他只能乖乖地從副宰相的位子上爬下來。

有大才能固然是好，無大才能未見就壞，就看在什麼樣的位子上，怎樣去協調，怎樣去對待。如果姚崇遇到的是一個和他一樣不相上下的人，也一樣和他躊躇滿志，「可比得管、晏否？」兩個人非每天在朝堂上互相奏摺對方不可，針尖對著麥芒的事情古今不難尋。被罷黜被謫居趕出朝廷的不是惹了皇上不高興，就是大臣間的爭鬥，讓皇上為難。

夫妻間要互補，其實大臣之間、上下級之間、領導之間也一樣。互補帶來的是一種協調，可以讓僵化中有靈活、柔弱中有堅硬，激進中有保守，整體中形成了一種和諧，和諧帶來的是一種祥和，祥和帶來的是一種群體平靜，化解了矛盾。盧懷慎的柔和與自識讓姚崇的剛硬得到展示，而姚崇的剛硬也讓盧懷慎的操守得到了充分的表現。兩者的協調配合，使唐玄宗初掌的朝廷平靜安和。

慶幸的是我們的古人尚能用自己的操守來維護整體大局。面對「敝簀單席，門不施箔」的盧懷慎家，姚崇的內心是否也曾震撼？「坐鎮雅俗」的盧懷慎內心會是懷著從容而上朝嗎？如果是甘心的，自認的，那麼與姚崇相比，更敬畏盧懷慎三分。因為他在人性上占了高分，雖然他是伴食宰相。這樣的宰相於歷史上不多。

李白

如果實現抱負

浪漫主義對詩人來講，沒一點害處，而對政治來講卻絕對沒什麼好處，即使加上定語「革命」兩字也一樣。這讓人想起李白。

「申管晏之談，謀帝王之術，奮其智能，願為輔弼，使寰區大定，海縣清一。事君之道成，榮親之義畢，然後與陶朱、留侯，浮五湖，戲滄州，不足為難矣。」這是李白在〈代壽山答孟少府移文書〉中寫的。他認為自己有著管仲、晏嬰般的才能，完全能夠輔佐唐玄宗。從中，我們可以看出李白有著怎樣的抱負。但終其一生，李白也沒實現他的鴻鵠之志。這對當時的李白來講，無疑是一件終生的不幸，但今天看來，也可以說是李白莫大的幸運。因為，這不僅為我們成就了一個在人類歷史長河裡永恆的李白，而且，還拯救了李白不敗的偉大藝術生命。

李白是藝術家，而不是政治家。雖說都是家，性質太有區別了。其所要求的人的特質也極其相反。但李白不明白這一點，他認為自己有才華，就可以在政治的舞臺上馳騁縱橫，政治哪裡是這麼簡單。詩人的性格大多不僅比較豪爽坦蕩，而且，好衝動易感情用事，有了想法，就要淋漓盡致地表現出來，否則，就要痛苦，就要悲傷。政治則與此正相反，不僅要喜怒不形於色，而且，還要磨出心裡憤怒得都要拿刀子殺人，臉上卻盛開出朵朵笑容的功夫。以李白狂放不羈的豪放性格，唐玄宗即使讓他實現了輔佐天子的宏願，李白的處境，也是四面楚歌，慘敗「烏江」。

第一、李白他不僅不會掩藏自己的才能，而且，大展其才。「日試萬言，倚馬可待。」「雖長不滿七尺，而心雄萬夫。」這自然會給朝廷上的無能之人，帶來壓迫。無能之人整能人是他們最大的能力，他們的嫉妒之心會產生無數算計能人的毒計。李白的才華，會讓他們覺察自己的存在危機，他們能坐視李白的「春風得意」嗎？能安於自己不被重視的現實嗎？小人，是最願集結在一起來謀算君子的。因為，只有集結在一起，他們才有能力來對付坦蕩的君子們。

第二、詩人永遠沒有政治家的高深城府。喜怒哀樂，李白明明白白地告訴他人，李白一覽無遺的直白心懷，足以被別人輕易地打倒。他得知自己被召進京，馬上就表現出「仰天大笑出門去，我輩豈是蓬蒿人」的得意；失意時立刻就會說：「安能摧眉折腰事權貴，使我不得開心顏。」這樣的人，在無處不有漩渦的政治海洋裡，怎麼能實現他的理想？用不上三拳兩腳，李白就要命喪黃泉的。最終倒楣的能是別人嗎？

第三、在政治的舞臺上，你要不斷地轉換自己的角色，才能存在下去，李白恰好就沒有這種能力。上了政治的台，該低頭得低頭，該彎腰則彎腰，該跪著則跪著。這不是願意不願意的問題，而是必須的問題。政治裡的權術，不是誰想駕馭就能駕馭，不善不會，就要被踢出政治的舞臺。李白率性地「天子呼來不上船，自稱臣是酒中仙」，如果朝廷裡每一個政治家都是如此的作為，天子的威望何在？朝廷追求的等級何在？一個統治者能允許一個這樣的人，在政治的大殿上，自由地存在嗎？唐玄宗還算比較開明沒把李白怎樣，只是認為李白「非廊廟器」，還賜金放還。如果在別的朝代，對天子這個樣子，不抹李白的脖子，也要被打成牛鬼蛇神。

第三、李白有才華，但在政壇上不會有什麼建樹。今天看來，唐朝的最大功績，就是拯救了李白。一個平常人的性格，只會影響他個人的命運，如果是處在管仲、晏嬰的位子，影響的將是一個國家一個民族的命運。現實和詩歌是完全不一樣的兩個世界，李白的詩人衝動和浪漫性格，會不會給當時的社會帶來一種躍進？豪放的性格對一個正在建設中的社會，會不會造成一種浮誇？一種災難？這讓我們有太多的思索空間。政治需要的是理智，而不是浪漫。

第四、進了政治的漩渦，李白如果保持他的豪放不羈之性格，他就是上面所說的結果，如果改變了，就要在染缸裡徹底拋棄自己。多少有能力有雄心的才子，被染得面目全非。這裡不需要個性，只需要順從、折腰、屈服。在這樣的情況之下，還能有李白那空前絕後的詩嗎？

沒有實現抱負，是李白走向不朽的根源；而實現了，我們認識到的將是一個被政治化的蒼白李白。中國的封建皇權統治體制就是這樣的狀態。不信，回眸百年千年的歷史，瞧瞧看！

通觀達變的李泌

李泌在唐朝中期可是個人物，他歷經玄宗、肅宗、代宗、德宗四朝，可謂四朝元老。他在唐玄宗時，就被唐玄宗賞識，讓他與太子即後來的肅宗交朋友，太子也稱他為老師。沒水平沒能力，唐玄宗這個老皇上是不會讓他未來的接班人與他共處的。近朱者赤，近墨者黑的道理，唐玄宗比我們懂。

肅宗是很佩服他的。安史之亂後，肅宗當了皇上，立即就召李泌入朝，而且無論什麼大小事情都必徵求李泌的意見，還一心想讓他做宰相，即朝廷的第二把手。一般人早就樂得屁顛屁顛地走馬上任了，但達觀的李泌固辭不受。不曉得是因了他深知朝廷重臣命運的多舛，還是因了當個局外人更能自由地表達意見和思想，反正他很堅決地拒絕了這個無人不希望的最高職位，以一個賓客朋友的身份出現在肅宗的身邊。其實，這無形中保護了自己，進也可，退也可，時時有路可走。同時，他的建議也容易被採納。在權力的漩渦中，皇上對於權臣總有一種防範的心理，是不是存有私心？有沒有害他之意？產生沒產生謀反之心？這是皇上他的主要工作。一個不要權力淡薄生存的人會讓他很安心很舒心。李泌的建議，他聽起來就會心情好，接納起來自然容易。李泌的建議固然非常正確，但那些大臣的建議就都不正確不好？這要看和皇上之間的相處距離，皇上與權臣的距離或說是心理距離，讓皇上不能完全接納，甚至有時會有逆反的心理。因為，天子天子天的兒子，英明正確偉大的代表。李泌是以局外人的身份出現的，不在爭權奪勢的範圍內，皇上也就更相信這位當太子時的老師和朋友了。

達變的李泌最明智的地方在於他報了皇上肅宗的知遇之恩後，急流勇退，要回家鄉做閒人。無論怎樣的挽留都堅辭不受，明確不留的原因：「臣遇陛下太早，陛下任臣太重，寵臣太深，臣功太高，蹟太奇。」一話說得很明白：這些極可能給自己帶來不利或危險，而退居衡山既是保了自己，也是保了皇上您的名聲，是雙贏的事情。就是肅宗的兒子代宗即位後，讓他當宰相，他也如前那樣堅辭，以他素食信神的行為來保護自己。試想，一個不吃肉每天信神信鬼的人對權力能有多大的奢望？且他只對一些政策性的東西闡述觀點，聽與不聽都是皇上你的權力，決定權在你的手裡，只說看法，而且總在不斷地明確告知世人，他不愛權力，不留戀朝廷的榮華富貴。一個不愛權力的人在皇上身邊，他的政策性建議極容易被各方認可，也不容易對權臣構成威脅。所以，他能輕鬆地在朝廷內外自由地穿行。

這總讓我想起和毛澤東相處得很好的黃炎培、章士釗、柳亞子等人。柳亞子在沒有得到他想要的官後，以一首七律向毛澤東預示他要退隱，而毛澤東也以一首七律回覆。「牢騷太盛防腸斷，風物長宜放眼量。莫道昆明池水淺，觀魚勝過富春江。」毛澤東的規勸挽留意思是很明顯的，同時，話說得也很直率。還有黃炎培，他對毛澤東的一些做法和觀點，提了很多的意見，甚至達到了近乎批評指責的程度。但毛澤東並未計較，也沒把他怎樣。這些人是相當有水平的，既能和毛澤東唱和詩詞，又能和毛澤東談談天說說國事，關係處得也不錯，但他們都不在權力的中心。他們基本上是以朋友和局外人的身份和毛澤東接觸，否則，也不會和毛澤東要官。是不是正是這樣，毛澤東和他們來往的比較輕鬆？我們無從知道其真正的原因，但他們沒有掌握主要的權力，和毛澤東相處得很好是不爭的事實。

當李泌被強迫娶妻吃肉後，李泌的命運從此改變了。代宗也無法保護他，他被宰相元載所忌逐出京師。做澧（今湖南澧縣東南）、朗（湖南常德）、峽（湖北宜昌）團練使，後又為杭州刺史。團練使也就相當於今日的地方軍事主管。在五行中，李泌就要遭受這樣的境遇。他後悔沒後悔這種出山的選擇，我們無從知道，但從肅宗皇上惟他的建議而行的待遇到了做團練使的地步，通達的他就能那麼坦然自若？心靜如水？或許，他慶幸終於離開了政治中心的漩渦。我們都無從知道了。

無論他怎樣地淡泊權力，怎樣旁觀朝廷的波濤洶湧，都未能遠離這個權力之圈。關鍵是他為自己鋪墊的很好，在肅宗的孫子，代宗的兒子德宗做了皇上後，他被調回了朝廷。他不追求權力的聲望已造成，從肅宗登基到代宗死去的二十三年時間裡，他的才智與不握實權已被兩代皇帝認可，已構不成對德宗的威脅。在德宗當了皇上的第三年他做了宰相，而且僅僅做了一年的時間就死去了。在這一年裡，他也屢次向德宗提出申請不幹了，言外之意也可讓人知道我不是貪戀權力，捨不得宰相座位之人。他也一再地聲明信神仙，這都為他的安全設置了一道保護屏障，李泌深知權力所隱含的是什麼，以退為進才是他最好的辦法，所以，屢次不停地向皇上遞交辭職報告。他是不是從張良的求仙素食中獲得了一種啟示？是不是從韓信的貪戀權力最終獲殺的悲慘中得到了警示？但無論怎樣，他都遊弋在權力的邊緣上。以政策性的東西以局外人的身份來影響最高權力者。以不掌握權力讓最高權力者放心，以不愛權力而使自己獲得安穩平靜的生活。

他能在四朝中備受尊崇，善終於家，完全是由他的這種通觀達變的人生態度而造成。李泌這個人的命運，就由此而決定。

魚朝恩的瘋狂

瞭解唐朝歷史的人一定知道魚朝恩這個人。在唐朝第八個皇上李豫時代，魚朝恩那是個風雲人物，雖說只是宦官，但專掌禁兵，勢傾朝野，每有奏章，期在必允，朝廷政事，無不與議。如此看來該是何等的權傾天下。有一天，偶然有件小事，魚朝恩「不得與聞」，即悻悻道：「天下事可以不由我主張嗎？」聽聽，如果不是標明魚朝恩講的，我肯定以為是皇上李豫說的呢。備受李豫寵愛的魚朝恩是瘋狂了。

事情到了一定的程度會急驟向相反的方面發展，這在魚朝恩的身上表現得非常明顯。皇上對魚朝恩可說是皇恩浩蕩，賜莊園、封國子監。一派教授的模樣，在國子監講課。要是常人擁有這些可謂燒了八輩子高香，該滿足了，但魚朝恩不滿足。看著乾兒子令徽官小，就帶著乾兒子入見代宗李豫，大聲說：「臣兒令徽，官職太卑，屢受人侮，幸乞陛下賜給紫衣！」沒等代宗回答，內監已捧上紫衣立在一旁，這魚朝恩不待上命，隨手拿來讓乾兒子穿上。然後，父子兩人昂然去了。別說是皇上，假使我的下屬在我面前這樣，我也要記恨心頭的，了得你了！魚朝恩的命運轉折時刻，到了。

權力者可以讓你享受，可以讓你擺佈別人、指令別人，可以盡情去混帳，但這一切都是在你聽他的話，聽他擺佈聽他的指令的條件下進行，不聽從他的話，眼中沒了他的話，那就要玩完了。魚朝恩不明白皇上讓你掌權也好，讓你自在也好，都是要在他的手底下折騰，正如孫悟空再能耐也要在如來佛的手心裡鬧騰一樣。否則，自會算計你，就是他自己算計不了你，也有手下人幫著算計。

元載這個當朝宰相深悟了皇上的心思，悄悄地運作了起來。於是在寒食節那天，皇上在大殿之上設宴款待親貴，魚朝恩自然在座，酒足飯飽之後，剛要走，就被元載等人繩索捆綁起來，然後被扔出大殿外勒死了。這回真真是天下事不能由他主張了，瘋狂的日子結束了。魚朝恩不這麼瘋狂，他不能這麼死，也不能死得這麼快，以他侍候三代皇上的資歷，是很能快樂一輩子的。但人掉到慾望的溝壑中，是不會吊在半空的，只能往下落，直到落底被摔死為止。

和魚朝恩有深厚「友誼」的李輔國也和魚朝恩犯了同樣的錯誤。李輔國在朝中成為貨真價實的兵部尚書，執掌著全國的軍隊，驕傲專恣無人敢違，立代宗為皇帝後，更是不可一世，不知天下是皇上的，還是他家的。弄得過火了的時候，代宗也就不客氣地下手了，派人刺殺了這位同樣侍候了三代皇上的太監，還砍下他的胳膊腦袋扔進了茅廁中。同樣地瘋狂，同樣地走向了死亡。

瘋狂的魚朝恩、李輔國們在歷史上數不勝數，就是在現代也同樣不乏其人。舉個最普通的例子，瀋陽的原市長慕綏新在瀋陽瘋狂不瘋狂？黨紀、國法、良知、民意已不在他的心中，剩下的只是個人的一切。沒有這麼瘋狂，他能身陷囹圄，遭滅頂之災嗎？人的慾望在權力的深淵中逐日膨脹，當然，並不是每個人的慾望都會給人帶來這種劫難。處於權力的無邊境界中，會使人的慾望盡情地升級，但權力又不會令慾望無止境地膨脹下去，而是到了一定的時候，會讓其戛然而裂。權力在縱容慾望的同時，也在加速其滅亡，皇上也好，權臣也好，只要是權力的歸屬者，誰就很難逃脫。否則，朝代不會更迭，權力不會替換，歷史不會有驚人的相似之處。

權力的使用價值給人創造了享受更多幸福快樂的條件，權力的價值又在暗暗地操縱指揮著權力者的命運。不能超過運行的固有軌道，超越了違背了就要讓人發瘋發狂，然後摔出權力圈，讓另外的人重新開始新的運行軌道。明智甘於受約束則在軌道內運轉，瘋狂則被摔離軌道。權力是玩弄人的好手呢！

瀏覽封建專制權力的歷史，識別權力運行規則的有幾人？權力總是在那怪怪地笑，看人們在無數次地重蹈覆轍，「秦人不暇自哀，而後人哀之；後人哀之而不鑒之，亦使後人而復哀後人也。」

仇士良

指點迷津

人要是在迷津中生活，就像在茫茫黑夜的大海上飄蕩一樣。一旦明瞭了，那就徹底不一樣了，豁然開朗，找到了光明而正確的前進方向。對這一點，唐朝太監仇士良喜愛的小太監在聽了仇士良掏心窩子的話後，肯定有著這樣的深切體會和理解。

仇士良在中國的宦官史上，是唯一一個長期專權，一生受到皇帝寵信，並能安穩地壽終正寢的太監。仇士良一生在宮廷裡生活了四十多年，從小太監一直升到死後追贈揚州大都督，中間歷任監軍、五坊使、驃騎大將軍、楚國公、觀軍容使、右神策軍、知內侍省事等等要職。宮廷那是什麼地方，早晨還是榮華顯赫，晚上就可能人頭落地。他手下的小太監看到自己的前輩是如此的「輝煌」，十分羨慕也十分納悶，就想知道他為什麼能在皇帝面前要風得風、要雨得雨的如此得寵？當他因年老要回鄉之時，他手下的他喜歡的小太監給他舉行一次告別宴。在酒桌上，他們苦苦地要求仇士良給他們指點迷津，也讓他們像他一樣在人生的道路上，風光瀟灑地這麼走一回。可能是酒喝了不少，人也要走了，又是在敬重自己的小太監面前。仇士良也就毫無顧忌大膽地說了自己多年積累的寶貴經驗：

為了你們的前途，我就把我多年積累的經驗告訴你們，我這些經驗，在皇帝的身上用了好多年，很有效，以後你們照這些方法去做，也一定差不了。你們侍奉皇帝，最要注意的是千萬不能讓皇帝閒著，皇帝一閒著，就想讀書，就想接近大臣，就想討論國家大事、天下大事，還有什麼治國的韜略。假如是這樣，皇帝就會增加知識，有了智慧，就會對什麼事都明白都清楚。那麼，皇帝就會聽取大臣的意見，不再追求吃喝玩樂，也就不能再寵信我們這些人。這樣一來，我們哪裡還有機會掌握大權？所以，你們要想盡辦法去弄錢，讓皇帝恣意享受。如此，皇帝就沒有時間沒有精力關心學問，過問朝廷政事，結果，倒會以為我們最忠心，最值得信賴。如此，所有的事情就惟有靠我們去代替皇帝辦理。這樣，我們不就成功地把握住了權力，獲得成功了？

不知當時在場的小太監聽了有沒有醍醐灌頂的感覺？但過了一千多年的今日之我，讀了這段精彩絕倫的文字，確確實實有醍醐灌頂之感。原來，我們的先人這樣的聰明，這樣的睿智，比照他們我們的腦袋簡直是木頭疙瘩做成的。在古人面前，慚愧，慚愧，慚愧。

仇士良的經驗讓我們知道：成為皇帝最忠心最信賴的人的原因這麼簡單，太監得勢原來是這麼輕易的事：只要讓皇帝無知的快樂著就可以了。是啊，人就一個腦袋瓜精力十分有限，用各種玩樂把時間填得滿滿的，哪裡還有精力來做正經的事。把皇帝伺候得身子舒舒服服，心裡高高興興，腦子裡只有你給他創造的快樂，你辦什麼事辦不成？人追求享受是天性，要靠意志和外力來戰勝天性。把一個人的意志和外力都排除了，人享受的慾望會如洪水一樣氾濫。在皇帝的快樂享受上多下功夫所獲得的好處，要比給皇帝多下功夫操心國家大事所獲得的好處多得多。難怪總愛有人圍在說了算的人身邊去創造各種各樣的快樂，讓人高興。這是第一條。

太監也知道知識就是力量，就是那種可以變成統治人的力量，國家大事，治國韜略，應由有文化的讀書之人來決定。沒文化、沒智慧的皇帝，好糊弄好欺騙。智慧和知識，可以讓人明瞭事情的對錯。皇帝要重視知識，重視文化，才是國家發展的硬道理，太監們都懂。知識的力量，有才幹之人的力量，太監不是不明白，而是清楚得很，別小瞧太監了。把皇帝變成一個沒文化沒智慧的蠢人，是駕馭皇帝的最簡捷的辦法。如果皇帝肯讀書有智慧，每日多關心國事多幹事業，太監是不會成功的。不僅有愚民政策，還有愚皇帝的政策啊！看來在這個世界，誰都不可小看。這是第二條。

原來皇帝花錢也要受到限制，而不能隨心所欲。國庫的銀子，原來也不是皇帝什麼時候想拿就拿，想拿多少就拿多少的。還得通過太監走點歪門邪道，才能弄出額外享受的銀兩來。本以為，皇帝隨時可以到皇宮裡的會計那裡，想開幾張支票就開幾張，想開多大金額就開多大金額的呢！堂堂的一個大國天子，還不如某一個小地方一把手。這皇帝做得也不容易不自在！這是第三條。

什麼是正確的事情，什麼是錯誤的事情；什麼是見不得陽光的事，什麼是光明磊落的事，太監不糊塗。關心國家大事民族發展是正確的事，皇帝接近大臣是正確的事，可是把權力弄到自己手裡，讓皇帝聽自己的擺弄才是最最重要的事，自己獲得權力贏得好處哪管你洪水滔天，國將不國？認識對與錯、真理與謬誤不需要多高的文化，只看出於什麼目的什麼居心就可，不是什麼複雜的事情。這是第四條。

或許，這幾條不只適合皇帝和太監吧？

趙普的忠心

所有的皇帝都喜歡對自己沒有秘密沒有自我的臣子。如果一旦發現他不知道的事，那麼臣子的命運就令人擔憂了。即使立下多麼大的功勞，結果也不會好到哪裡。五千年的滄桑歷史，薄情的皇帝數不過來，忠心的臣子也數不過來。這讓筆者想到宋朝的宰相趙普。

趙普是北宋朝的開國元勳，趙匡胤能黃袍加身當上皇帝，全得力於趙普的拍板：「主少國疑，怎能安眾？點檢（趙匡胤）威望素著，中外歸心，一入汴京，即可正位，乘今夜安排停當，明晨便可行事。」結果老趙就這麼容易地當上了宋朝的始皇帝。趙普對趙家也絕不僅是這點功勞，更多的還在後頭。比如，在國家如何統一，如何實現中央集權等問題上，趙普都是從趙家的角度來制定方針政策，使宋朝逐漸走向了安定平穩。他對宋朝是忠心不貳堅貞不渝地行使他的宰相使命，但也沒有獲得趙家兩個皇帝的真誠信任，而遭遇多次被貶的命運。雖然相對其他朝代，他還算比較幸運，但也活得忐忑不安心驚肉跳。

在趙匡胤剛剛當上皇帝不久，他把自己和趙普的關係看成既是君臣的關係，也是兄弟的關係。這從他在大雪夜帶著弟弟到趙普家來喝酒吃肉，談論國家大事可以看出。當時他還對趙普的妻子說：「賢嫂！今日多勞你了。」此時趙匡胤還是蠻有人情味的，但隨著形勢的不斷發展，他也在不斷地調整他的行為方式。羽翼漸趨豐滿的權力者，他對人的霸氣和懷疑也在漸趨增加。所以，每一個皇帝都在為他的權力的喪失而擔憂、恐懼。即使當初是他最信賴，今天仍然是最忠心於他的人，也難逃其劫難。

趙普的忠心，於宋朝可謂昭昭，但在皇帝的心中，無論多麼地忠心也要被打折扣。我常想，為什麼每一個朝代的皇帝都是這樣？每一個朝代的臣子又都重複這樣的忠心？為什麼又都難逃悲劇命運？難道這是打不破的歷史規律？忠誠無我的趙普也被懷疑了。一個人被人懷疑了，就是他不能自在活著的開始。如果是被皇帝懷疑了，那結果就更不會好。皇帝和趙普的關係是夠親密的，可這種親密也造成了他後來被罷相。和權力者近距離接觸有很多好處，但壞處絕不會因為好處的存在就逃離，它會隨時出現隨時爆發。那天，趙匡胤溜達進趙普家，看到院子裡有十個大罐子整齊地放著，便問是什麼東西。在趙普還不知道實情的情況下，也就按照送禮者吳越王錢俶書信中寫的是地方土特產海物告訴了皇帝。皇帝一聽是海物，就要嚐嚐鮮。打開一看，哪裡是什麼海物，而是黃燦燦的金子。趙普趕忙進行解釋，那也沒有用。人和人一旦產生不愉快，想要消除那就太難了，況且君臣之間。皇帝歎息直言：「你也不妨直受。他的來意，以為國家大事，統由你書生做主，所以格外厚贈哩。」言罷立刻離開回宮。這已經不是金子的問題，而是權力的問題。此事不久，趙普偷偷派人到秦、隴之間購買禁止私運的珍貴木材建造房子和手下人藉機多辦若干從中牟利之事被皇帝知道了。皇帝勃然大怒：「他尚貪得無饜麼？」在金子的問題上，皇帝不能拿到桌面上直接處置，但這木頭的問題就可以大張旗鼓地做文章了。因為是觸犯了法的問題。但真正讓趙普走下相位，不是這被禁運的木頭和小吏多購的問題。沒有這「以為國家大事，統由你書生做主」，那點破木頭算什麼呢！導致事情真正結果的往往不是表面的那種原因，而是隱藏在背後不能言明不能登大雅之堂的東西。我們千萬別相信那些政治家的冠冕堂皇之語。反著聽點，不一定有什麼好處，但一定沒什麼壞處。

每一個處處為皇帝江山著想的大臣，都不為皇帝所喜歡。他們為皇帝殫精竭慮，而結果又每每令後人傷心，但又都是「後人哀之而不鑒之，亦使後人而復哀後人也。」以半部《論語》治天下的趙普也在此列。雖然滿懷赤誠之忠心的他沒有被殺頭被抄家，但也把他的時時惶恐之忠心踢過來踹過去。好在《論語》的精髓溫暖了趙普的心房。為權力者賣命之人，首先就要做好多方面思想準備。否則，忐忑的日子讓人活不下去。

在歷史的經驗中，人們成長了起來，總結出：「不幹，沒意思；幹一點，意思意思；幹多了，你啥意思？」這樣的結論，告訴我們忠誠肯幹必遭質疑。肯為國家，肯為民族，肯為人類去做事的人，在這樣的經驗中，永遠沒有馳騁的天空。中國的權力者始終沒有跳出過這樣的圈子。

理想中沉浮的王安石

以前王安石在我的心中，是個很令我佩服的改革家，那句「天變不足畏、祖宗不足法、人言不足恤」就讓人仰目相望。在封建社會誰敢這麼大膽無忌去這麼講話，也就是王安石吧。在佩服他的氣魄與膽識才幹基礎上，以今人的目光看王安石，不自覺地感到他是個理想主義的改革家，時刻在以他的理想去改革封建社會。

從王安石幾項改革的初衷與目的上看，在當時無疑是符合社會要求的，既對百姓有利，又對朝廷解決財政赤字問題起到很好的作用。所以王安石的上疏一經宋神宗看到，立馬重用王安石為副宰相，如此，一場轟轟烈烈的大改革掀了起來。

王安石的改革方案，只能在理想化的環境中實施才能實現。改革得以實施是要落實在每一級的官吏身上的，這就要求每個官吏都必須像王安石一樣拒奢華，體恤民疾，生前不「二奶」八姨太，死後無任何遺產的清清白白，不存任何私心慾念，一個心眼就是為了黎民與朝廷。從王安石提出的「青苗法」上就可以看出，本意是考慮農民的利益，「貸穀於民，立息以償」。經王安石直接領導的鄞縣實驗後，黎民與朝廷兩利，但在全國施行時，每一個官吏都能如王安石那樣嗎？絕對不可能。中間卡油者的人數與卡油的數量，王安石沒將其考慮在範圍之內。而這一中間環節的力量與作用是萬萬不可忽視的。就朝廷而言，不論是皇上還是宰相王安石，都希望黎民百姓過上好日子，讓他太平地指點江山；黎民百姓也同樣希望朝廷給他們更多的實惠，讓他們因勞作而能活下去，不會有更高的企求。中間各官吏所考慮的就不是這些了，想的是怎樣謀更高的官，撈更多的錢。上面的改革措施，自然要在他們手中實施才能完成，那麼，在實施的過程中就不可能不走樣。「青苗法」實施的結果，是農民不敢向政府借款，有的地方農民返還的實際利息，竟達到原先設定的三十五倍，比高利貸還要高很多很多。「利民之政」，變成「擾民之舉」。可以想一想，高出的那部分利息能流向朝廷的金庫，還是能流進王安石的腰包？兩者都不能。那麼流向哪裡，也就可想而知了。在「保甲法」的實施上也是一樣的。

另一方面，王安石看到改革初期成果——財富聚上來後，他陶醉了，他的理想主義又在起著巨大的作用，根本看不到中間層是如何來實施的，走的是什麼樣的道路，運用的是什麼樣的手段。王安石極可能以為實施者像他想的那樣一步不錯地落實呢。從古及今政策的落實從上面到了下面，從來就沒有不變樣的，只是變的程度大小不同而已。別說古代，就是現當代這樣的事也是屢屢發生。比如反腐敗反假冒偽劣，上邊反對，下邊也反對；上邊的動機和目的無疑是非常好的，下邊也迫切地需要這樣，但在漫長的落實里程中，最後無疑走了樣變了調，不是流於形式，就是變個戲法，繼續幹對自己有利的事。當走了樣時，所帶來的影響是反面的，帶來的結果是慘重的。

王安石變法的結果，就是導致黎民饑寒交迫，賣兒賣女，民不聊生。但王安石對變法走火入魔了，進入了真空狀態。以「當世人不知我，後世人謝我」，來固執地推行他的變法，大舉貶逐反對者，以及「小有違忤」者。那些虛虛假假為他吶喊者助威者，王安石天真地以為是和他一樣大公無私的真正改革者，實際上幾乎都是借著改革的大旗來謀己私利之人。他重用的人是欺騙他的人，執行改革措施的官吏不是嚴執政令的人。此時，王安石縱有三頭六臂也不能把改革進行到底。那麼這場改革的結果只能是黎民遭殃，自己遭貶。

王安石居於雲端之上，走進了理想的境地，改革從空中到地上已發生了一百八十度的大變化。這當然不是他所希望的，但總與他的思想性格有關。從王安石的文章上看，體現得比較多的是文人的氣質，好衝動，好激動，好輕信，好理想化。政治是不需要這些的，有了這些，必然要給政治帶來巨大的災難，政治的災難首先是百姓遭殃。雖然王安石本人是個廉政之官，但人格是保證不了改革成功、人民幸福的。政治是現實的冷酷的，政治家以現實冷靜全面態度來對待，尚不能保證政治的良好局面，何況是王安石那樣去對待呢。在政治中，是不能用理想來指揮改革的，制定的目標實施的辦法必須在地上行使，而地上的因素太多且千變萬化，在什麼年實現什麼，在什麼年翻幾番，是不能依靠想像就能實施到最底層的。不考慮或忽視中間層的巨大作用時，那是肯定要失敗的。

王安石最終從懸空的理想真空那裡摔了下來，為政者是否當以此為鑒？

劉伯溫的幸與不幸

劉基，字伯溫，浙江青田人。看他的歷史，「天生我才必有用」在他身上是最恰當不過。二十多歲中了進士，在元朝三次出山當官，又三次憤然辭官，四十幾歲了還沒有什麼大的成就，只在家寫了點寓言之類的東西，以抒發自己內心的種種感思。按今日的情形，四十幾歲了還是個科級小幹部，往上提的希望不大。但一個人的命運在動盪的年代裡，無法預測，一個浪尖就可能把一個人捲上天空，一個大浪又會把人摔進地獄。劉伯溫的幸運就在於他於風起雲湧的元末，以他的智謀把自己捲到了時代的浪潮中，自由地選擇自己的滑行方式。不幸的是他仍處於他個人所無法擺脫的朝廷體制環境裡，所以，他最後還是沒有逃脫沒有避免他的悲劇人生。

劉伯溫在元朝沒做什麼大官，可也明晰了元朝的所有腐敗現象。對此，他這個文化人，一個良心還沒有喪失掉的文化人，退出了腐敗的元朝官場。作為一個聰明的文化人，他不可能不注意世間的一切風雲變化，不能不洞悉社會的全部，也對社會的一些事情了然在胸。就在這時，朱元璋出現了，其形象其做法在劉伯溫來看，那是給了他一點光明的。此時，朱元璋隊伍在所有的造反隊伍中，那是紀律嚴明，容納賢達之士的一支新生隊伍。用現今的話來講，是很講「三大紀律，八項注意」；很能「集思廣益，肝膽相照」。所以，在朱元璋求賢若渴，迫切需求人才的條件下，在劉伯溫需要實現才華的情況下，他們有了契合點。貨賣需家，劉伯溫也就想把自己的東西賣給朱元璋。但總要有機會，有機遇，而且還要找準時機，早了不行，晚了也不行。

劉伯溫絕不是一般的戰士，他要考驗考驗朱元璋到底有多大的雄心，有多大的真心需要人才來為他幫忙。在朱元璋的部將胡大海和朱元璋的三次邀請下，在朱元璋的部將孫炎對朱元璋各方面的讚譽聲裡，劉伯溫隆重地踏進了朱元璋的帳中。開始他的高級參謀生涯。對於自己很難求得的人才，朱元璋自然很重視了，而且還恭恭敬敬地說：「我為天下屈先生，先生幸毋棄我！如有指陳，願安受教。」一絲毫沒有後來那樣的霸道和殘暴，倒像一個謙謙儒雅的君子。劉伯溫在這樣的條件下，能夠幸運地大展他的宏圖。

劉伯溫在沒見朱元璋之前，就像南陽的臥龍孔明一樣，已經對天下形勢有了統一而全面的把握，而且提出了十八條對朱元璋打江山非常有利的建議。朱元璋也和所有剛造反的人一樣，重視人才，恭敬人才。劉伯溫的幸運就在這裡，他在領導人最需要的時候，出現了。在最需要的時間，能滿足人的最大需要，這乃是雪中送炭。在人類的精神中，錦上添花固然是好，但雪中送炭更能讓人備感心暖。對朱元璋來講，劉伯溫的謀略就是雪中的炭，所以，他才敬重劉伯溫。

當朱元璋坐上了皇位，劉伯溫的幸運時光就結束了。劉伯溫是很聰明的人，但左右不了自己的命運，雖對朱元璋的封官拜爵，屢辭不受，但不能擺脫朱元璋對他的遙控，因為他的參謀工作，他一生都無法擺脫無法解除，如張良一樣。正在於此，給他自己埋下了不幸的種子。在朱元璋想易相把李善長撤下，讓劉伯溫做相時，他表現出了儒者的風雅和大氣：「譬如易柱，必得大木。若用小木作柱，不折必仆。臣實小材，何能任相？」朱元璋問「楊憲如何？」他說：「憲有相材，無相器。」朱元璋又問：「汪廣洋如何？」他說：「器量砭褊淺，比憲不如。」朱元璋又問及胡惟庸，劉伯溫搖頭道：「不可不可。區區小犢，一經重用，僨轅破犁，禍且不淺了。」這時，朱元璋沒有聽他的，將胡惟庸推上了相位。劉伯溫知道後，很悲傷地說：「惟庸得志，必為民害，若使我言不驗，還是百姓的幸福呢。」在我敘述這個過程中，我們就可知道劉伯溫的為難之處。面對朱元璋的問話，他不能不回答，也不能昧著良心地回答。他相信他的話，朱元璋還會如戰爭年代那樣，聽取自己所提出的看法和謀略。他的作用對朱元璋來講已不大，已不像戰爭年代時那麼迫切需要和惟他之計謀而行的情況，是可有可無僅供參考的東西了。在他不想違背自己的良心也不願意做相的前提下，力說李善長的長處，力主李善長為相。但朱元璋已不想用李善長了，所以，才一而再，再而三地問這個問那個。領導不想用了，你還在那固執地說，本身就讓人不高興不愉快。領導所提之人，就是他想用的人，劉伯溫不幸的是在這裡既得罪了領導也得罪了楊憲、汪廣洋，更得罪了萬萬不能得罪的胡惟庸。

今天，我不知道上述的談話，是就他們兩人呢？還是有其他的人在場？按說，這樣高級的領導層人事調動，是不應讓他人在場的，但談話的內容胡惟庸知道個明明白白。於是，我們的劉伯溫開始了他不幸的生活。以朱元璋的品性，他是能把談話的內容透露出去的。在劉伯溫為李善長說好話時，朱元璋就直白地道出了李善長說劉伯溫的壞話：「善長屢言卿短，卿乃替他說情麼？」對一個有胸懷的人，這是沒什麼的，但對心胸狹隘的人，那就製造了無數的矛盾，矛盾的結果可想而知。一個不善於和小人相處的人，其結局幾乎是沒有好結果。胡惟庸自然是令人毀罵的小人，但朱元璋更是製造劉伯溫不幸的罪魁禍首。與其說是胡惟庸害死了劉伯溫，不如說是朱元璋害了劉伯溫。假小人之手來實現自己目的之人，也包括所謂的偉人。

朱元璋給了劉伯溫施展才華的天空，也給了劉伯溫不幸的天地。一個人的幸與不幸，有時是不能由自己決定，在不能擺脫的情況下，只能由主宰你的人或說由領導你的人隨心來擺佈。幸是他造成，不幸也是他造成。

第五輯　武將

項羽過不去的「烏江」

垓下，演繹一段英雄美人的故事；烏江，成就一曲英雄末路的悲壯。「生當做人傑，死亦為鬼雄。至今思項羽，不肯過江東。」自刎的項羽，只能魂歸江東故里。

看《史記》知道，項羽只剩二十八騎之時，仍然把這個隊伍分成四隊突圍，欲東渡烏江。到了烏江，正值烏江亭長泊船岸邊。亭長說：「江東雖小，地方千里，眾數十萬人，亦足王也。大王急渡。今獨臣有船，漢軍至，無以渡。」項羽斷然拒絕：「天之亡我，我何渡為！且籍與江東子弟八千人渡江而西，今無一人還，縱江東父兄憐而王我，我何面目見之？縱彼不言，籍獨不愧心乎？」一路衝殺要東渡回故里的項羽，見了救星又斷然拒絕了逃生的機會。

烏江，好渡，他心中的河，難泅。

項羽征戰的整個過程，就為自己開闢出了一條過不去的「烏江」。如果「鴻門宴」是他過不去的「烏江」之源，那麼彭城大戰和滎陽中計，不過是形成江水，而到了垓下之圍便是江水暴漲了。

處處勝利，處處得意，不僅僅讓人產生驕傲的情緒，更重要的是讓人極端的自負。而極端的自負，一旦遭遇失敗，就會造成人的極端自卑和自棄。「吾起兵至今八歲矣，身七十餘戰，所當者破，所擊者服，未嘗敗北，遂霸有天下。」七十餘戰的所向披靡，打遍天下無敵手的項羽對自己是極端自負的，自負把他推向了顛峰，也把他推向了自殺的絕路。面對如此的慘敗，不曾經歷過失敗的項羽沒有心理能力承受，「天意亡我」是他絕望的認證。後來的衝殺，不過是項羽為戰而戰，為殺而殺，以一種狂暴的砍殺來證明自己的善戰。「天之亡我」，左右了項羽的頭腦，到不到烏江，其實並不重要了。項羽沒有了承載力，過不過烏江，都是一樣的。

項羽在垓下之時，就已經敗了，不是他的兵敗了，而是他的心敗了、坍塌了。這一點虞姬看得分明：「大王意氣盡。」四面楚歌把項羽心裡的最後防線攻破，如決口的洪水不能阻擋。如泣如訴的楚歌把項羽帳下的兩三萬官兵引離，只剩下親兵八百騎和一個美女在身邊未離未叛了。統帥千軍萬馬的項羽，在這樣的事實面前他倒下了。和著男兒的眼淚，項羽無奈悲歌：「力拔山兮氣蓋世！時不利兮騅不逝！騅不逝兮可奈何！虞兮虞兮奈若何！」從中完全可以看到項羽沒有了「力拔山兮」的「蓋世」之氣。人活著是講究一個「氣」字的，「氣」之一洩，無可救藥，項羽不敗也是敗。不是「騅」不能前進，而是他自己不能前進了。他明確地知道自己無可避免的失敗命運，所以，才發出對虞姬今後命運的哀歎。

因八千子弟無一人還，而無顏見江東父老，不是關鍵而是末路英雄的藉口。如果八千子弟無一生還，但項羽戰敗了劉邦，統一了中國，做了九五之尊的皇帝，那麼也會像劉邦一樣鳴鑼開道衣錦還鄉。項羽率領五路諸侯，經過三年的轉戰沙場，就把秦國消滅，分割天下，封王封侯，成為一切大政盡在手中的「霸王」。形成了他的自信和獨尊的性格，成為一個所有人他都不放在眼裡，所有人都得聽命於他的剛愎之人。曾經的輝煌始終在他心中閃爍，他倒塌的自信和獨尊，決定了他邁不過烏江之水。

過江了，項羽也逃不脫死亡的結局；過江了，項羽也不可能東山再起。烏江亭長的善良之語，項羽不會相信。或許，已經心知肚明自己過江後的結局，才在烏江邊下了最後的決心。在垓下，劉邦有三十萬大軍，過江殺一個窮途末路之人是什麼難事？與其在鄉人面前死，還不如死在外邊。這是自尊者的最後尊嚴。「江東子弟多才俊，捲土重來未可知。」杜牧為項羽不過烏江而生起這樣的惋惜之情，那不過是杜牧個人的設想。捲土重來是誰都能做到的嗎？那需要足夠好的心理素質，需要足夠長的耐心，需要足夠大的信心，足夠強的勇氣，足夠多的人力。這一切項羽一樣都沒有了。一個從骨子裡認可「天之亡我」之人，還可能再有「彼可取而代之」的信心和勇氣嗎？善戰不善謀的項羽絕不會像勾踐那樣臥薪嚐膽，也不會像劉邦那樣無賴式地玩花花腸子。八千子弟跟隨著他轉戰南北，難道就沒有一個是才俊？劉邦手下人才濟濟，他手下只有一個亞父范增，也被他趕跑了。這樣的一個極度自信之人，怎麼可能再打造一片新天地？

項羽之所以為千古所記，是因為中華民族是一個善於憐憫的民族。對失敗者願意付出同情，這種同情源於失敗者的悲愴。但同情畢竟是同情，它無法改變一個人所曾做出的事情。項羽有力量斷鐵，卻無能力斷事。項羽的「烏江」，是他自身一路帶來的，他跨不過自己，就永遠渡不過「烏江」。自刎還是他最正確最明智的選擇，一個英雄的死亡，該有一種讓人震動的悲愴，來點醒後世兒孫。

韓信

如果不爭氣

提起韓信，首先想到的是「胯下之辱」，其次才是蕭何在美麗的月光下，人疲馬乏地追趕他的故事，再有就是築壇拜將這件事。此三件事為他在中國古代歷史上穩坐知名人士之寶座奠定了磐石般的基礎。在韓信的努力奮鬥下，終於功成名就。沒給知名人士蕭何臉上抹黑，也雪了胯下之辱。假如韓信這小子是個語言的巨人行動的矮子，情況又會是怎樣的呢？

對於一個堂堂五尺男兒，能從容不迫地從人家的襠下爬過去是難以忍受的，更是難以做到的。如我類一定會怒抽腰上的寶劍拼個你死我活的。即使無劍也要從地上撿幾塊磚頭石塊砸他幾下，死了從我身上跨過去那是另外一回事了。所以，我類永遠是如蟻的我類。想來，韓信在未成名的時候，他的胯下之辱也一定被人恥笑，成為茶餘飯後的消食輔助品，但對成功後的韓信而言，就大不同了，就如同「狗尿苔」長在金鑾殿上與長在鄉村豬圈邊那麼不一樣。此時，這個恥辱成了宣傳韓信的由頭，成了名以前做過的壞事醜事就會發生一百八十度大轉變。這轉變不是韓信們自己要讓人轉變，而是就有人心甘情願去那麼轉變，要不，心裡會不舒服的。好在韓信成功了，否則，胯下之辱那會是另一個版本的。

古往今來，能誇海口的人並不少。遠的如「紙上談兵」的趙括。當初，趙括的媽媽就對趙孝成王說，別讓她兒子做大將。試想誰的媽媽不希望自己的兒子騎馬挎槍出人頭地封王拜將，但趙孝成王堅信趙括的水平，結果釀成了趙國四十餘萬士兵被活埋。當韓信的官升得像火箭一樣快時，我放下了書，很為蕭何和劉邦捏了一大把汗。怕韓信這小子既像古人趙括一樣，油嘴滑舌，竟開空頭支票，又怕韓信這個嘴上無毛的愣小子，像咱們現今某些人那樣，人有多大膽地有多大產。我不怕他坑了蕭何劉邦，怕的是那麼多的士卒陪著死。依我看，至少要考核考核，比如，給沒給蕭何送銀兩？送多少？韓信有沒有靠山？靠山有多大？孤零零一個就來闖天下架子還滿大，可信度有多少？再比如，先筆試後面試，問韓信一些柳下惠為何坐懷不亂之類的問題就保靠多了。劉邦那麼大膽不顧後果，急得我在地上亂轉。

那時，是要真本領的，來不得半點虛假，殺對方多少人就是多少人，攻下多少城池，就是多少城池。不像畝產兩百斤稻子，上報二萬斤就升官，整整景、造造聲勢就能提拔。有沒有真才實學戰場上一較量就見分曉。所以，韓信肯定也是有這個彎彎肚兒，才敢大膽去吃這鐮刀頭兒。他明白鼓吹自己的結果是個什麼樣子，什麼結果。

如果韓信真像趙括那樣，對劉邦來講也沒什麼，重打鼓另開張，繼續用其他的人打下去。以劉邦的性格和用人之道，戰爭會持續下去，不怕不成功，只是時間的問題。對蕭何也沒什麼，以他和劉邦的莫逆之交，劉邦也不能把蕭何怎樣。蕭何最多跟著吃點鍋烙，立功贖罪，去追「趙信」「李信」就是了。對韓信而言，深究也沒什麼。一仗打下來敗得慘不忍睹，韓信或戰死了，或幸未戰死，活著回來，恰好正處在劉邦心情不錯的時候，也就免了大將軍印，回家種地去就完了，或不幸被劉邦抹了脖子。這樣也不算什麼，被砍被殺的這類人物數不勝數，也沒什麼不光彩。無論是哪種結果，肯定地說韓信都不能繼續把官當下去，照樣吃香的喝辣的了，更不能在大將軍交椅上坐著，或挪個更好的位子有滋有味指手劃腳。行，劉邦就用你韓信，不行，就免了你韓信，這是劉邦當時必須這麼做的。手段是要為目的服務的。所以，劉邦手下個頂個的是塊材料，甭想是個草包豆腐還在他手下混。

苦就苦在老百姓身上，「傷心秦漢經行處，宮闕萬千都做了土，興，百姓苦；亡，百姓苦。」倒楣的是老百姓。戰爭持續的時間越長，百姓的災難也就越深重。即使劉邦敗了，項羽奪了天下，人們仍然是承受深重的災難。對統治者來講，老百姓是最沒什麼的，況且，生產士兵的中國老百姓有的是，如草一樣，是踩是割是燒全由主宰他們的人的慾望決定。他們只能處於這樣的生存狀態之中，沒有別的辦法。好在中國的老百姓向來就是堅韌忍耐的，時勢造出來的「英雄們」也在極力地弘揚這種美德，因此，成就了中國那麼多的暴君。

韓信爭氣了，被殺掉；不爭氣，也一樣被殺掉。只是爭氣了，對方的士卒死得多；不爭氣，自己方的士卒死得多，無論是哪一方都是中國老百姓的兒孫。苦難從來不是屬於強權者的。

韓信的不聰明之處

新築的高壇之上，彩旗迎風飄揚；高壇之下將士如雲。漢王劉邦在齋戒了三日之後，受命威風凜凜的贊禮官將斗大的大將軍金印授予韓信。當時著名的樊噲、周勃、灌嬰等大將無不企望這顆金印。想想一介貧子的韓信能受到如此待遇，可見一定是非常人之輩，肚子裡肯定有貨。就當時的情況看，劉邦對韓信是確信「唯我韓大將軍」，才能助他們奪得青天白日下的綠水青山。否則，以我小人之心看，劉邦是不會置樊噲等大將的面子於不顧的。

從韓信以後指揮的若干場大戰看，也確是智在人上，且出生入死，為劉邦立下了汗馬功勞。可以說，沒有韓信，也就沒有劉邦的天下。韓信面對劉邦的「閫外軍事，均歸將軍節制，將軍當善體我意，與士卒同甘苦，無胥戕，無胥虐，除暴安良，匡扶王業，如有藐視將軍，違令不從，盡可軍法從事，先斬後聞！」在劉邦急需人才幫他打天下的當口，只要是個人才為他唯一的目標服務，他是會從大局著想，不惜犧牲一切的。人都有個賤毛病，每當有人賞識自己，看到了自己的水平和能力，都要全力為賞識自己的人賣命。韓信在受了這麼高的禮遇後，也一樣是「臣敢不竭盡全力，仰報大王知遇隆恩。」所以，在後來的屢次戰鬥中，身先士卒窮盡智慧為劉邦鞠躬盡瘁。

從韓信登壇受印到劉邦登基這段時間，既是韓信施展才華展示自我能力與水平，實現人生價值的個人要求，也是劉邦需要這樣的人來幫助他壯志得酬的時代要求。兩者相遇，猶如齒輪一樣咬合在一起。所以，此時韓信有著想怎樣就怎樣，說東向東，說西向西的權力，可以由著自己去統帥千軍萬馬。劉邦也並不懷疑軍權在握的韓信會有什麼叛逆的行為，韓信更是一門心思去統領他的千軍萬馬，就是他打下齊地這個樞紐之地之時，也沒想背叛劉邦。

人都有衝動的時候，韓信也不例外。他打下了齊地，頭腦一熱要做個齊王。從韓信的功勞看，這也不算什麼大事情，但漢王劉邦不自在了，因為劉邦正在櫟陽，形勢非常不利。韓信要封王，無疑是在劉邦的腦門子上來了一錘，滋味一定不好受，但想到江山還沒有奪下來，也就惱壓心頭，悅然封王了。無論是從當時還是從現在看，韓信憑藉所據的齊地，是完全可以三分天下成鼎足之勢的。韓信還是有良知的人：「漢王待我甚厚，怎可向利背義呢？」認識到了厚，是否認識到他為什麼能被劉邦如此重視，如此「甚厚」的厚因呢？

聰明人總有不聰明之處。韓信幫劉邦奪了天下之後，並未像張良那樣聰明地認識到自己的歷史作用個人價值已結束。劉邦已不需要幫他打天下的韓信們了，他們不過是劉邦揩屁股的棍子。打天下的功績已構成了對他的威脅，但韓信仍在這個問題上執迷不悟，看不到自己最燦爛最輝煌時期已如雲般飛去了。張良的聰明就在這裡，他明白劉邦心中的世界是個什麼樣子。「見高祖戮殺功臣，就深居簡出，平時托辭學仙，不食五穀。」這樣的人對劉邦而言還有多少可怕的成份呢，自然保住了性命，獲得善終的結果。而韓信出則「車馬喧闐，前後護衛不下三五千人，聲勢很是威赫。」不招人妒忌才怪呢。妒忌在中國這塊土地上是永遠不會斷根的，而且向來枝葉茂盛。就有人密奏說韓信有叛意。這最具殺傷力的導彈對準了誰，還有個好？還有個跑？韓信的結局也就註定了，可恨的是韓信尚不識趣，還要給自己加碼。

有一天，劉邦召見韓信，問韓信「如我可領多少兵馬？」韓信答道：「陛下不過能領十萬人。」劉邦又問「君自己問領若干？」我們的韓信昏了頭地回答：「多多益善。」劉邦又說：「君既多多益善，如何為我所擒？」韓信此時的腦袋裡像生了蟲子似地回答：「陛下不善統兵，卻善馭將，信所以為陛下所擒。且陛下所為，均由天授，不是單靠人力呢。」這樣的話，就是我聽了都不舒服，況已是君臨天下統治五湖四海的劉邦。這明擺著說自己高，皇帝低嘛，只知道統領千軍萬馬的韓信不是找死嘛。韓信尚幼稚地以為自己還是登基前的漢王劉邦眼中的拜將之人呢。

坐穩江山的劉邦已不需要韓信為他橫刀立馬，披堅執銳，他要的是給他唱讚歌唱頌詞的臣子了，劉邦在登基前與登基後所需要的人的價值標準是不同的。對劉邦而言，韓信的歷史使命已結束，他的價值在劉邦登基時已完成。但韓信認識不到自己的價值所在，依舊像劉邦登基前那樣去做事說話，他必死的命運已在劉邦登基之時奠定了。

皇帝豈可允許他人在自己之上，為奪江山這個目的，他可以忍耐，可以夾著尾巴做人。當他真正地擁有了他的天地之時，他的價值要求就會變化，在不轉換思想觀念的情況下，自然要換人了。如果韓信能認識到這些，重新審視自己的價值，劉邦的心會落到肚子裡，臉也會像朵鮮花似的。這只是假如，假如從來都是水中的月亮。

翻開長長的歷史畫卷，細細看來，演繹悲劇的，僅僅是高祖劉邦？僅僅是功臣韓信嗎？

周亞夫的命運說明了什麼

周亞夫在歷史上還是比較有名氣的，不僅仗打得漂亮，管理軍事也是個人才，為漢文帝、漢景帝兩代皇帝所欣賞，但也沒有逃出非正常死亡的命運。戰功卓著的周亞夫最後死在監獄，而且是絕食嘔血而亡。鞠躬盡瘁地伴隨了兩代皇帝，卻落得了這樣一個結局，不能不令人扼腕而歎。

周亞夫從本質上是個武人，雖最後在漢景帝時期做到了丞相的高位，但他的作派仍是武人的風格，不具有文臣所具有的個性特徵。他的直爽與坦蕩和不顧及他人面子和地位的性格，深深地根植在了他的命運之中，跟隨了他整整一生。這本身就給自己樹立了眾多的敵人，而這敵人時時處在皇帝的周圍，沒有多少心機的周亞夫是無力抵禦這樣的強敵對手，雖然，他可以在戰場上揮軍斬敵風騷獨領。

這還得從周亞夫在漢文帝六年（西元前一五八年）的事說起。此時的周亞夫是河內太守，因匈奴大舉侵擾，造成長安告警。周亞夫與劉禮、徐厲屯兵駐營細柳、霸上、棘門三個地方。皇帝很重視這一仗，而御駕親征。皇帝親征自然要檢查一下各營的備戰情況。在霸上和棘門兩處，皇帝直驅直入，毫無阻攔。劉禮是宗室之人，徐厲是祝茲侯，都是不一般的人物，周亞夫也是名門之後——周勃之子。皇帝到了周亞夫的大營門前，情況大不相同。士兵阻攔這天下第一把手進營：「我等只聽將軍的命令，不聽皇帝的詔令。」皇帝只好拿出自己的身份證，交給隨員進營交給周亞夫，才獲得周亞夫的准許進大營。周亞夫對進了大帳的皇帝只作揖而不下跪：「我穿了軍裝，只能行軍禮了，望陛下勿責！」漢文帝讚揚道：「唉，這才是真將軍也！霸上、棘門的警衛如同兒戲，這怎麼能防禦匈奴的侵犯呢？」表揚周亞夫的同時，也批評了劉禮、徐厲。什麼事情都有兩方面，帶給你好的同時，也會給你自己帶來壞的，在不同的時期，顯示不同的方面。此時是戰爭時期，漢文帝看法是這樣的，在漢景帝（漢文帝的兒子）之時，可能就不同了，這是後話。拋開這些不說，單就劉禮和徐厲來講，他倆聽了漢文帝表揚周亞夫的話，心裡會怎麼想，會是什麼心情？筆者無法推斷，但他倆的心裡肯定不好受。結果只能有兩種，要麼自己整頓部隊，向周亞夫學習，從頭再來；要麼將周亞夫記在心頭恨得要死，逮著機會報復周亞夫，以解心頭之恨。

一般情況下，能力強有水平的人，是不易產生嫉妒之心、懷恨之意的，小人則與此正相反。這也是為什麼小人總愛整事，製造禍端的一個原因。這無形中，是不是給周亞夫樹立了敵人？

人在得意之時，有權力者的寵信，神仙都敬，鬼神都怕，何況小人？此時，周亞夫受到重用，有小人想做點手腳，也不敢怎樣猖狂，小人是最會夾著尾巴的。周亞夫是武將，戰爭需要他，更是皇帝需要他，但不是所有的時候都需要他，這點漢文帝非常明白。所以，臨死的時候，對他的兒子說：「朝廷今後如有緊急之事，周亞夫是可以委以重任的，不必多疑。」是「緊急之事」，而不是所有之事。這是不是說明漢文帝對周亞夫這名武將已有了徹底的認識，而從未讓他做丞相的原因呢？周亞夫，漢文帝對他還是相當瞭解的，知道他是個忠誠的武將，而不讓他做文官。但漢景帝則不同了，將他升做了丞相，這也就將他推上了非正常死亡的道路。

武將與文臣是不同的，各有各的職業軌道及行為方式。讓周亞夫這位只能在馬上馳騁的元帥坐到必須是剛柔相濟的丞相寶座上，本就是錯位。周亞夫的位置是在「緊急之事」時，給皇家效命，而不是在和平年代裡出謀劃策。他的武人之風，處理不好殿堂之上的千絲萬縷的麻煩事，而皇帝的要求是對丞相的要求標準，這必然產生矛盾。結果，武人的果斷、直爽、剛直、固執、不會打迂迴戰的性格，導致了漢景帝對他的極大不滿。

首先，他得罪了漢景帝的弟弟。周亞夫在漢景帝的弟弟梁王被圍困時，周亞夫沒有直接去救梁王，而是用了個「曲線救王」「圍魏救趙」的策略。但梁王沒有理解周亞夫的良苦用心，以為周亞夫不救他，為此對周亞夫懷恨在心，在皇太后的面前說周亞夫的壞話。不怕沒好事，就怕沒好人。自己做皇帝的大兒子不替小兒子出氣，老太太能不生氣嗎？弟弟和媽媽總那麼說周亞夫的不是，漢景帝的耳朵不是鋼鐵鑄的，也不是水泥澆的。不產生一些看法，才怪呢！

其次，他得罪了最不能得罪的漢景帝。漢景帝想要廢長立幼，不識時務的周亞夫嚴詞拒絕了漢景帝的想法，讓皇帝好不開心。人家要廢長立幼，就廢長立幼嘛。立誰當太子，都是皇帝的兒子，爹都是一個人。自己想立誰提拔誰都不能決定，自己還是皇帝嗎？還是一把手嗎？周亞夫，你不是自己找死嘛。

再次，他得罪了皇帝的母親和老婆。皇后的哥哥要當侯，皇帝的母親來求情，皇上也答應了，但不識好歹的周亞夫斷然否決：「高祖皇帝曾與諸大臣歃血盟誓『非劉氏而王，非有功而侯，天下共擊之』。」說出這樣的話，不僅得罪了皇太后和皇后，更是摑了皇帝一耳光。要封自己的大舅哥當個小侯都不能說了算。誰能高興？誰說了算？誰是皇帝？

如此，他們已經形成了包圍圈，剩下的是聯手進攻周亞夫一人了。為皇家的天下苦爭苦鬥的周亞夫哪裡能有好結果。

人要是倒楣，喝涼水都塞牙。這一點兒都不假。

在這樣的情況之下，周亞夫稱病辭官回家，但並不能保他平安地活著。人在摔進倒楣圈後，小人是不會善罷甘休的。此時，正是他們大展自己「才能」的最佳時機。所以，當他的兒子為他百年之後而準備了五百副陪祭兵器時，小人們有著驚人之語：「你就是不想在地上造反，也想死了以後在地下謀反！」而能讓小人們說出這樣話的人是最大的小人——皇帝暗示的。既然皇帝都不喜歡討厭了，還讓你活著幹什麼？懲治你可以無罪，何必手軟。

漢景帝是不喜歡周亞夫的，不喜歡的原因是因為周亞夫讓他不能自由地想做什麼就做什麼，面對一個阻擋自己意志的人，漢景帝，即使不是漢景帝也會把他除掉，只是時間的問題。周亞夫不懂這個道理。

周亞夫不知道自己的武人作風會給自己帶來這麼大的不幸。其實，即使沒有那五百副兵器，周亞夫也得死，因為總會有人往周亞夫這個雞蛋裡塞進一塊骨頭的。武人的最好結局是戰死疆場，馬革裹屍而返。周亞夫和岳飛的命運都是一樣的，他們仇恨的敵人讓他們流血，而他們效命的主子，卻既讓他們流血，更讓他們流淚。誰更讓人可怕？更讓人心寒呢？

李廣 緣何難封

揮鞭策馬，馳騁疆場，殺敵報國，是每位古代將士的情結，縱然他們每位大都逃不脫悲劇的命運，仍對戰場一往情深。血染戰袍的英雄，沿著漫漫黃沙古道，踏著萋萋衰草，迎著瑟瑟冷風，回歸金碧輝煌的朝廷。六十多歲的李廣在他最後一次披戰袍上戰場後，沒有選擇再走這樣一條淒涼悲愴之路，用跟隨他一生的戰刀，結束了自己的生命。勇武的李廣倒下了，白髮染著鮮血，在塞外的風中飄動，「一軍皆哭」。一個在戰場上拼殺了一生，也沒有實現被封侯理想的將軍，夢斷天涯。

封侯拜相，是古代每一個身在朝廷之人的夢。以李廣在戰場上的勇武，完全有資格被封侯，但「從年輕時開始就與匈奴作戰」的他就是沒有獲得這樣的獎勵。李廣的堂弟李蔡軍功沒有他大，品行也不好，名聲還比他差得很遠，卻被封了安樂侯，還做了丞相。就是李廣的部下、士卒也有數十人都被封了侯。這很讓李廣納悶：這是為什麼？到死我們的將軍李廣，也沒弄明白其中的緣由。

與李廣同時代的著名將軍如衛青、霍去病、李廣利與漢武帝都是姻親關係，衛青是皇后的弟弟，霍去病是皇后的外甥，李廣利是漢武帝寵愛的李夫人的哥哥。衛青和霍去病所建之功，當封侯，自無話說，李廣利就不一樣了。第一次征大宛就大敗而歸，按當時的法令應受處死，但漢武帝毫毛也沒動他一根。第二次雖然勝利，出征時六萬人，回來時只剩下近一萬人，損失極其嚴重。以後也沒建什麼大功大業。李廣以良家子走進軍營，在文、景皇帝時期，憑藉「力戰」出名而被重用提拔，在軍中是一個很有影響可以號令三軍的名將。使用擁有重兵的軍事將領，既不能是自己家族的人，也不能採用和皇帝毫無關係的將領。自己家族的人，有了軍權又有當皇帝的資格，競爭者的實力太大了，不敢冒風險；異姓關係之人握有重兵，會恐懼其成為韓信式的人物，難以牽制不易控制。和漢武帝有姻親關係的人，就不一樣，女人在皇帝身邊，是寵物，也是人質，更是外戚藉以搖下錢搖下權的大樹。容易駕馭、容易控制，他們一榮俱榮、一衰俱衰，比較可靠比較放心。駕馭李廣就要多一份心事，在當時的軍界又那麼有影響。封侯是李廣的願望，漢武帝在他的前方吊起一塊肉，使他不斷地上戰場去拼殺衝鋒。皇帝需要幹活的人，但更相信安全可靠的人。

漢武帝不是一個頭腦簡單的人，對自己家族皇帝所做之事不會漠然，而會進行研究。他的父親景帝時，管理少數民族事務的官員公孫昆邪在皇帝面前訴說：「李廣才氣，天下無雙，依仗自己本領高強，經常和匈奴作戰，恐怕會發生意外。」為此，李廣被改派到上郡做太守。匈奴大舉入侵上郡時，景帝還派了一個宦官頭目跟隨李廣訓練軍隊抗擊匈奴。景帝是啥意思？不放心是明擺著的。

讓父母、朋友、親戚不放心不要緊，讓皇帝領導不放心，麻煩可就大了。

漢武帝欣賞李廣的勇武是無疑的，曾賜詔書：「將軍者，國之爪牙也。……振旅撫師，以征不服，率三軍之心，同戰士之力，故怒形則千里竦，威振則萬物伏，是以名聲暴於夷貉，……夫報忿出害，損殘去殺，朕之所圖於將軍也。」這麼高的評價，還沒有幾個人獲得過呢！就是不封你李廣為侯。我們不也經常看到領導表揚張三，讚揚李四，可就是不提拔他們，即使你多有能耐。在關鍵時刻還是把他的嫡系提了上來。給你戴戴高帽子，飄揚你幾句，他自己沒損失什麼，還讓你滿心高興得撒歡地幹，尥蹶子地跑。這也是某些權力者愛玩的小權術小把戲。人們為李廣不平，漢武帝按照法令行事，輕飄飄地以沒打過一個漂亮的勝仗為由，就敷衍過去了。以李廣的勇敢獻身精神和七十餘戰的條件，足夠了，封侯算什麼難事。漢武帝的祖父文帝就曾對李廣說：「可惜啊，你生不逢時，如果生逢高帝時，封個萬戶侯也算不了什麼！」只知殺敵的李廣不知道，想封你為侯，有一個條件即可，不想封你為侯，有一百個條件也不行。夢想著被封侯的李廣，根本不清楚漢武帝內心是怎麼想的，還在那傻乎乎拼命要求到戰場上為漢武帝衝鋒陷陣。

年已六十多歲的李廣最後一次披戰袍時，漢武帝讓他作前將軍，卻在李廣背後和衛青說：「李廣老了，數次出征都因奇怪的遭遇而致敗，運氣不好，不要讓他正面與單于交鋒，恐怕不能達到目的。」可以看出，漢武帝對李廣的能力和水平已經懷疑多年了，只是漢武帝沒有直接說出來，而是用這種方式給他這位伺候了三朝皇帝的軍隊高級幹部一個面子。這樣的前將軍還是前將軍嗎？給了你一個官銜，但不給你實際權力，你再有能耐又能怎樣？李廣最後一次能在戰場獲勝封侯的機會也沒了。人的能力和水平，一旦在領導心中畫上了問號，那以後的路實在是難走難行。不怕你不行，就怕領導心中認為你不行。領導心中的一絲一毫的看法，在你那裡就是重得如泰山粗得如牛腰，直接決定你的前途和命運，甚至生死。

李廣是個武人只會在戰場上硬打硬拼，不會討人喜歡，在軍中又是年齡最大的人，多才有智的漢武帝，根本沒想重用他。衛青也好，霍去病也好，在軍中都是很年輕也很會處事的人。衛青不只會打仗更會處理問題。漢武帝賜他千金，他慷慨地拿出五百金給了漢武帝正喜歡得不得了的王夫人的母親，作為壽禮。霍去病更會作秀，漢武帝讓他看看賜給他的高級府第，他大聲「秀」了一句：「匈奴未滅，何以家為？」漢武帝更加喜歡和器重他。李廣不會做讓人喜歡的事不說，還倒做讓人討厭的事。李廣贖為庶人在家閒居和潁陰侯灌嬰之孫灌強一同打獵，有天晚上他們走到霸陵縣亭，縣尉喝多了酒，呵斥李廣，禁止他通行，隨從說：「這是前任李將軍。」縣尉說：「現任將軍也不能夜行，何況是前任將軍！」李廣沒辦法只能留宿在驛亭。後來李廣做了右北平太守，李廣請求漢武帝派遣霸陵縣尉也去右北平。縣尉到了軍中，李廣立刻把他斬了。漢武帝知道了這事，能高興嗎？不經請示彙報，就擅自處理了，你眼裡還有沒有我這個皇帝？封你做了侯，不知你還要幹出什麼事來呢？你說李廣還有被封侯的戲嗎？李廣死了以後，李廣的兒子李敢因了父親的死，打了衛青。霍去病在李敢隨漢武帝打獵時，為舅舅衛青報仇而射死了李敢。漢武帝一點也沒拿這事當回事，反說李敢是被鹿撞死的。可以看到漢武帝對李廣有幾分感情？不會辦事，又不討人喜歡，充其量是漢武帝棋盤上的小卒的李廣，能被封侯，那就怪了。當你很能幹又屢屢不被升遷的時候，既不要像李廣那樣傻傻地悶頭幹，也別怨天尤人。你沒有掉到那種特殊土坑裡的運氣，又沒有能力改變自己呆頭呆腦頑固不化的性格。你的命運，那是沒轍了。只能自己寬心些吧！

行文至此，想到余光中寫李廣的詩「大小七十餘戰，英雄的手臂，垂下來，垂下來。」這辛酸而無奈的垂手放棄啊！從此，我們的英雄永留荒漠。塞外的風攜著英雄的魂魄，淒厲而哀傷地吹著，把他千古的不幸和哀傷告訴給我們。

馬援的戰場情結

大千世界，有的人癡迷金錢，有的人貪戀權力，有的人縱情女色，有的人迷戀杯酒之樂。但說有人癡迷戰場那就不多了，如果說有的話，後漢的伏波將軍馬援當屬此列。

馬援的祖父馬通，曾「仕漢為重合侯」，後來家道中落。馬援的兄長病死後，馬家復興的重任就落在馬援的身上。後來經過種種努力，馬援擁有了數千頭牛馬，數千斛米。日子小康了，按說能這樣，一般人當滿足了。但對他而言，他的目的不在這裡。前漢末期，王莽篡位，是個極不穩定的社會，懷有鴻鵠之志的馬援是一個有理想有抱負的青年。現實給他提供了足夠的空間和時機，於是他歸附了當時相當有名氣的隗囂。「良禽擇木而棲」，經過了一段時間後，他又選擇了劉秀，從此開始了他一生不平靜的戰鬥生涯。

剛開始，劉秀並未怎樣器重他，而是把他晾在洛陽城裡閒呆著，沒有辦法，他上疏到上林苑去開闢土地，劉秀毫不遲疑地批准了請求。此時馬援的八斗才智尚未足以讓劉秀賞識。寂寞的開闢土地生活，馬援或是煩了，或是其他的原因，反正馬援在聽說劉秀費了九牛二虎之力也沒打敗隗囂時，決然上疏劉秀，備陳破隗囂的計畫。馬援在劉秀消滅隗囂計窮力盡之下，被召回朝廷效犬馬之勞。被隗囂萬分賞識的馬援消滅了隗囂。

馬援的戰略方案被劉秀實施後，效果特好。劉秀看到了馬援的價值，於是與馬援面對面談論兵法、商討國事，備加欣賞。在以後的南方交趾出現造反的團夥時，馬援一到一舉蕩平。接著又被派去討平皖城的李廣，後來又掃平無數次戰亂。由此，他被封為伏波將軍。至此轉戰沙場多年，可以準確地說，馬援是哪裡戰場需要哪裡去。這當由他的經典話：「男兒要當拼死邊野，用馬革裹屍還葬」來證明。

沙場數年，再聽戰事，總會有所關注，就像我們幹了一輩子的事，一旦離開，再聽到與此有關的事有了什麼變化，就十分關心一樣。當馬援六十二歲時，洞庭湖西南的武陵，發生蠻人暴亂。在朝中派出的大將李嵩，以及當地的太守馬成進行抵抗而未能制勝的情況下，馬援聽說了這件事，毅然向劉秀打了報告，請求出征。但劉秀說他：「卿年已太老了！」按說應算了，領導不同意。人都有個好勝心理，馬援的戰場經典論此時就凸現了出來。馬援的戰場情結就不可遏止地又開花了。於是他穿戴起來，披甲上馬像年輕人一樣一躍蹬鞍，「顧盼自豪」。他比廉頗幸運多了，又雄赳赳地奔赴戰場，結果他淒淒涼涼地倒在戰場上，真的裹屍而還了。

馬援一輩子與戰馬相伴，與硝煙相隨。在此環境中，他習慣了，他的感情已與戰場融在一起，讓他停下來不再馳騁，那是會很不舒服的。就像我們聽慣了某種聲音，吃慣了某種東西，一下子聽不到，吃不到，就不舒服一樣的。也如同對權力的追逐一樣，當邁上了追逐權力的道路，就會不停地沿著那個道路走下去，逐日成為習慣，不得不走下去。

「大丈夫當馬革裹屍」，這已是他的情結所在。他的情結，戰場情結，決定了他必然拼死沙場，正如有的人死在權力的情結中，有的人死於金錢情結中的命運一樣。

伏波將軍馬援的功績自然也是建立在萬骨之上的。經歷了幾十年的大大小小之戰鬥，聽慣了戰馬的嘶鳴，習慣了刀光劍影，一旦退居二線，滋味自然不好，況有「卿年已太老了」之言。聽慣了「喜鵲」之聲，當慣了官，享受慣了萬人的崇拜，馬上讓他離開，一句奉承的話也沒了，再沒有前呼後擁。會怎樣？馬援也是人。

一個人貪了多少，做了多少壞事，或形成某種觀念，並不是一天一月形成的，而是在逐漸習慣了慣常的行動後，形成了一種他認為正常與正確的習慣。一旦違反他的習慣，他會極不適應。如果外界還沒有限制或根治的有力辦法，那麼，這條路就會不受約束地走下去。

習慣中包含了情結，而情結總讓人付諸行動，馬援的悲涼之死，就是情結，戰場情結造成的。

呂布：孤獨的流浪乞兒

呂布與貂蟬的故事傳了千百年，不是因為愛情，而是由於政治。呂布是政治的犧牲品，貂蟬也是。從他與貂蟬的開始就註定了他要浪跡天涯。騎著一匹紅馬穿著一襲白衣，提著一條方天畫戟的他，孤獨地在險惡的江湖中搏擊，政治的潮水把他沖向不同的方向。他只能這樣，否則他活不下去。

驍武是他生存在後漢時的看家本事。手中的畫戟，胯下的紅馬，就如同浪跡四海的乞兒左手中的打狗棒，右手中的討飯碗。在動盪的後漢末期，呂布的出身是低微的卑賤的。與那些出身有門第的人相比，他是個草一樣的人物，但他又有著一顆不甘平庸的心，要用武藝來求得生存的更好空間。他擠到了群雄逐鹿的中原，在每個大家庭的院中，出賣他的武藝，出賣他的力氣，哪裡都不是他的家。在門閥體制下，呂布沒有憑藉的靠山，只能悲壯地以身體去說話，去贏得他想要的一切。

先擎著一把畫戟依附丁原。如保鏢一樣出賣他的力氣。此時呂布只是丁原家中的狗。當丁原被董卓圍困沒有生存之機時，呂布是沒有生的希望的，只好投靠新的主子。在必須先殺掉丁原的前提下，在生與死的面前，呂布只會以犧牲他人的生命謀求自己的生命。他殺丁原之時，一定也有過痛苦的抉擇。這在呂布要殺董卓的時候就能看出來。當王允與呂布謀殺董卓時，呂布曰：「奈如父子何！」他還是全心全意以董卓為父的。而董卓卻未必如此。「卓性剛而褊，忿不思難，嘗小失意。拔手戟擲布。布拳捷避之，為卓顧謝，卓意亦解。」呂布在董卓的屋簷下的生活可見一斑。在殺了董卓之後，呂布也同樣一心一意緊跟王允。奸詐善於權謀的王允在謀得了權力後，也重演了董卓的殘暴，也同樣利用呂布，且瞧他不起看做一介武夫，不可參政的人物。一切事情獨斷專行。呂布雖有看法也無可奈何，但他並未背叛王允。在與李傕、郭汜的生死交戰中，呂布在敗北的情況下，仍不忘派人接王允離開生死之地，不可謂不義。

毫無立錐之地的呂布，懸著董卓的頭顱，投奔袁術。袁術以他四世三公的身世，更加瞧不起這個布衣驍將，拒而不受。呂布又騎著他的赤兔去求助袁紹，向他討一口飯。而袁紹以他的狹隘之心，在一個月黑風高夜，派人刺殺這個流浪兒。在經過種種艱難後，總算有了立足之地。袁術看到了呂布的力量所在後，又想利用呂布了——要娶呂布的女兒為兒媳。一根腸子的呂布在權衡了之後答應了已有相當影響的袁術。但又中了曹操的反間計。即使不中曹操的反間計，呂布也處在被蔑視被利用被殺被打的命運之中，無論是他處在依賴丁原，投靠董卓，投奔袁術、袁紹，還是奔向張揚之時。

呂布是處在一個權謀遍地陰謀滿天的群體之中，而他又是一個不善權謀的人。他單純無害人之心，性格中只有烈火在他的血管中流淌燃燒。他滿以為他在幫扶別人打天下之時，會求得一處生存的空間，會用刀槍體力為自己殺出一片天地來。但他的出身他的性格，註定成為別人手中的棋子，幹掉對方的工具，也註定了他要一輩子孤獨地流浪天涯。

曹操之所以能殺掉呂布，並不是曹操怎樣的高。群雄逐漸退出舞臺，只剩新生代的人在戰場上角逐。袁術敗了袁紹也走了下坡路，劉表也漸入絕境。其他的人也七零八落。權力更集中了，需要呂布的人沒了，呂布舞弄刀槍的戰場沒了。新生代人更注重權謀的東西，而不是武力的硬拚。呂布的世界一去不復返了。呂布被曹操抓住時，尚以為他的高超武功能救自己：「公為大將，布為副使，何事不能成功呢！」在他還有一線希望活下來時，無情的劉備用他賣蓆子的嘴說出：「公不見丁原董卓事嗎？」這致命的一刀將呂布殺死了。此前，袁術派三萬大兵攻打劉備時，呂布曾豪邁地用他高超的武藝舉弓射戟把生死線上的劉備救了下來：「玄德，布弟也，弟為諸君所困，故來救之，布性不喜合鬥，但喜解鬥耳。」從中不難看出劉備的無情與狡猾，呂布的豪俠風度。

呂布死了，武藝生命結束了，但和他一樣命運的人並未死掉，他們不願意這麼生存的，而是必須這樣生存。每次看到歷史上對呂布的評判時，都生起些許的疑問。在人的生命中，基本上渴望寧靜的生活，沒有人願意過漂泊動盪的日子。皇帝也好，高官也好，百姓也好，概莫能外。出了東家又進了西家的流浪，呂布就那麼喜歡？難道呂布就有那個累嗎？我想未必。

袁紹被什麼打敗

與曹操、劉備、孫權相比，袁紹是老一輩的梟雄。袁紹起兵之時，曹操等三人還未怎樣成氣候。袁紹與袁術、張揚、張邈、劉表、呂布那是屬於老一代的革命家。在他的眼中，曹操等人乳臭未乾，「太祖少與交焉。」同樣在曹操的眼中，也沒夾下袁紹等老一輩。只有劉備、只有孫權才進了他的眼中，「生子當如孫仲謀」，「今天下英雄，唯使君與操耳」。當曹操崛起之時，袁紹就走了下坡路。而使他下滑的不是他的能力，而是他的情感。打敗他的不是敵方而是他自己。

袁紹的家是四世三公。在很講門第的東漢，袁紹家可謂望族。袁紹在朝中初期「以大將軍掾為伺御史，稍遷中軍校尉」，大將軍那時是虛職沒有什麼實權的，而「中軍校尉」「伺御史」在後漢時期那是負責監察軍隊幹部的領導，後來他才走上了純武職之路的。「能折節下士，士多附之，」

可知袁紹的周圍聚集了多少文人雅士。當時的名人幾乎分別謀生在袁紹、袁術、劉表的周圍，就是原先在董卓麾下的人也都分散到了他們的幕下。形成了自己的智謀集團。但這些人員是幫助不了骨子裡時刻都在流淌著貴族血統的袁紹。他所處的是個以武力以刀槍搶天下活命的時代。這樣的血液情感往往不像純武夫那樣決絕，快刀斬亂麻。他性格中有著更多的優柔寡斷的成分，顧念的東西很多，更多的時候情感占了上風。在是否謀取許都端曹操的老窩的問題上，袁紹表現得尤為明顯。眾人紛紛勸說袁紹進攻曹操，以獲得一石二鳥的效果。但袁紹果斷地回絕了，原因是袁紹的三公子袁尚正在大病。面對兒子的病，袁紹父性的情感顯出來：「我三子中，惟少子尚最中我意，今不幸罹疾，累我憂勞，尚有何心再談軍事。」人性躍然紙上。這關鍵之時，如果出兵，確實會如田豐所言「曹劉相爭，未可猝解，何不乘機襲許，既可殺備，又可滅操。」在政治上，這是一招好棋，可令袁紹挾天子以令諸侯。但在心愛的兒子面前，袁紹選擇了兒子。他被情感打敗了。如果得到了天下，失去了兒子，在袁紹的內心是不會平靜的。其實，無論袁紹選擇了哪個，他都是失敗的，這是他的性格註定的。他沒有劉備摔孩子的演戲手段，也沒有曹操用醉酒來掩蓋殺人的計謀，更沒有劉邦那種為自己的命而把兒女推下車去的兇狠。在素有「無毒不丈夫」之說的中國，像袁紹這樣的政治家，他是必敗的。因為，重情感的人基本上是軟弱的。而成為一個真正的封建政治家，那是要拋棄一切情感性的東西。

比較而言，在袁紹的本性中，殘忍的成份是不多的。在《三國志》中，他殺的有名人士推算起來就是田豐。並未像有些人不順心了，懷疑誰了，就找個理由殺了。勢傾天下的袁家，要想殺個人，那還不是如殺個雞一樣。殺田豐時，他也十分坦率地說了「吾不用田豐言，果為所笑」之後才做了。要是曹操或現代的某些人那是要先放點什麼風，弄點什麼景，然後理直氣壯地殺。一部《三國志》，這樣的事真是不少。

董卓、李傕、郭汜還是曹操、孫權、劉備，從根子上講都是行伍出身，是從底層摸爬滾打出來的。殺起人來眼都不眨。經歷上，袁紹沒有這些人豐富。曹操有了疑慮就咔嚓幾刀把呂伯奢家殺個精光。劉備聽到說他是當今英雄，就以驚雷來掩藏他的驚恐，把自己偽裝成小癟三一樣，肚子裡卻是滿載著奪天下的雄心。袁紹則不同了。當他明知自己不是董卓的對手後，「橫刀長揖而去」。絕不像王允那樣裝模做樣地討董卓的歡心，然後再腳下使絆子暗下毒手。他到了冀州，揭竿而起，真刀真槍地和董卓大幹。雖說曹操也逃離了董卓，但他們基本上都是掛著為漢家討江山的幌子，賣的是挾天子以令諸侯的狼肉。袁術在臨死時，把帝位讓給了袁紹，從史料上看，袁紹似乎並未拿這個「皇位」當個什麼事。以當時的情況看袁紹，袁紹的力量還是相當不小的。

當他的手下人沮授勸他西迎帝駕，以便挾天子以令諸侯，袁紹動搖了。但其他人勸阻他說：「漢室久衰，勢難再興。且英雄並起，各據州郡，連徒聚眾，動輒萬計。這好似贏秦失鹿先得可王的時勢了！今若迎入天子，動須表聞；從命即失權；違命即被謗。」曹操挾了天子的結果不正是這樣的嗎？聽從天子之命，袁紹的權力還能有？違背天子之命，就要受到四方的指責。兩難的境地，袁紹不可能不明白。袁紹的選擇是艱難的，以袁紹的性格一定也徘徊猶豫過，出生於官僚之家的他是沒有曹操那股勇氣魄力的。袁紹在挾天子上是失敗的，在儒家的思想道義上卻是勝者。

這不是袁紹的悲劇，而是人性的悲劇。在以成敗論英雄，而不以人性論英雄的時代，在看重結果，不看重採用什麼手段的歷史環境中，擁有人性的人，他的結局肯定是失敗的。

司馬懿
裝傻的學問

居於這個詭譎的世界，哪個不希望自己既聰明又能幹？能幹，領導喜歡；聰明，領導更喜歡。領導的眼睛一眨，就知道他要幹什麼，然後，按照領導的意圖那麼一做，心花不開在領導的臉上才怪呢。但用老子的話講，這是小聰明，即小學的水平，還沒有大學本科畢業呢。大聰明絕不是這樣的水準。那是司馬懿的水平，那是朱棣的水平。

司馬懿在諸葛亮死後，他就沒了對手，曹操的子孫只是他掌上的玩意而已，但他仍然要保持做皇帝曹芳的顧命大臣的身份。皇帝的直系親屬曹爽對顧命的司馬懿就不那麼放心了，玩了個把戲，把司馬懿的將軍印給拿走了。司馬懿這個能讓諸葛亮都有些懼怕的人，能服輸嗎？所以，他採取了非常機智的辦法來對付曹爽。在李勝要到青州上任，曹爽就派李勝以辭行的名義到司馬懿的府上，去看看司馬懿到底病得怎樣，以之觀察司馬懿的動靜。司馬懿是誰？諸葛亮的計，他都能識破，小曹爽的雕蟲小計還在話下嗎？但他不採取硬碰硬的辦法，而是用麻痹對方的裝病來對付小小的曹爽。

當李勝告訴他說：「我要到青州上任了，向您辭行。」

司馬懿嘴裡像吃著饅頭地說：「並州接近匈奴，可要好好防備。」

李勝說：「是青州。」

司馬懿說：「你從並州來？」

李勝說：「是山東青州。」

司馬懿大笑說：「你剛從並州來？」

最後李勝把事情都寫在紙上了，司馬懿才明白，然後說：「原來是青州啊，我病得耳聾眼花了，刺史路上保重吧！」說完，司馬懿用手指指嘴巴，丫頭捧上湯水，司馬懿就喝得滿衣襟都是。最後，他流著淚對李勝說：「我年老力衰，活不長了，剩下兩個兒子，要託曹大將軍照顧，請刺史在曹將軍面前多多吹噓！」李勝走了以後，司馬懿立即下了床。對兩個兒子下了命令：曹爽不會疑我了，如果他再出去打獵就可動手了。結果，司馬懿用這小小的辦法，不費吹灰之力，就輕而易舉地把大權拿了回來，致使他的子孫在以後當上了皇帝。

明朝的朱棣，為了攫取皇位，也採取了類似這樣的辦法。朱棣的侄兒建文帝當上了皇上，朱棣本來就不滿，所以，在他自己的封地進行地下工作：打造兵器，集中兵力，廣納黨羽。但他的行為，建文帝知道了一些情況，嚴厲責備了他叔叔。朱棣看時機還不成熟，還沒有足夠的條件來推翻他侄兒的天下，他用了最簡單的辦法來對付建文帝——裝瘋。在大街上發狂地奔跑，大喊大叫；在大街的泥水溝裡睡覺；在大熱天裡，穿著羊皮襖圍著火爐還說冷。當建文帝的情報員把這個情況報告給建文帝後，建文帝也就相信了，不再成天琢磨怎樣對付朱棣了。朱棣在麻痹對方的同時，也為自己贏得很多寶貴的時間。後來造反大計敗露了，但朱棣已經羽翼豐滿準備好了一切。他順利地成功了。

這裡僅指出兩個例子，在權力的範圍裡，他倆只是比較典型，因而易被人們記住。洶湧澎湃的權力鬥爭中，最後勝利的往往不是那些鋒芒畢露之人，而是那些把自己的精明埋起來，裝成傻乎乎之人。為什麼他們裝傻就獲得了成功呢？

首先，裝傻給自己設置了一個進能攻、退能守的屏障。「明槍易躲，暗箭難防。」在時機成熟之時，他可以打開屏障衝出去；在時機不成熟之時，他可以靜觀態勢，蓄勢待發。世界是瞬息萬變的，你是無法知道風向會怎樣的變化，怎樣的狂勁。要借來東風，就要有足夠的底蘊和洞悉能力。裝傻，本身就是力量的儲備。

其次，裝傻可以避免與人直接交鋒。真的猛士敢於也勇於直接去和對手交鋒，但結果沒有不流血的。在沒有足夠的力量，足夠的信心來打敗對方之時，避免自己力量的損失是最好的計策。在風雲突變的政治戰場上廝殺，政客是經不住失敗的。敗了，要翻身那是要比登天還難。裝傻，則可以避免這種情況出現，不前進，可以維持現狀；前進那就是勝利。

再次，裝傻造成一種對別人構不成威脅的假象，即使存有威脅，也在以假象迷惑著對方。這無形中，在「雲」裡在「霧」裡把自己保護起來。等到人家懈怠糊塗了，冷不丁放它一箭，而且是要命的一箭，成功率自然很高。聰明人，會成為眾矢之的，矛頭的焦點。中國的社會，是最煩最嫉妒冒尖的，裝傻則轉移或化解了一些矛盾，不費多大的力氣，就為自己蓄勢待發清除了道路上的障礙。

三十六計不只適用於戰馬嘶鳴的戰場，在中國的每一個角落，它都有生存的土壤、空氣、陽光。中國的政壇也不例外，因為這更是一個硝煙滾滾的戰場，詭計無處不在，血腥也無處不在。在中國沒有走上健全徹底的民主化道路之時，司馬懿的假癡發癲，就不會失去生命。當然，其表現其內容絕不會是如此的單一，而會變得更複雜更豐富。

徐懋功的智慧

在唐初名將之中，當推李靖和李世勣兩人。他倆為唐太宗李世民轉戰南北，立下了汗馬功勞。李世勣原來叫徐世勣，因他對原主子李密非常忠誠，在李密被唐朝戮殺後，徐世勣悲痛欲絕，全軍縞素舉哀，並異常隆重地為李密舉行了葬禮，皇上李淵看到如此，動了情感的那根神經，認為徐世勣不負故主，是個有血有肉的革命戰士，於是封他為萊國公，又一高興賜了李姓，此後，他就是李世勣了。但在歷史上人們還是記住了他本姓名號：徐懋功。

徐懋功隨著唐太宗李世民先後討平了當時也是很讓李淵和李世民打怵的王世充、竇建德、劉黑闥，這就奠定了他大步被提升的基礎。被榮升為左監門大將軍，在以後的平定江南武裝叛亂以及擊敗突厥上，又立下了不可磨滅的功勳。可以說，徐懋功披堅執銳打了不少惡仗、險仗，為唐朝出生入死，打江山保江山。否則，在徐懋功重病之時，李世民也不會聽說藥方上講用鬍鬚燒灰入藥，治療他的病就能好的話後，立馬毫不吝惜地一剪子絞下自己的龍鬚，為他入藥。還有一次，徐懋功一高興喝多了酒，睡著了，李世民把自己的衣服脫下給他披上。足以說明他在唐初的作用。在徐懋功感謝得磕頭出血時，李世民這樣說：「我是為國家著想，不須深謝。」國家是誰的？是李世民的。需要你保江山，殺敵寇，所以，我才捨得我的龍鬚呢。

臣子永遠是臣子，永遠要為皇上所用，是皇上手中的球，想怎麼玩就怎麼玩。為武臣的徐懋功也深知此中的道理。在一切行動聽指揮的前提下，非常明智地用自己的智慧保護自己。在唐太宗年邁之時，唐初的一些佐命功臣大多死亡病故，只剩下李靖和徐懋功兩人。此時，李靖已病入膏肓，不值多慮，惟有這個老徐讓唐太宗有些不放心。為達到權力和平過渡，接班人平穩接班的目的，唐太宗非常果斷地採取了行動。

此時，徐懋功是太子李治的詹事，就是太子府的總管，負責太子一切事情，任務重而艱巨。沒有足夠的資歷和水平，老皇帝是不會放心把他的接班人交給這個人的。李世民看自己要不行了時，他果斷地行動了。立即將徐懋功出調為疊州的都督，連降了好幾級。遇見這樣的事，要是別人，就要說道說道，或求人幫忙。但徐懋功的智慧發揮到了最高點。接了聖旨，連家都沒回，就去疊州上任去了。你道為何？唐太宗對兒子說了真話：「我今外黜世績，就是為你打算。他若徘徊觀望，我當責他違詔，置他死刑。他今受詔即行，忠盡可嘉，我死後，你可召用僕射，必能為汝盡力，汝休忘懷。」

徐懋功看清了唐太宗的權謀本質，用智慧救了自己的小命，這種智慧的根源就是來源於他並未因自己的功高而放任自己，沒有被自己的功勞沖昏了頭腦，很明智地認清了皇上的心裡正在想的是什麼。

一切大臣的功勞和生命，在皇權的天平上微如輕塵，在權力的前進中，一切都要給權力的順利交接讓路。而在將把權力交出時，都要進行一場有形與無形的戰爭。把危及未來執政者的力量盡行剿滅，以利權力的平穩過渡。構成威脅的人幾乎都是有能力有水平的，但他們不是被罷黜，就是被殺掉。在這個過程中，也把幫扶權力者發展的外在力量絞殺了，事業上發展的可能性也被全部剝奪。沒有了發展的突破，沒有事業強盛的勢頭。這也是自掘後代的墳墓，在掃清了道路上的障礙的同時，後代所行走的路也越來越窄，越來越短。已經沒有人能為他們披荊斬棘，拓寬路途了。

他們不是為接班人營造人才的條件與土壤，創造良好的用人環境和機制，以此來拓展接班人對路途的前瞻性和危機感。所以，接班人在老子安排好的環境裡，最好的人有維持的能力，剩下的都是在走下坡路。老皇上更沒有教會接班人怎樣去利用人才，發現人才，重用人才。這就造成了一代代接班人只學會了享樂，而未學會怎樣治理江山，是最終走向滅亡的一個原因。一代代都在扼殺人才，扼殺發展的潛在動力，繼承的都是前代的劣根性的東西，不亡而何？

最能說明問題的要數朱元璋。朱元璋在李善長案中，殺了很多人，太子朱標看到皇上老爹如此殺人不眨眼，也就以太子的身份去勸說老爹：「皇父誅夷太濫，恐傷和氣。」到了第二天，朱元璋玩了一個小把戲：把有很多刺的木棒扔在地上，讓太子朱標撿起拿在手中。太子很為難，朱元璋笑道：「朕令汝執杖，汝以為杖上有刺，怕傷汝手，若得棘刺除去，就可無虞。朕今所戮諸臣，便是為汝除刺，汝難道不明朕意麼？」刺固然除掉了，但也除掉了利用棘刺來對付外界的能力，朱元璋不懂得怎樣運用棘刺來保護他的朝廷他的江山。棘刺用得好，會為你服務，為你出力。所以，他的後代就像走了下坡路似的一路滑了下去。一個真正的好的統治者不是消極地消除危及他的權位的人，而是運用危及他地位的人，有能力化險為夷，將他們的能力轉為自己手中的有利武器。滅掉了他們，雖為自己除掉了危險，但發展的強勢也隨之消失。危機感消失之時，正是危亡誕生之日。有對手的存在，只能讓你增強信心擴大強勢，這也是一種潛在的動力。在安逸中長大的皇子們，沒幾個把江山整理得像個樣的。扼殺了危險因素的同時，也把一種前進的力量戮滅了。再說，棒子上的刺，能那麼簡單地就都削淨？刺不在這一代上長出來，不一定在哪一代子孫上又長出來呢！

徐懋功們無別的路可走，只能如此。

郭子儀的風度

郭子儀是唐朝代宗李豫時的有名「上將」，曾屢擁強兵，在代宗的心中佔有著舉足輕重的地位。人在高處最易遭受讒謗，郭子儀也不例外，縱然他潔身自愛，謹小慎微也未能得免。程元振、魚朝恩這兩位當時皇帝身邊的親信就曾大起誹謗之心。經歷了磨難的代宗沒有相信他倆的一派胡言，也就使讒謗的目的沒有實現。誰的目的不得實現，心裡都不好受。魚朝恩這位宮內閹人更是如此，於是演出了幕幕令人無法忍受的惡劇。但郭子儀在一幕幕的惡劇之中，表現出了超凡的風度。

在魚朝恩等誹謗郭子儀未成功後，魚朝恩上演了一幕令人噁心令人唾罵的一幕。一個朦朧而陰暗的夜晚，某人受魚朝恩的調遣，偷偷地來到了郭子儀父親的墳地，揮舞著鎬頭類的工具，「劚」郭子儀父親的墓。墓的結果自然而知了。「劚」本就是「砍」「挖」（音竹）的意思。皇上知道了這件事，特在金鑾殿上親詢這件事。當郭子儀邁著沉穩的步子向皇帝的座位前走去時，大概所有的人都怕這位手握重兵的人會有什麼動作，皇帝心中也很不平靜。別說是在古代，就是在今天，祖墳被人家挖了也是令人怒氣沖天的。可欽可敬的是郭子儀在淚水流了滿臉之後，大氣凜然氣度非凡地說了這樣一句話：「臣統兵日久，兵士或侵及人墓，不無失察，今先塚被毀，恐是天譴，不得專咎他人。」這樣的肚量，這樣的話語，不是誰都能有的，誰都能說的。以郭子儀的冰雪聰明能不曉得是誰掘了他家的墳？做人做到了這份上，不知魚朝恩這個宦官立於朝堂之上，臉紅沒紅？

魚朝恩在朝裡雖是個閹人，但很得皇帝的喜愛。所以他做了什麼不合法的事，皇帝都護著，郭子儀不是不知道，但絕不和他直面衝突交戰。深知得罪不起魚朝恩這位時刻在皇帝身邊轉悠的閹人，只能以他的肚量來和他交戰。一次，魚朝恩請郭子儀遊章敬寺，這章敬寺原是皇帝賜給魚朝恩家的莊舍。魚朝恩為了迎合皇帝的信佛心理，把莊舍改成了佛寺。當時很多大臣反對，但皇帝正信著佛的因果報應說，就給了大筆款子修這寺廟。寺廟落成，皇上拿著小剪子親往剪綵，魚朝恩的氣勢已凌駕卿相大臣之上了。郭子儀是皇帝身邊的大臣而且是倚重的大臣，自然也成為魚朝恩再次邀請的貴客。魚朝恩這位皇帝身邊的紅人的請柬是有份量的，郭子儀披掛起來要去參觀這章敬寺了。

這時就有人告訴郭子儀說：「朝恩將加害公身。」魚朝恩都能派人掘郭子儀祖宗的墓，要殺郭子儀的心那是肯定有的。一般的情況下，也就不敢前往了，即使前往也要帶甲領兵。郭子儀畢竟是郭子儀，獨率家僮一人前往。魚朝恩看著這一主一僕兩人不覺大驚，而失言驚問。郭子儀坦蕩答了些感謝魚公之類話後，又誠懇而言：「特減重而來。」感動得魚朝恩「撫膺流涕」。從此以後，兩個人握手言歡。魚朝恩把嫉妒郭子儀的心思統統扔進了汪洋大海。

可能郭子儀忘了魚朝恩掘他家祖墳的事，但筆者未忘。這且不表了，可敬的是郭子儀竟然能以這樣的風度去對待魚朝恩。魚朝恩固然是皇帝身邊的紅人，勢傾朝野，得罪不得，但郭子儀能這樣敞開肚子，放開膽子去面對掘自己家祖墳要加害自己生命的人，於歷史中實不多見。他的風度似一面旗幟在唐朝的天空飛揚，照亮了動盪的社會現實。把平庸而無知的代宗時期映出了一點鮮紅。一個沒有好皇帝的時代，能有個好大臣也是萬幸的，就像文天祥的時代，就像戚繼光的時代，因他們的存在，歷史顯得不那麼蒼白。

臣子的微弱光輝總是用血照亮的。萬幸的是，郭子儀用他的儒雅氣度與勇武風采把自己安定在動盪的社會中，其實他也是在刀尖上表現他的風采風度。因為，兒子得罪了公主，就得把兒子囚起來；皇帝身邊的紅人魚朝恩辦了寺，就得赴宴、拜見。祖墳被掘了，還得含悲忍淚不說出掘墓人。以他手握重兵的權力，完全可以目空一切，完全可以取皇帝之位而代之。但他沒有這麼做，也正因為沒有這麼做而安然地死在家裡，安安穩穩地讓他的家人盡受皇恩。郭子儀的一生名聲遠揚，「郭令公來」四字就勝於十萬軍隊，但這是不能保他的命的。古往今來，以功勞以資歷而給自己和家人帶來災難的人不少。郭子儀的風度把自己和家人徹底地保護了起來。

跳出漩渦的韓世忠

韓世忠的勇武與赤膽忠心並不比岳飛差，但卻沒有岳飛有名氣，這大概與他最後退出險惡的朝政漩渦，每日騎驢攜酒漫遊西湖有關。岳飛死了，且家人也因之命喪黃泉。兩個人都是民族英雄，但兩個人的結局是那麼的不同，雖然都是抗金英雄，都是置生死於度外的戰場上的猛將智帥。

韓世忠是貧苦出身，性格中有著武人所共有的粗獷、豪爽的氣質，當時的人呼他潑韓五。他能一步步最後走向大將之壇，統帥千軍，是完全靠他在戰場上馳騁拼殺得來。但他絕不是一介武夫，只能打打殺殺。比較而言，韓世忠比小他十四歲的岳飛更深領悟了人事的經緯。而岳飛雖有文氣在胸，但那是英雄之氣，在胸中積壓後，抒豪放壯志。對人間之事的深層領悟，那是很簡單又很表面化的。

在韓世忠的妻子和兒子被政變者苗傅、劉正彥押為人質時（時在建炎三年春即一一二九年），韓世忠表現得相當機智。他同意了苗傅與劉正彥要他出力的命令，而且要求赴杭州效力。苗與劉心中特別高興，同意請求。其實呢，韓世忠心裡根本沒有與他倆合作的意圖，只是妻兒在人家手中，玩一個把戲而已。當宰相朱勝非誘惑苗與劉，將韓世忠的妻兒救出後，韓世忠扯出平叛的大旗，並將兩人一舉擒獲，既為皇上效了大力，也為自己報了仇。這件事如果放在岳飛身上，他是不會像韓世忠這樣做的，從他的《滿江紅》詞上，從他執迷一件事的性格上看，岳飛只會不顧妻兒的死活，以平定政變者，把他們殺個乾乾淨淨為單一戰略目標。一個字，打。韓世忠更講究一些策略，既要達到保護妻兒目的，又要達到平叛的效果。韓世忠正是在這次平叛政變者中，登上了晉升大官的火箭，成為檢校少保、武勝昭慶軍節度使，並被任命為浙西制置使。皇上為何這麼慷慨，宋高宗明白，韓世忠平定了叛亂，就是保了他的龍椅，他會吝嗇幾個官銜嗎？此時韓世忠才四十歲，年輕得很呢！

韓世忠骨子裡不缺乏武人之氣，同時也有「士為知己者死」的氣魄，但他在現實面前，不得不退卻。在屢次討論宋金問題上，韓世忠每次都是堅決請戰，並多次披堅執銳出生入死地擊敗金軍，這也是秦檜讓胡紡誣告韓世忠手下人耿著謀反而未成功的原因。當韓世忠知道了誣告後，他緊急求見宋高宗，並自辯無辜，這才保住了他的生命，但也處於那種有職無權掛起來的狀態。韓世忠畢竟是武人，他仍在極力地堅持抗金，可一件件事情正在漸漸地讓他傷心。面對著宋金的重新議和，他有些傷心了，也看到了這樣做的結果：「從此將人心消沉，國事萎靡不振！」此時，他的壯志與丹心並未因此而毀掉。

當比他小十四歲的正在最前線戰場，熱火朝天、一心一意抗金的三十九歲的岳飛被十二道金牌招回，被囚又被殺時，有智謀的韓世忠徹底傷心了。他和岳飛一樣是為南宋王朝出生入死的大將，有沒有唇亡齒寒之感？有沒有物傷其類之悲？有沒有希望破滅之痛？想來是有的，否則，他何以在岳飛入獄後上疏辭職？從岳飛身上，他是不是看到了這麼下去，自己也要被趕上這條道路？是不是看透了宋高宗的心理？是不是明晰了秦檜的目的？是不是已不屑整個朝廷的奴氣？是不是對宋高宗絕望了？今天我們無法知道韓世忠的所思所想，但他當時採取的行動是杜門謝客，閉口不談軍事，就是手下的舊日部將也難見到他。每日騎驢攜酒，帶著小家僮漫遊西湖，看春光秋色，與天地同醉同樂。

不談軍事，不見舊日部將，這是不是避嫌？他是不是深知那些皇上最怕手下人謀反？是不是怕自己若談軍事若見部下，會招致不必要的麻煩？像周亞夫那樣，兒子為他死後買了五百副兵器祭品，讓人指責他死後到地下造反，而被弄死呢？他是不是心知肚明，皇上並未放心他的辭職，而派幾個克格勃隨時監督他的行蹤？

但無論怎樣，他都從波瀾壯闊漩渦萬千的戰場海洋中退了下來，而且退得徹底，絕不藕斷絲連。這正是韓世忠的明智之舉，否則，他也不會有好結果。韓世忠是武將，但絕不能否認他是個有智慧的人。文人如張良、李泌、劉基等能做到功成而退，是因為他們知道歷史上的卸磨殺驢之事太多了，而韓世忠以一介武夫，能做到這一點，也確實罕見。這也給我們一個啟示：武人不要只成為拿槍動棒的代名詞，文人也不要成為學究的潛臺詞。洞悉了整個環境的方方面面，才能做出對自己對他人有益處的事情，中國的武人常缺少一種儒者的氣度，文人缺少一點武人的氣概。

展歷史長卷，能擁有兩者的，我認為還當屬韓世忠。在那樣的社會，那樣的環境，能保全自己那是很不容易的。無謂的犧牲是不必要的，不知當時的韓世忠是不是認識到了這一點。

沒有退路的岳飛

「怒髮衝冠，憑欄處，瀟瀟雨歇。抬望眼，仰天長嘯，壯懷激烈。三十功名塵與土，八千里路雲和月。」如此豪邁之詞，讓人的血液加速流動。試想八百多年前的岳飛在寫詞時是什麼樣的心情？以我之見，他心中一定是澎湃萬千，充滿激情充滿鬥志地要收拾舊山河，以完成他的報國夙願。其實，這樣的夙願是他一生都必須去追逐的，他無法脫離開這個軌道。

「忠」是他的宗教。在戰亂的南宋，一個沒有背景之人的最好出路，就是上戰場。背上刻下深深的「盡忠報國」的岳飛就是如此地選擇了邁向盡忠的戰場。一不怕苦，二不怕死地上戰場，實現他的宗教。曾有人問岳飛天下何時能太平？岳飛回答：「文官不愛錢，武官不惜死，天下自然太平。」以他的話來評判，這個世界永遠也不會太平的，太平會像共產主義那樣難以實現。從此中就可以看出，岳飛的性格裡有著信徒色彩，像童話樣美好，也像童話樣簡單、純潔、明朗。這與他母親的教誨，有著直接的關係。

岳飛從小沒有父親，在母親的一手教導中長大。不是貶低女人，那時一個女人哪裡有今日半邊天的權利，哪裡有今日女人的見識。她們在傳統的「三從」「四德」教育氛圍下長大，對社會對政治對人際關係能瞭解多少？只能表現出簡單的「忠」「孝」兩字。他母親含辛茹苦將他帶大，要讓他顯親揚名光宗耀祖，唯一的途徑就是盡忠最高領導者。我們也就好理解岳飛後背上的「盡忠報國」了。但也正是這四個字，這四個非常沉重的字壓在了岳飛的背上，迫使他必須堅定不移地往前走，在怎樣艱難的情況下，都不能退縮，直到他生命的終結。他心中是不是很悲苦，我們無法知道。在他的〈小重山〉裡，他這樣寫道：「起來獨自繞階行」，「白首為功名。舊山松竹老，阻歸程。欲將心思付瑤琴。知音少，弦斷有誰聽？」一個內心苦悶而孤獨的人，似乎活生生地展現在我們的面前。岳飛所表現出的這種苦悶與孤獨，能只是像人們講的就為了直搗黃龍而受議和之阻嗎？那麼有智謀有才幹的岳飛，他的情感世界就那麼的單純而唯一？

「忠」是岳飛一生中唯一的路，不這樣，他內心會承受更大的煎熬，無顏來面對他身上的字。因了這個路，他披荊斬棘轉戰沙場，不惜身家性命；因了這個路，他把朝廷裡的一切都看得美好，不懷有其他任何的心事，認為其他人也和他一樣是一心一意地報效朝廷。他在前方衝鋒陷陣，血染戰袍，根本不知道後方的險惡而詭譎。他的路，讓他失去了對其他人能做出什麼事的理性認識和判斷，他的行動變得簡單、變得唯一、變得純粹。他後背的字，讓他顧及不到周圍的一切，而周圍的一切正在包抄他，包括他效忠的皇上。事實上，當我們沒有理性地忠於一個人時，往往會被我們忠於的人所陷害。從歷史上尋找例證，一點也不難，韓信、李善長、劉文靜、袁崇煥、熊廷弼等等，都是慘死在他們效忠的皇上手裡。雖然，袁崇煥、熊廷弼在歷史中變得聰明了，跟皇上要了尚方寶劍，也沒有逃脫被殺的命運。真正害我們的往往不是我們的敵人，而是我們最信任的最崇敬的人。在一九五七年反右中，五十五萬右派在當時是多麼地敬重領袖，多麼地信任領導人的講話，他們歡欣鼓舞地為這個社會為這個黨而提出很多美好的設想。他們不說出自己的想法不說出自己的心裡話，會覺得對不起黨、對不起領導、對不起祖國。但結果呢？他們照樣被追隨的東西愚弄了，而且遭受了無數的苦難和折磨。

岳飛如一個信徒一樣，背著「十字架」不顧一切地往前衝，想不這樣都不可以。他太相信他忠於的對象了。皇上也是凡人一個，甚至有時還不如一個凡人的胸襟和氣度，他有時表現出的那種人格的卑劣性和流氓性，更齷齪更骯髒更讓人噁心。岳飛以為他的忠心會被皇上理解，因而，他在知道了宋高宗喪失了生育能力後，就向宋高宗建議應及早建儲。岳飛是為了宋高宗家的江山，沒什麼私心雜念在其中。可我們的岳飛就是這麼的忠心，關心起人家的繼承權的問題了。失去了生育能力，對一個男人來講，那是很沒臉面的事，岳飛反倒哪壺不開提哪壺，宋高宗的心裡一定不是個滋味。何況，建儲不建儲是皇帝家的事，一個武將而且是擁有「岳家軍」的武將來說建儲問題，宋高宗的心裡說不定害怕得要死呢。本來，被囚在金國的兩位皇上，就夠讓他心煩，解救回來，自己皇位要不保；不解救回來，又怕擔了壞名聲。所以，我們的宋高宗就在戰與和之間來回拉鋸。金國危及到他的皇位時，他就堅持戰，不危及時，他又固執地要和。高宗的心思，被執著所牽引著的岳飛一點都不清楚，還在那「壯志饑餐胡虜肉，笑談渴飲匈奴血」。匈奴的血，岳飛是沒喝到，他的血，倒是流滿風波亭。這就是英雄的命運，這就是英雄的歸途。

從一個小兵成長為統帥千軍萬馬的大將的岳飛，所走過的道路就是他努力實現盡忠報國這個唯一的願望之路。他沒有別的路可走，他不可能像韓世忠那樣，超然地不帶一點根地離開百變莫測的朝廷和戰場。「忠」已浸透他的骨髓，他的血液。面對十二道「金字牌」，面對「十年之力，廢於一旦」的現實，他只是沉痛地歎息，而沒有細想為什麼？「忠」讓他只看到前方的敵人，而沒有看到後方的陷阱。

擁有「岳家軍」的岳飛，在戰場上，是讓金軍聞風喪膽的將軍。當他們發出「撼山易，撼岳家軍難」之聲時，也撼動了宋高宗的心，從而產生了一種懼怕的心態。在中國，皇上什麼都不怕，就怕握有軍隊的人。每代的皇上都不放過擁有兵權的人，或殺或貶或黜，沒幾個好結果。因為，「挾天子以令諸侯」讓他們寢食難安，因而，岳飛被免職奉祠，即只領薪俸不管事的祠祿官。一個有仁、有信、有智、有勇、有謀的將軍就被晾在那了，晾在那也不能讓人放心，畢竟岳飛還是有一定的影響。宋高宗這個最大的小人，看著自己家門口讓他擔心害怕的人還活著，而且，那麼多的人來為他求情，更增加了殺岳飛的念頭。不殺，以後怎麼辦？岳飛出來了，殺個回馬槍，怎麼辦？那是定要斬草除根的，岳飛只有死路一條。他後背上的字，讓他榮升起來，也讓他摔進死谷；成就了他，也毀了他。

岳飛母親用她纖細的手把「盡忠報國」紋到他的背上後，岳飛就沒了退路，只能背負著前行，用忠君報國之路來完成他的生命之旅。還敢問有其他的路？還敢走其他的路？路已不在岳飛的腳下。因為，他沒有選擇別的路的權力和資格了。

無奈的呂文煥

在中國的歷史上，叛主投敵向來為人不齒，但我們從來並不是很客觀地看待所以能那樣做的原因。當然，那些確實以出賣領土出賣民眾，而獲得自己的好處的叛徒賊子，是完全應該「我代表人民槍斃你」的。但有時侯確確實實是在無可奈何的前提下，做出那種無奈的選擇的。南宋的呂文煥就是這無奈中一員。

呂文煥是個有勇有謀的人物，最初做南宋襄陽府的領導。襄陽城和樊城是南宋的咽喉。如果兩城俱失，蒙古兵就會勢如破竹，順流而下，一舉攻下南宋。呂文煥是能勝任這一艱巨而偉大的任務的，但在當時的情況下，呂文煥縱有三頭六臂也不能保襄陽城固若金湯。

呂文煥首先被他的哥哥害了。他哥哥呂文德是個好利貪物之人，同意了忽必烈在襄陽城外建立權場的要求，這無疑是引狼入室的事，等於讓人家在門口建起了打你的堡壘之類的城防設施。面對此，呂文煥那是憂心如焚，但他沒辦法去解除這一挑釁行為，只好耐心去守他的城池。

其次，他被賈似道害了。蒙古兵團團圍住襄陽時，樊城也被團團圍住，這樣南北無法相聯繫，警報迭加向朝廷傳遞。當時，賈似道宰相面對危難中頻頻告急的兩城泰然自若穩如泰山，只派了個范文虎來解救。而范文虎只知爭功，每日朝歌夜宴。李庭芝屢請范文虎進兵，但他不管兩城的危亡，繼續他的歡樂。而呂文煥在城內早盼救兵晚盼救援，哪裡知道朝廷派出的救兵正在鶯歌燕舞呢。賈似道封鎖了一切襄樊兩城的消息。被圍三年了，皇上才知道，此時才迫使范文虎進兵，但已無回天之力了。當樊城失守後，襄陽便成孤城，呂文煥每巡城，則向南痛哭，殷殷翹首援兵來助。至此，呂文煥已守城五年了。想想，守城五年，敵人就在城下，那樣的日子是什麼樣的日子？士兵拆了屋子作柴燒，緝鬮會為衣，糧食就更成了問題。在炮火的攻擊下，疲弱的士兵成批地投降，面對此情此景，呂文煥會是什麼心情？當蒙古兵將領阿里海涯在城下對呂文煥說：「爾等拒守孤城迄今五年，為主宣勞，亦所應爾。但已勢窮援絕，徒苦城中數萬生靈，若能納款出降，悉赦勿治，且加遷擢。」

一年沒來救，二年沒來救，三年、四年、五年沒有來救，多少個日子啊！他內心能不傷心嗎？看著無衣無柴無食的百姓和士兵，他能不傷心欲絕嗎？他對朝廷還有多少信心？還有多少信賴？他到了沒有路可走的地步了。或許正是那句「勢窮援絕，徒苦城中數萬生靈」，打動了他心中最軟弱的那根神經，他降了。

從根子上講，是朝廷害了他，為什麼他不在三年、四年時降？當時的朝廷，賈似道當政，皇上度宗軟弱無能，一切盡聽賈似道的擺佈，整個朝廷賢者躲避而走，留下的盡為賈似道控制，而且，此時的南宋政治集團正加速度地向死亡飛奔。呂文煥雖處孤城，他也不可能一無所知，面對如此破爛不堪的江山，他能不能產生消極的態度？苦苦守了五年，卻無法再保了，他又會不會產生「這樣的皇上，保他幹什麼」的想法？如此重要的襄陽和樊城，朝廷尚且如此輕視，呂文煥能不絕望嗎？一個無望的朝代在那飄飄欲墜，他能看不到嗎？他又會不會產生一種報復的心理呢？

呂文煥降了蒙古後，他被賞識重用了，做了襄、漢的大都督，他的心中也一定經過萬千的思考，看到蒙古的光明前途，也看到了南宋無可挽救的命運。不知呂文煥在勸說文天祥投降時說的是什麼話，但當他聽到文天祥說他「君家受國厚恩，不能以死報國，尚合族為逆，夫復何言！」呂文煥當時一句話也沒說。他的心裡一定很不舒服很內疚，但面對著難獲新生的南宋，他又能怎麼樣呢？如文天祥那樣固然可讚，但如呂文煥也並不怎樣可恥，因為，他是無奈中的選擇，逼迫中的逃遁，絕望中的求生。為城池中的百姓與士兵免遭塗炭，也是識時務的一種表現。有時，明知不可為而為之未必不是一種愚蠢，當看清南宋朝廷滅亡之光後，仍然無謂地犧牲士兵百姓的生命，未免也太殘酷了。

袁崇煥：轟然倒塌的「長城」

二〇〇〇多年前的秦始皇為了保護他的江山，築造了至今舉世矚目的萬里長城，但萬里長城仍未能保護好他的江山。如果雄渾浩大的長城是保護秦始皇不受外虜侵襲的屏障，那麼保護明朝的最後長城就是袁崇煥。以他的忠烈、以他的蠻勁、以他的執著，以他的火熱激情，頑強地保護著正在被戮滅的明朝，但雄偉、傲岸的他被推倒了——血肉橫飛，萬人生啖。一個為了江山修築了長城，一個為了江山摧毀了「長城」。

袁崇煥是萬曆年間的進士，相當於今天的博士，可說是一個文人，但他偏偏對軍事表現出極大的興趣，而興趣往往決定一個人的生活道路。如此，這位博士走上了狼煙四起的戰場。當時的明朝已處於內部財政赤字，民不聊生，各處風煙驟起，外部是滿清在大舉進攻，鐵蹄聲漸來漸近的情況之中。內憂外患，千瘡百孔，已經到了不堪一擊的程度。然而，面對著山河即將破碎的現實，勇氣沖天的袁崇煥邁著堅定執著的步子向著無歸路的戰場走去。在明朝不知如何面對滿清來犯的情況下，袁崇煥單槍匹馬從北京來到山海關，考察之後又策馬回去向當時的熹宗皇帝報告：「只要給我兵馬糧餉，我一個人足可守得住山海關。」這是何等的膽識，何等的無所顧忌。對袁崇煥來講，是掌握了第一手材料後，所做的真實判斷，那麼久居安逸日享榮華的朝中大臣來講，會不會產生諸多的看法呢？小人在中國的每一處的數量都不少，但在當時，還是重用了他，因為需要他來保護明朝江山。

到山海關後，袁崇煥還只是個兵備僉事，相當於今天的城防司令部政治委員。他高瞻遠矚，在寧遠（今興城）修築了城牆高三丈二尺，城雉再高六尺，城牆城址廣三丈，這樣寧遠成為一個重鎮，如此把滿清重兵擋在山海關外達二十一年之久。

在努爾哈赤大舉進攻寧遠中，孤城寧遠兵只一萬，清兵卻有十三萬之多。寧遠距山海關兩百里，等於又築造了一道保護屏障，攻進北京必須先攻下寧遠、山海關。所以努爾哈赤對寧遠進行了數次猛烈的攻擊，小城進入了危亡的狀態。袁崇煥搬石堵塞城牆缺口，受了兩次重傷，部將勸他保重，他厲聲說：「寧遠只區區小城，但與中國的存亡有關，寧遠要是不守，數年之後，咱們的父母兄弟都成為韃子的奴隸了，我若膽小怕死，就算僥倖保得一命，又有什麼樂趣？」以血以肉死死地把牢明朝的北大門，築起一道長城屏障。說出「我自二十五歲以來，戰無不勝，攻無不克」的努爾哈赤，在與袁崇煥的這一場戰鬥中，努爾哈赤失敗了。可以肯定地說如果沒有袁崇煥，努爾哈赤一定會攻下山海關，長驅直入北京城的，這一敗仗之後不久，努爾哈赤死了。

「物必自腐，而後蟲生。」每一個朝代的毀滅都不是外界所導致的，基本上是由內部先腐敗後糜爛造成的。此時，袁崇煥的萬丈豪情在迅速腐爛下去的明朝大殿之外，堅韌而悲壯地揮灑著。他的一首詩足以表明他的心境：

五載離家別路悠，送君寒浸寶刀頭。
欲知肺腑同生死，何用安危問去留。
策杖只因圖雪恥，橫戈原不為封侯。
故園親侶如相問，愧我邊塵尚未收。

但他的悲壯豪情又怎能拯救這個危亡的朝代呢？況且在崇禎當了皇帝後，多疑的崇禎加快了袁崇煥走向死亡道路的速度。袁崇煥對熊庭弼的事情不能不知道，但他仍然逃不脫這一必然的命運。熊庭弼是明神宗後期熹宗初期的一員猛將，也是一個進士，為人剛直，不徇私情。在戰場上拼殺了多年，和袁崇煥一樣獲得過尚方寶劍，最後被朝廷處斬。崇禎的時代更加腐敗，既讓馬兒跑，又不給馬兒草，崇禎也確實沒有多少「草」可以拿得出來。當袁崇煥提出用內帑來發糧餉，由此得罪崇禎。在擅殺毛文龍問題上，也從本質上冒犯了皇上。毛文龍駐在遼東皮島，任總兵，起著牽掣滿清兵力的作用。毛文龍曾拜魏忠賢為父，朝廷部分大臣對他十分不滿，他每年都向朝廷要很多很多的糧餉，完全超出所需。並且毛文龍擁兵自重，袁崇煥到任後，待人傲慢，不受節制。滿清又不斷地派人勸誘毛文龍歸順他們。所以袁崇煥利用一個機會，沒有請示皇帝就把毛文龍殺了。不經過皇帝批准，就擅自把大臣殺掉，皇帝心裡能高興？還有他以前為積蓄力量贏得時間徹底打敗滿清而與皇太極進行的交涉議和。這些無疑都讓皇上不愉快，強權者的不愉快積累到一定程度，就成了炸彈，一經導火索點燃，就會產生爆炸。

皇太極的反間計就是導火索。以崇禎的精明，袁崇煥是否是滿清內細，應該能弄清楚。袁崇煥被關押了八個月後才被處死（崇禎二年初下獄，到崇禎三年八月十六日），八個月的時間，想弄明白一件事不是那麼難。

皇太極是懼怕袁崇煥的，這從他與諸貝勒說的「十五年來，從未遇到過袁崇煥這樣的勁敵」就可看出。皇太極不敢逼近北京，而駐軍海子、采囿之間，就說明了袁崇煥在當時的影響面了。對方懼怕的同時，皇帝的內心也在懼怕。皇太極的反間計不是直接原因，而是袁崇煥直接擁有兵權，剛剛登基二年的崇禎是不是懼怕袁崇煥對他皇權寶座構成威脅？剛愎自用的崇禎能對自己的錯誤進行坦誠的承認？推脫責任擺脫自己的兩難境地，只會找個墊背的替死鬼。一系列事情的集合，有了反間計袁崇煥自然首當其衝，何況袁崇煥平時說話不嚴謹，得罪了很多人，中國從來不缺少落井下石之人。以「間細」「漢奸」之詞是最能引起公憤把人推進深淵的。被蒙住了雙眼的群眾在崇禎欲推倒長城之時，加了把大力。袁崇煥死時才四十五歲，他完全能再守候幾十年，但他手中的兵權和他的影響已構成了崇禎心頭的忐忑。所以，在袁崇煥帶兵日夜行駛，以三百里的速度飛來解救被清兵圍困的北京城時，崇禎卻堅決拒絕了袁崇煥大軍進城的請求，官兵只能在城外浴血奮戰。袁崇煥對此卻並未認識到問題所在，仍是拼殺在前。崇禎已抽動了長城底座的「幾塊磚」，而皇帝動了這「幾塊磚」，長城那是必倒無疑的。

袁崇煥在以血肉之軀衛護著明朝的江山，卻遭千刀萬剮，被生啖其肉，這在歷史上是罕見的。讓英雄傷心徹骨的從來不是他的敵人，而是他全力賣命的主子或至親至敬之人，這正是讓人逐漸放棄忠勇行為的一個原因。袁崇煥的部下面對袁崇煥的悲慘結局，已傷了心。在袁崇煥與官兵一起浴血奮戰的經歷中，他們是能分清誰是忠臣，誰不是忠臣的。人是怕傷心的，傷心了就會做出當初不願做出的事情來。從袁崇煥的事情中，他們皆言：「以督師（袁崇煥）之忠，尚不能自免，我輩在此何為？」導致了明朝有整個部隊向清軍投降之事，更有人帶了西洋大炮過去。明軍日益減少，清軍日益壯大。不亡何在？

無論多雄偉多壯觀，無論多牢固不可破的長城，但從內部基礎上一塊塊地將磚撤掉，也會不攻自倒。滿清得到天下不是他多麼雄大，而是明朝的自毀長城。毀掉什麼，從來不是難的事情。人類的愚蠢就在於欣欣然地看到或參與毀掉，而在嚐到了毀掉後的惡果時，把責任推得精光。

林仁肇與袁崇煥

林仁肇，南唐後主李煜的大臣，很有名氣，也頗驍悍。成為宋太祖趙匡胤收復南唐地域的一個障礙。林仁肇對李煜的忠心，於天地間既光明磊落，也飽含赤誠。宋太祖面對這一強敵，而不能把那麼一大片江南寶地據為己有，用「如鯁在喉」來形容宋太祖的心情一點也不為過。於是宋太祖發動「群眾」的力量，集合「群眾」的智慧，想出了一個反間計，用李煜的手除掉林仁肇。

將林仁肇畫成像，掛在大宋首都的某個室內，然後，帶被押為人質的李煜的弟弟李從善去看，而且還絕妙地問李從善認識不認識這個人，李從善自然驚詫地答：「這是敝國的留守林仁肇，何故留像在此？」大宋廷臣故意沉思半響才道：「皇上愛仁肇才，特賜詔諭，令他前來，他願遵旨來歸，先奉此像為質。」後又引著李從善到另一館中，並說：「聞皇上擬把此館賜於仁肇，待他到汴，怕不是一個節度使麼？」李從善就將該情況派人報告給他的哥哥李煜。李煜為此中了計，用毒酒鴆死了林仁肇。宋太祖的反間計就這麼簡單地除掉了李煜可依可靠的林仁肇。此後不久，宋太祖輕而易舉如履平地收穫了李煜的江南所有地方。

這條反間計很簡單，只有李煜兄弟倆才會中這個計。明眼人，一看就知是個計，但李煜相信了。南唐滅亡（西元九七五年）了六百多年之後，這樣的反間計又重複地上演了，只不過不是「像」和「館」，而是簡簡單單的「兩封議和書」。因了這「兩封議和書」，明代的大將袁崇煥就被崇禎皇帝千刀萬剮了。滿清的皇太極對林仁肇這一段歷史是不是知道，我們無從知曉，但他用的計謀與之異常相似，在打不過袁崇煥的情況下，用了反間計來害死袁崇煥。只是把「兩封議和書」丟到永定門外，崇禎因之而派兩個太監出去查，被清兵拿去，於夜間聽到議論說袁崇煥已答應議和。於是兩太監在人家特意放他們走，而他們自以為人家不注意的情況下，飛奔回報皇上。這與陷害林仁肇的計謀相比，更顯得簡單而幼稚，崇禎簡直就是個白癡。袁崇煥如果想叛的話，那「兩封議和書」能那樣出現在光天化日之下？真不知，崇禎的哪根神經出了毛病？

他倆都是末代皇帝的大將，也都是不能輕易被敵方征服的驍勇之士，都是披肝瀝膽忠心不貳的猛將。他們面對的主子也都是庸愚不堪、自以為是的皇帝，他們也都是甘於犧牲自己來保主子天下的忠君之人。他們死之後，殺掉他們的皇上都很快失去了江山，走向了死亡，只不過李煜是被鴆死，崇禎是自殺罷了。

他們是計謀的犧牲品，更是政治的犧牲品。

之所以成為犧牲品，不是因為他們有過錯，而是因為他們的忠心，他們的驍勇。這成了他們死掉的原因，因為，優秀的東西，不能被征服，就要被毀掉。看世間，被毀掉的常常不是那些平庸凡俗的，因為構不成任何的障礙，也構不成對任何人的威脅和不安。一個人的優秀成分，往往會給自己帶來危險。

中國是個中庸的社會，出頭的椽子先爛，最能說明道理。水可以一天天地腐蝕你，浸泡你的骨肉，最後讓你死掉。皇帝面對「背叛」他的人，在維護他的尊嚴的同時，變成了一個弱智的人，一個兇狠的人。能寫出漂亮詩詞的人，他的智慧會因衝動而走向殘酷，李煜可以做詩人但不可以做皇上，崇禎可以做個廉正的小官吏，但不能做一國之君。兩位大將，所服務的主子是這樣的兩個人，會有什麼好結果？在弱智而自以為是者的手裡，英雄的命運，從來都是悲劇，很難逃脫這樣的規律。

末世的皇帝不是孩童就是弱智。

皇宮的胭脂氣，已將他們的智慧之星變成了胭脂的盒子，廣闊天地間的浩然正氣已不是他們的視力所能及。宮中的迴廊只夠他們看宮牆內的一點點紅肥綠瘦。那就是以我的一切為核心，惟我正確，我是最正確的代表。而這正是愚蠢產生的最佳土壤，他們沒有不中計的理由。林仁肇和袁崇煥等人的悲劇是這樣的朝代必然結的果，否則於那樣的時代，未免是太幸運了。

他們和皇上的距離太遠了，他們認清不了自己的忠貞和勇武會成為刺穿自己心房的利劍。人在朝堂上，不可以以一顆單純的心來對待。於歷史中，人們似乎懂得了一點點，儘管獻媚，但絕不忠心，變成了牆上的草，而不是山上的松了。但這一點光亮，是用血點亮的。

袁崇煥和林仁肇遭遇的沉冤，被施反間計的人，明白簡潔地告之天下，這是不是他們對英雄的一種敬仰？一種勸導？一種鼓勵？

第六輯　皇帝

扶蘇當了皇帝會怎樣

一個多能耐的人，也決定不了他死後的事情會怎樣地發展下去。就拿秦始皇來講，生前是多麼威風凜凜，生殺皆由他高興與否。在他將要嚥最後一口氣時，把那至高無上的權力用璽書的形式囑給他的大兒子扶蘇，以期世世代代「皇帝」下去。但他重用的得意宦官趙高卻篡改了他的遺囑，和李斯一起把胡亥舉到了皇帝的位置上，結果永遠沒有秦三世了。這無論如何不是秦始皇所能料到的。

在秦始皇駕崩之初，趙高就循循私語胡亥：「主上駕崩，不聞分封諸子，乃獨賜長子書，長子一到，嗣立為帝，如公子等皆無寸土，豈不可慮！」而胡亥義正辭嚴地說：「我聞，知臣莫若君，知子莫若父，父無遺命，分封諸子，為子應遵守，何待妄議。」看看，是不是很忠厚？趙高則又進一步地勸胡亥，胡亥則勃然大怒：「廢兄立弟，便是不義；不奉父詔，便是不孝；自問無才，因人求榮，便是無能，三統皆背德，如或妄行，必至身殆國危，社稷且不血食了！」聽聽，是多麼賢明而大義明理。此時，無論如何是看不到胡亥後來身上的東西的，用現在的話講還是滿純淨的。至於後來他變成了十惡不赦的暴君，那是自然的走向，這裡且不論他是怎樣地逐步走下去，只是想到如果胡亥未聽趙高之語，堅定不移地讓哥哥扶蘇去做皇帝，或扶蘇聽了蒙恬的話殺進宮中，做了皇帝，那麼，扶蘇就是個賢明仁愛的皇上嗎？就能讓皇權世世代代地傳下去嗎？

無論看哪一段的歷史書，在前皇帝駕崩欲立新君之時，都說要立的那個新君是怎麼樣的賢明，怎麼樣的忠孝，怎麼樣的仁厚。高帽子變成了片片金鱗滿天飛，落在了即將登龍椅的「龍」身上。當時都是滿身金光閃閃的龍。因為這是最打得贏的牌，說得出口的話。最後都是個什麼樣子，後來的人們都明明白白的。

扶蘇當時在人們的口中是個仁孝賢明之人。在秦始皇心中也是個很被他欣賞的人，否則，不會像蒙恬說的那樣：「主上在外，未立太子，今臣將三十萬守邊，公子為監，這是天下重任，非得主子親信，怎肯相授！」如果扶蘇就是麵窩窩兒，秦始皇也一定不喜歡他，那他扶蘇只好靠著阿房宮的牆角邊待著了。我想扶蘇還是符合當時英雄審美標準的。聽他說的話：「父要子死，子不得不死。」就知道他是秦始皇所有「政策」的堅決執行者。如果秦始皇的遺囑實現了，那麼扶蘇對秦始皇的所有「政策」都會認真貫徹執行並高舉著前進的。如果有不順他的心思的人，「君要臣死，臣不得不死。」扶蘇對他的臣子不能不執行，讓臣子怎樣死就怎樣死，也就不能不貫徹。臣子們還有多少說話的權力和自由，可想而知。

人是離不開環境的，必然要受到環境的影響。在殺頭、車裂、焚書坑儒的環境中成長起來的扶蘇肯定不是冰山上的一朵雪蓮。在浸滿鮮血的權力爭鬥的土地上，扶蘇也不是戴著墨鏡的瞎子。他在那塊血腥味濃厚的空氣中生活呼吸，出污泥而不染的境界，扶蘇尚未達到。其實時代的氣息不是想拒絕就能拒絕的，它會像空氣一樣瀰漫，而空氣是誰的肺葉都不能拒之千里之外的。相信扶蘇呼吸的空氣不是從喜瑪拉雅山上空運來的。

趙高仍然會生活在他身邊。就當時的情況，仁厚的扶蘇不會把趙高砍死的，如果那麼做的話，他還是會被人指責的。所以，趙高的馬還會活著，只是立在了扶蘇的殿前。憑藉著狡猾，善伺人主顏色的趙高也同樣會成為扶蘇心中的「明斷有識，強練有才」的人。扶蘇也同樣會逐日變成趙高手中的傀儡，這不是扶蘇個人就能左右的，在當時的環境中，扶蘇還沒有那麼高的覺悟性。

在爭權的土壤中，胡亥不爭皇帝的寶座，不能保證其他那麼多的皇子不和扶蘇爭權奪椅子。胡亥把那麼多的皇子皇女殺掉的原因，也不過就是為了那個皇權的穩定罷了。識字讀史的扶蘇不能不知道齊楚燕韓趙魏秦七國為王權殺父戮兄的鮮血淋漓的歷史。為了保衛他的皇帝之位，登了皇位的扶蘇沒有退路，否則，他就得滾下皇座，甚至命都沒了。暴力是他最有力的武器，它可以屠殺所有違背他的行為與思想的人。扶蘇是不會一味地賢厚仁慈的，懼怕皇權丟失的心理，已決定了他選擇道路的唯一性。

「苦秦久矣」的現實，不會因扶蘇的登基，所有問題就灰飛煙滅萬事大吉。星星之火在那閃亮，胡亥登基執政只是在那裡加了一把柴，搧了一股風。扶蘇扭轉不了現實的乾坤，變苦秦為甜秦。不會，肯定不會。陳涉吳廣揭竿之事，只是時間的問題。扶蘇對他們揭竿之事，不會視若無睹，無動於衷的。也會和胡亥一樣舉起屠刀向他們的頭上砍去的，為了他的皇權，他別無選擇。

坐在龍椅上的皇帝只不過是換了扶蘇面孔的胡亥。其實，不僅僅是扶蘇，無論是誰來當皇帝，在如此的情況下，他都會那麼去做的。

誰成就了劉邦

在韓信幾個人聯名上疏請求劉邦登基做皇帝時，劉邦還扭扭捏捏地說：「寡人聞古來帝號，只有賢王可當此稱，虛名無實，殊不足取。今諸侯王乃推高寡人，寡人乏德，如何敢當此尊號？」假裝著「扭捏」了幾回後，喜笑顏開地登上了龍椅。沒幾天就大宴群臣，春風得意地問：「朕何故得有天下？項氏何故致失天下？」群臣自然爭相說些漂亮話，但劉邦卻說：「據我想來，得失原因，須從用人上立說。試想運籌帷幄，決勝千里，我不如子房；鎮國家，撫百姓，運餉至軍，源源不絕，我不如蕭何；統百萬兵士，戰必勝，攻必破，我不如韓信；這三人係當今豪傑，我能委心任用，故得天下。」劉邦這麼一演講，群臣皆服。但在下似乎不太同意他的這一說法。

看起來似乎是上述三人幫他創下了不朽之基業，成就了他，但細琢磨琢磨，並不只是此三人的功績。

在劉邦打江山的生涯中，此三人固然立下了汗馬功勞，但成就劉邦的是項羽，而且其潛在作用並不小。

項羽是楚國的貴族，他奮起滅秦的動因是復仇，而一般情況下，復仇所選擇的手段大多是殘殺。所以，項羽無情地選擇了殘殺秦國的將士和百姓，他的殘暴與劉邦的「仁厚」表演形成鮮明的對比。在殘暴的日子中生活的百姓在享有些微的恩惠之時，就會感激涕零，五體投地，心甘情願地跟著走。劉邦骨子裡也不是善良之輩，殺起人來也是眼都不眨一下，此時他能有善良之舉只是做做樣子。他並未給百姓帶來什麼。什麼事情都有個參照系。劉邦的幸運就是他的參照系是項羽，而項羽又是如此殘暴，在比較中，劉邦贏了一票。試看他登基後的表現就知道他是個什麼東西了。如果項羽比劉邦還要「仁厚」，他也就成不了西楚霸王。當一個人的人性在日漸喪失，剩下的只是功名之慾時，無情的現實會刀劈一切的。現實已註定了項羽必亡的命運。劉邦的勝首先在於項羽成為他的對立面。項羽為劉邦的成功創造了條件。

在項羽一生的奮鬥生涯中，用他自己的話講就是，「倏已八年，大小七十餘戰，所擋必靡，所擊必破，未嘗一次敗北，因得霸有天下。」他的善戰只是勇力上的善戰，而善戰者必亡。他激發了劉邦的崛起，並為他製造了時機。在他們剛開始交手的幾年，劉邦在項羽眼中是個小角色。項羽在居高臨下地俯視劉邦，而劉邦則是仰望著項羽。說句不好聽的，那是泗上小亭長懷著一顆忐忑不安的心，站在已稱霸天下目空一切的英雄面前。項羽的威望、項羽的霸氣無形之中刺激了劉邦的情緒。在劉邦看到秦始皇之時，就不禁感歎「大丈夫當如是也。」此時，劉邦的內心不會平靜如水，在他已統領了一些人馬之時。項羽的威風與成功，為劉邦樹了前行的標竿，以及努力的方向。當他剛入函谷關之時，見著美女寶物就傻了眼呆呆地坐在宮中不想移半步。張良的那句：「恐昨日秦亡，明日公亡，何苦為了一時安佚，自敗垂成？願公聽樊噲言，勿自取禍。」劉邦知道他的對手項羽這時殺他就如同殺個小雞一樣。對劉邦而言，只有兩條路：要麼被項羽殺掉，要麼戰勝項羽，沒有別的道路可走。劉邦只能選擇曲線救己，曲線求勝的道路。有些事情是很怪的，敵對方幫的忙，我們常常意識不到。

項羽是把劉邦當做自己一個戰壕裡的戰友的，而劉邦始終拿項羽作為他掃除成功路上障礙的先鋒官。劉邦剛開始打仗時還要向項梁借兵，與項羽項梁拉關係套近乎，以希得到一席之地。在項羽不斷地用他的殘暴掃清征程上的障礙過程中，劉邦成長起來了。他無形中利用了項羽的勇武與力破三軍之力。沒有項羽，劉邦成長得不會這麼快，甚至不會成長。

人在鬥爭中是要有對手的，而對手的水平要和自己的水平不相上下，那樣鬥起來才有意思。就像下棋，如果棋逢對手，殺它個天昏地暗，縱是敗北，也敗得心甘情願，雖敗猶榮。因為對手的實力與水平已將自己的能力與水平映襯出來，同時，也會挑起敗方再戰的情緒。劉邦成長起來後，他就沒有了退路，他必須把棋下下去，無論是敗是勝，而此棋是項羽給他的。

在產生英雄的年代裡，無論是哪個英雄的崛起，都是在現實的比較中脫穎而出的。如果沒有項羽僅有劉邦，或只有劉邦而無項羽，都是不完整的。正是在彼此之間的長長短短的較量中，才能體現出誰勝在最後，誰到底是蓋世英雄。沒有誰，彼此都不會是這種結局。無霸王項羽，便無漢王劉邦；無蓋世的英雄項羽，就無登九五之尊的劉邦。幫他最大忙的，成就了他功業的首先是項羽。

太子劉據死於誰手

太子劉據，你可能有點陌生，不過告訴你他是漢武帝的兒子，你可能就不會陌生了。歷史上太子的非正常死亡率比較高，所以，太子劉據的死，本算不了什麼大事，不值得驚訝，但他是漢武帝的兒子，就有些不一樣了。爹老子名垂青史，英雄千古，兒子自然要沾點光。於是，對於非正常死亡的太子劉據，便多了一點關注。這一關注不要緊，還真發現點東西。

漢武帝一生沒犯什麼歷史性的大錯誤，雖然小錯誤不斷。漢武帝犯的最大錯誤是崇信巫蠱，結果把自己的太子兒子的小命弄沒了。

事情是這樣：漢武帝上了年紀，身體不好總有病。他信任的江充就對漢武帝說「宮中有蠱氣，先治後宮希幸夫人，以次及皇后。」巫蠱是啥，就是利用迷信，製作像真人的木偶人埋在地下，請巫師用巫術進行詛咒，據說這樣做能把人害死。漢武帝同意了江充的建議，結果在太子的宮裡，挖出了桐木人。其實，這是江充預先在太子宮裡埋藏好的，欲陷害太子。太子害怕得不得了，就問自己的老師石德該怎麼辦。石德給太子出了一條假託君命逮捕江充等奸詐之人的辦法。於是太子發兵，告令百官說江充造反，殺了江充。漢武帝為此下詔派各路人馬，由丞相劉屈氂指揮作戰去剿滅太子。於是，在古都長安，父子兩人展開一場空前的血戰，死亡人數無法數計。最後太子兵敗逃走，在東至湖自縊身亡，兩個皇孫也遇害。

這事發生在別的皇帝身上，不奇怪，但出現在英明偉大的漢武帝身上，就有點不容易讓人理解。但任何事情的出現，都有其發生發展的理由。漢武帝所犯的錯誤，也難逃窠臼。

人是怕老的，也是怕死的，皇帝更是這樣。太子遭巫蠱之禍是西元前九十一年，漢武帝已快六十五歲，而且時常有病。年老又有病之人的心理是極為複雜而脆弱，對死亡有著極大的恐懼感，對人有著極大的懷疑，漢武帝正值此階段當中。陰險小人不會在一個人十分清醒理智的狀態下，粉墨登場，總是在放鬆或糊塗那一刻乘虛而入。江充就是在這時展開他的拳腿，對太子狠狠下腳的。江充曾為了討好漢武帝得罪了太子，江充看到漢武帝年齡大了又時常有病來日不多，怕老皇帝一死，新皇帝登基報復自己，才想到用這個辦法來治死太子。漢武帝本就迷信方士神仙，身邊圍繞著李少君、少翁、欒大等一批裝神弄鬼之人，欲長生不老，萬壽無疆。怕死的恐懼心理，決定了有病的漢武帝懷疑是不是有人做了巫蠱之事。逮著這個軟肋的江充一說，就同意他到宮中搜查，因而上了江充的當。「人生七十古來稀」的年代，漢武帝的年齡在當時是不小了，看到自己正在壯年的太子兒子，他更會有種失落感。他又經常患病，心情不會舒服不會愉快。人在不愉快不高興的時候，最容易衝動也最容易被人左右，英明的漢武帝也不例外。糊塗已經萌芽再加上逐日長大，幹錯事那是沒跑的。人到了一定年齡，該離開就離開，該退下來就退下來。再做下去，幹不成什麼好事不說，極可能幹的都是壞事。人的心理因素和身體因素，直接影響著所做事情的結果。平常老百姓糊塗了，對家庭沒什麼大礙，吵吵架就完事了。要是像漢武帝這樣的人晚年糊塗那麼一小會兒，就弄得長安血流成河，數不清的人們遭遇家破人亡。一個國家能經受得了幾次這樣的災難？人們要為糊塗權力者忍受多少苦痛？權力者必須保持永恆的清醒，才能不犯不該犯的錯誤。

江充並不是罪魁禍首，只是利用了漢武帝的糊塗來達到自己的目的。漢武帝明察秋毫，不受外人影響，保持冷靜，也不會出現這樣的悲劇。最根本的原因，還是漢武帝自己的行動給別人提供了這樣的機會。西元前九十四年，年輕而美麗的鉤弋夫人為漢武帝生了一個據說是懷胎十四個月才出生的兒子。已經是六十二歲的漢武帝聞之欣喜異常，「乃命其所生門為曰堯母門」。這是什麼意思？朝廷裡的人們的腦袋不是榆木做的，鼻子也不是石膏捏的，他們能從頂頭上司些微的行為中，嗅到比警犬還要多的東西，供他們做文章。漢武帝這種無意識或說是有意識的信號，無形中給太子帶來巨大的不安，同時也給那些有構陷太子想法的人以鼓勵。漢武帝一點點的態度表示，都可能產生「八級地震」。因為他不是一般人，是能左右人的命運、利益、生死的有權力之人。人們可以不關心無能者的態度，但不能不關心決定你命運、利益、生死的權力者的態度。他們會根據權力者的態度，隨時轉變自己的態度。「上（漢武帝）與諸子疏，皇后希得見。」漢武帝對太子及皇后的態度，讓欲構陷太子者覺得有機可乘。江充不過是利用了這種機會，實現了不被未來新皇帝殺掉的目的。就是江充不這麼做，其他的人也可能會用另外的方法來陷害太子。因為，權力者的態度本就是一把殺人不見血的刀。

西元前一一七年，霍去病去世；西元前一〇六年，衛青去世。一個是太子母親王皇后的外甥，一個是太子母親王皇后的弟弟，能征慣戰的他們活著時，是漢武帝信賴仰仗之人，也是太子堅實的靠山。外戚、皇帝、太子三者形成了一個穩定的三角關係，此時太子的地位是穩定的。漢武帝曾因皇后和太子不安而對大將軍衛青說：「太子敦重好靜，必能安天下，不使朕憂。欲求守文之主，安有賢於太子者乎！聞皇后與太子有不安之意，豈有之邪？可以意曉之。」但他們相繼死去，平衡被打破，太子的靠山冰消雪化，沒有人能真正幫助他了。皇帝是他的父親，不僅不是他的靠山，還可能是對手。漢武帝是「好武」而「多欲」之人，太子是「好靜」而「守文」之人。有霍去病和衛青在世，太子的優點會被欣賞，漢武帝和太子不會有矛盾，但他們死了，他們父子所代表的兩種勢力就會日益明顯。利用這種矛盾來獲得好處之人，會如蒼蠅一樣叮住任何一個微小縫隙。以太子為代表的新勢力，還很軟弱無力，是敵不過以漢武帝為代表的舊勢力的。所以，無疑是漢武帝自己親手授予別人陷害太子的權柄。

漢武帝後來將殺害太子之人誅滅殆盡，不過是轉嫁自己的罪過，對死去的兒子的贖罪。他並不多麼英明偉大，也一樣糊塗幹蠢事，和所有封建皇帝一個模樣。

明智的東海王劉強

在中國五千年的歷史上，能找出心甘情願讓出太子之位，也就是未來的皇上之位的人，掰手指頭數也沒幾個。大多都處在為爭皇權而殺個你死我活的境況之中，西漢的東海王劉強就是這掰手指頭中的一個，難得的很。

東海王劉強是光武帝劉秀的嫡長子，已被劉秀封為皇太子。在中國的皇帝中，劉秀還算是個英明的皇帝，有才有德不枉殺大臣。雖然他在選接班人上有一點變故，但其原因還是比較合理的。劉強的庶弟劉陽（後叫劉莊），十分聰明，善體父懷，也解朝政。世人誰不喜歡這樣的孩子，皇帝也是人，自然也不例外，也就動了要讓劉陽當皇太子的心思。左右看出了皇上的心思自然也就這麼去安排了。不爭氣的是劉強的皇后媽媽，為了能保兒子的太子位，卻丟了皇后位。此種情況下，劉強的日子是更不大好過了，而劉陽的日子卻蒸蒸日上。劉陽身邊的親近之臣不知是為劉強著想還是為皇上劉秀解憂，勸劉強「引愆讓位」。劉強思來想去也就向皇上表示讓位子了。

劉強讓位也是經過痛苦抉擇的。皇太子離皇上的位置是多麼近，皇上一死，就一步登天，多迷人的位子。對誰來講都不能像關門那樣簡單。為了當個正職，副手都能雇人拿刀拿槍殺人，何況爭奪的是皇上之位呢。劉強他面對的是強大的皇上，而強大的皇上青睞的又是另一個人劉陽。劉強面臨的危機就像皇上怕丟權力一樣那麼可怕。看當時劉陽的風頭，劉強不讓太子位子那就是死路一條，讓路還有活命的希望。生命畢竟是可貴的。時刻處於忐忑不安狀態中的劉強，為了他的命終於選擇了這個保命的道路。在恐懼中生活畢竟是可怕的。

而劉強的另一個庶弟即後來的明帝劉陽的親弟弟，則犯了很多皇族人所犯的政變罪。挑撥東海王劉強「毋為扶蘇」，奮起奪位。劉強明智就明智在不受這方面的挑撥，把「挑撥書」大大方方地送給了明帝即奪他太子位的皇上。如果劉強不送，啞默悄地撕了，當沒有這回事，也要再起波瀾的。劉強知道自己是誰，知道自己坐龍椅子的希望是零。不是皇上的對手，也沒力量去抗衡皇上，只能聰明地保他的命。所以在他死了後，皇太后、皇上到了津門亭，為他舉哀，為他辦理了隆重的葬禮。各大臣也都去參加了追悼會。

可憐的是劉強只活了三十四歲，年輕輕的。剛登基的明帝已三十歲，對歷史有了足夠的認識，他不可能不防著劉強的政變。可以說劉強是在驚恐不安的生活中存活了一生，從當上皇太子到退讓太子位再到死。這也是他能善死家中，而不被刀砍鴆死的原因。

人處於某一位子，你不想怎樣都不行。你費盡心機地想保，也不能保住，即使不想保，別人也要來算計你，讓你不能過太平的日子。明智人應該知道位子是不是自己的，該不該處在這個位子，能不能待得穩，自己有沒有那個能力去幹那個位子的事。比如劉強就知道，他的能力他的水平就是不如他弟弟劉陽，就死心塌地讓了位子，至死也未悔。減去了多少人的流血，減去了多少災難。假如劉強不讓，或讓了之後，又受人挑撥奮起奪權，演一幕宮廷血案，我想慘敗的還是他劉強。假使奪了皇位，還會有新的血案發生。在歷史上這樣的事情真是太多了。

劉強真是明智，因為他非常清楚地知道自己是誰，自己是什麼水平。對兩千多年前的古人來講真是難能可貴，就是今天，有幾個人能做到呢。

劉秀的笑

看五千年歷史上皇帝的功德簿子，能保證在位之時，重用文吏，明慎政體，耳不聽鄭聲，手不持玩好，與王侯們保泰相處的皇帝不多。更多的是戮殺功臣，縱容奸佞，塗炭朝臣百姓，一手握屠刀，一手握棍棒的皇帝。與此相比，東漢光武帝劉秀還算得上是一位明君聖主。看劉秀的行走路線，雖也有刀光血影，但他的言行總算還能讓人產生幾絲平安的心緒。探尋劉秀與眾不同的言行方式，讓人尋味的當屬他的有味道的笑了。

在劉秀得知他的哥哥劉縯被一幫嫉賢妒能之人殺掉之後，他沒有暴跳如雷，拿起棍棒為兄報仇。而是立即起身拜見當時最高權力者劉玄，隻字未提此事，而且還懇懇切切地表述自己的過錯，在眾人面前也像沒事人一樣又說又笑。結果，十分不好意思的劉玄拜劉秀為破虜大將軍，封武信侯。實際上，劉秀是很佩服很愛哥哥劉縯的。兄弟兩人在戰場上攜手共戰，感情厚著呢，劉秀背地裡枕頭上常流滿淚水，劉秀用他的笑保護了自己的命。僅從這點上看，劉秀就是玩政治的人。政治不是歷史，誰想弄一下就可以弄一下。那是要有為了目的可以扼殺人性的能力的，否則，玩不得政治不說，還會被政治弄死。

實際上此時劉秀的笑比哭還難受。不用這個笑，他的腦袋就要搬家。面對虎視眈眈的諸將與劉玄，孤身一人的劉秀是沒有其他辦法來保護自己的。如此的笑模樣，今天從那些為了保護好自己，而向上司堆滿笑的人臉上很容易找到。不笑，人家就以為你對他有意見，有看法。而他產生這樣或那樣的看法，那對你是太不利的，官升不上去不說，連位了都保不住。你必須笑，別管心裡是什麼滋味。

劉秀在未登基和初登基之時，是很願意笑的，用笑把手下人、身邊人拉近了。人的共性是喜歡平和親近的人，沒幾個願意和一個一臉階級鬥爭面孔的人相處相居的。劉秀正是知道了這一點，把他臉上的笑演繹得恰到好處，既得到了別人的欣賞，又為自己的目的服務了。

南陽人鄧禹曾與劉秀是同學，兩個人非常要好。在劉秀當了大司馬後，一路小跑趕到了劉秀的行軍大營。劉秀見了這位昔日的老同學，他笑著問：「我得承制封拜，仲華（鄧禹的字）遠道來，莫非想做官嗎？」在鄧禹給予否定後，劉秀又笑說道：「官不願為，何苦僕僕風塵，前來尋我？」面對老同學，劉秀的得意自負，用笑就顯示了出來，他的笑，還算真誠，沒有防範的心機假笑，這可能是劉秀一生中最真實的一笑了。

劉秀很會掌握笑的分寸，面對不同的人採用不同的笑。當虎牙將軍銚期，向劉秀說：「大統垂危，明公據有山河，擁集精銳，如果順從人心，毅然自主，天下誰敢不從？請明公勿疑！」此時，劉秀大笑道：「卿尚欲如前稱蹕麼？」銚期在某次戰役中，被眾所阻，奮戟大叫：「蹕！」蹕是只有皇帝出入才能用。此戲言之深意銚期是肯定理解的，但劉秀以戲言大笑就將內心的所思所想表達了出來，又將帥與將之間的關係拉近了。劉秀不想明說他想當皇帝，但又有這一想法，就用戲言把他的心事表示出來。如此，迴旋的餘地就多了。玩笑、戲言有時是最能表達內心的願望的，直接說太赤裸，不說心裡又不得勁，用玩笑說出來就很保面子。如同一些靈性之人很會領悟領導的玩笑一樣。有些人以為領導說的是戲言開的是玩笑，實際上正相反。就看會不會吃透其精神所在了。

劉秀登基後，他的笑更豐富了。劉秀剛起兵時，王常與劉秀共同打破了王莽大軍，後來王常轉到殺了劉秀哥哥的劉玄手下，並當了廷尉大將軍。再後來劉秀得了天下，王常攜妻帶子來投奔劉秀，劉秀意味深長地說：「王廷尉良苦，每念前日與同艱險，無日忘懷！奈何至今始來相見呢？」另層意思就是說：「看我當了皇帝，你才來呀！」王常磕頭說：「今聞陛下即位河北，如日重明，臣得見闕廷，死無遺恨了！」抬手不打笑臉人。劉秀看著王常也就笑說：「我與卿戲言，不必介意，今得見卿，南顧無憂了。」這一戲言這一笑，把一切都遮過去了。需要王常來擴大江山領地，但心中的不滿又不能不說兩句。戲言不是戲言，像個遮羞布一樣把心中的怨言讓人朦朧看出，又讓別人下得了臺階。這樣的事從玩政治的人身上不難找。

江山坐穩了，劉秀的臉開始僵硬了。權力逐漸走向了穩定，統治的地盤逐漸擴大，手下的人才逐漸增多，指揮的軍馬兵強馬壯，需要他笑的時候少了，需要他展示威風的時候多了，他的笑自然少了。如同我們好些人在未當官時還能隨意與人說笑，而一旦得勢做了某個位置就突然讓人覺得不認識了一樣。尋找此類的佐證，容易得很。

怎麼就變了呢？人的變不是自己要變，就要那樣。而是那裡的條件與環境讓他變，不變他就無法存在。劉秀不笑，他就要被劉玄殺死，劉秀不笑不戲言，就不能把他內心的想法說明，不笑就不能使他的目的實現，逼得劉秀必須笑，而且不能真實地笑。如劉秀式的政治家肯定深悟其中的道理。

千年之後的今天我理解了劉秀，理解了他的笑，願他地下有知。

李世民最怕什麼

如果把某種東西看成寶貝，那麼自然會十分地珍惜愛護，怕丟了怕壞了，甚至會使用各種手段保護它。不僅我們常人這樣，就是不平常的人如皇帝將相也一樣，區別只在於把什麼當成寶貝。平頭百姓不說，從歷朝皇帝的珍重之物看，那真是千奇百怪，各有不同。如果把江山也比做一塊寶貝的話，那麼唐太宗李世民是最珍貴這塊寶貝的，因為在歷史行進中，最怕丟了江山。

不說他是如何取得江山的事，只說他統治江山這個事。

在唐太宗手下可說是謀臣如雲，最著名的腕兒是魏徵大人。魏徵以前不是他手下的，而是他的政治對手兄長的人，他能重用魏徵，不是就喜歡魏徵這個人怎樣怎樣，而是因為魏徵的能力水平能保護他的「寶貝」。他的納諫也好，直言也好，都是保護李世民江山的一種手段和措施。我們從唐太宗的各種歷史事件中和無數篇的研討文章中，知道唐太宗並不是那麼從心眼兒裡喜歡魏徵，但每次都因了對江山丟失問題的恐懼而聽從諫言。

好逸好玩是人的天性，沒有誰就願意別人讓自己不舒服不自在。只是有的人願意為舒服自在犧牲別人的寶貴東西，而有的人願意為了寶貝而犧牲舒服自在了，就看把什麼看成主導。

有一次，唐太宗得到了一隻很好的鷂鷹，非常喜歡，就把它架在手臂上玩。遠遠地看到魏徵來了，十分緊張，趕緊把鷂鷹捂在懷裡，怕魏徵看到或聽到。魏徵早就看到了，故意沒完沒了地稟奏公事，後來估摸著鷂鷹該憋死了才走。之後，唐太宗一看寶貝鷂鷹氣絕身亡了。此時，以我小人之心測之，李世民一定憋了一肚子氣，說不定還在心裡國罵三聲呢，但他為了江山寶貝忍了，因為魏徵總拿江山的丟失來對付他。如果換了別的皇帝，只管玩好了，什麼江山不江山的。「有事太監辦吧，我正忙呢」的皇帝多著呢。這樣的結果，形勢自然是急轉直下，用不了多久，就江山改名換姓了，都像唐太宗那樣，江山的主人哪裡會像走馬燈似地換。

魏徵掌握了唐太宗的心理，所以他就以他的心理來對症下藥。掌握了人的心理，辦起事來那會是很順利的。就如領導喜歡鳥就送鳥；領導喜歡個紅巾翠袖，就選三二十個「西施」「北施」。領導不喜歡你才怪？什麼是投其所好，就是掌握人的心理。不掌握人家的心理的結果，常常是一擔子糞，送二大爺的地裡——費力不討好。

有一年，河南陝西一帶大雨傾盆，鬧起了洪災，民不聊生。此時唐太宗卻要修建洛陽正山宮，魏徵就說：「隋朝所以很快滅亡，其主要原因就是因為隋煬帝大修亭台樓榭，百姓不堪奴役，才揭竿而起反對他。如今，現有的宮殿足夠居住了，如果想到隋朝的滅亡，就該拆掉大的宮殿，如果捨不得拆掉，起碼不要再修大的宮殿了。如果不想到得天下的艱難，不斷地擴大宮殿建築，追求華麗和享樂，增加百姓的勞役，那就會像隋朝一樣地滅亡。」結果，怕丟江山的唐太宗沒修建正山宮不說，還把該拆的大殿給拆了。

還有一次，唐太宗到顯仁宮，因為當地供應的東西不好，唐太宗的氣就不打一處來，發了大脾氣。魏徵看此就又來「嚇唬」他：「隋煬帝就是因為無限制地追求享樂而滅亡的。現在因為供應不好就發脾氣，以後如此上行下效，拼命供奉陛下，以保陛下滿意，隋朝的悲劇又該上演了。」結果，唐太宗心驚膽跳，怕因了自己的享樂丟了寶貝江山，而以儉保江山了。

人有時真得怕點什麼。怕丟了錢，把錢珍藏起來；怕人才從自己手下都走了，會珍惜愛憐人才；怕企業倒閉，才會努力經營；怕江山毀滅，就會如唐太宗那樣納諫如流。什麼都不怕的人是很讓人害怕的，因為剩下的是毀滅，被如此毀滅的國家、企業、人，實在是太多了。

李豫：百昏獨醒

翻唐朝第十一代皇帝代宗李豫的歷史，可被後人記住的光彩事實在是不多。雖有多才而勇武的郭子儀幫助，也沒啥傳於後世。但在對待他女兒向他告狀的問題上，卻有了不俗的表現。事情是這樣的。

郭子儀為代宗李豫的江山立下了汗馬功勞。在代宗逃離京城，極有可能不能再當皇帝時，「被閒廢已久」的郭子儀號令三軍將士，以他郭令公的威名和魄力奮臂一呼，揮師猛進，將已攻入京城的外族吐蕃痛痛快快地趕了出去。這樣就使得皇上又風風光光重新坐到了龍椅上。別說是皇上，就是誰都要湧泉相報的。賜了郭子儀鐵券，圖形凌煙閣。皇上還有些過意不去，就把自己的寶貝女兒升平公主嫁給了郭子儀的兒子郭曖。

公主自然與平民百姓家的女兒不一樣，唐朝公主的地位更是不一樣。進了婆家門，公婆都要參拜兒媳公主，而公主可以拱手還禮，不必下跪。升平公主自然而然也照這樣的規矩辦事。偏偏這個郭曖不聽規矩，看著父母見自己的公主老婆是那麼低眉順眼的，公主老婆又是那麼趾高氣揚的，氣就不打一處來，但只好忍著。閨房之中駙馬本沒什麼地位，升平公主又擺著架子，特小瞧這個駙馬爺。不知好歹的郭曖被弄急了，一耳聒子打在了公主的臉上。梨渦變色，柳眼生波的公主自然跑回皇帝娘家去哭訴了。可怕的是這個大膽的郭暖在打她的臉時說了一句「汝倚乃父為天子麼？我父不屑為天子，所以不為。」那是要殺頭的，代宗聽了女兒哭訴卻異常清醒地說了句：「汝實有所未知，彼果欲為天子，天下豈還是汝家所有嗎？汝須敬事姑翁，禮讓駙馬，切勿再自驕貴，常啟爭端。」如此一來，一個炸彈，一場即將發生的流血事件就這麼像雲一樣飄走了。好險，郭子儀。好險，郭氏家族。我確為他捏了一大把汗。

代宗能這樣確是因了「汝實有所未知，彼果欲為天子，天下豈還是汝家所有麼？」聽話聽音，這才是代宗真正心中所想，代宗的位子是郭子儀千辛萬苦弄回來的。郭子儀手握兵權，身為「上將」，而且三軍都聽他的調動，他的「郭令公」威名可令敵兵魂馳魄喪。吐蕃二十萬將士就曾被「郭令公」三字驅逐回家。可以說這三個字就像一道退兵符一樣。此情少敘，也盡知郭子儀的地位在當時是個什麼樣子。皇上對這樣的人，只有兩種可能：一種是殺了他或罷黜了他；另一種就是利用他。代宗選擇了後者，用了幾個小手段把鼎鼎大名的郭子儀征服了。

女兒在他的心中是重要的，但他的江山，他的皇位與女兒相比更重要。可以不要女兒，但不能不要江山。看我們的歷史，為了江山的穩定，有多少公主背井離鄉遠嫁異族，從此親人故鄉兩不見。江山是郭子儀幫維護著，坐得穩坐不穩要取決於郭子儀。經過動亂的代宗，知道郭子儀的重要性。他女兒的事在江山大事中只是一個小芝麻粒。當郭子儀把兒子綁上裝進囚車帶上金鑾殿時，代宗笑哈哈地用他的暖語來維護他的江山：「俗語有言，『不癡不聾』不作姑翁，兒女子閨房瑣語，何足計較呢？」這樣一來，一切煙消雲散了。江山的力量，皇位的魅力，把郭子儀全家救了。

代宗的時代也是戰火紛飛的年代，他的江山是很不穩的，郭子儀有為他遮風擋雨的力量，他看得分明，他是沒必要為兒女小事情把一個大臣得罪的。不是皇上救了郭子儀，是江山不穩定救了郭子儀一家。這也讓筆者想到了後漢時期的光武帝劉秀對待強項令董少平的事。

劉秀得天下之初，他姐姐湖陽長公主憑藉自己的弟弟是皇帝，不僅自己為所欲為，就是手下的人也橫行都市、胡作非為，無人敢管。董少平縣令不聽邪，愣是把公主手下的故意殺人犯處死了。自古就云「打狗還要看主人」，盛氣凌人的公主哪裡肯甘休，向皇帝劉秀告狀，劉秀一怒就要抹董少平的脖子。劉秀抹董少平的腦袋瓜那是像割韭菜一樣的，但董少平據理力爭地辯說：「陛下聖德中興，乃令長公主縱奴殺人，如何制治天下？」劉秀心中一動，腦子就轉了個彎，讓董少平向公主叩謝。按理說磕兩個頭也不算啥，但這小子就不磕，皇上讓人揪住他的頭硬向公主磕頭他也倔強地不磕。皇上見此不覺笑了：「強項令可即出去」。至此，董少平的命保住了。「強項令董少平」也就這麼傳了開來。

兩件事都是公主告狀，結果都差不多。如果說是郭子儀的功勞與威名救了自家，那麼救了董少平的就是那句「如何制治天下」？想想那麼不容易得來的天下，就因為這麼點小事而影響了大局，誰也不會做這傻事。捨卒保帥不僅僅是象棋上的玩法。在沒有硝煙卻勝似硝煙，在沒有戰火卻超越戰火的宮廷中更適用。在漏掉小魚，保住大魚的情況下，誰能選擇那條不值錢的不起作用的小魚呢。在篩沙子的時候，剩下的都是大沙料子，放在了一起。

一切的行動都在為他的目的服務。在不威脅他的目的時，是不會大開殺戒的。封建社會被殺被戮的罪名幾乎都是謀反，而被罷黜被謫居的又幾乎都是讓他不高興的人。糊塗的人也知道權力是至高無上的，沒有了它，一切就都完了，那麼一切就自然要為它讓路，為它服務。這也是百昏狀態中的代宗生命裡的一醒吧。

自卑的朱元璋

一個人的出身和成長的環境，多多少少會在人的性格以及行走軌道上留下幾許潛在的東西，或大或小地影響著人的行為。

當我們在研究分析一個人時，無論如何是不能脫離這一點的，正如搞心理分析的人，總是在瞭解了他的研究對象的所有一切之後，才進行綜合的分析，以此解開心靈之鎖。在中國的皇帝中，如果研究布衣皇帝朱元璋的心理，那是萬萬不可忽略其生長環境的。從他行走的歷史脈絡中，他的出身和成長的經歷始終在困擾折磨著他。這種困擾和折磨長期沉澱，會造成人心理的變異，而心理的變異會導致很多種不良行徑。在朱元璋來講，他滑向殘暴軌道的原因，以筆者之陋見，很大程度上是他的自卑心理造成的。

如果稱量歷朝大殿之外的流血量，當屬朱元璋當皇帝時最多。屠殺大臣的刀，鴆死功臣的酒，明晃晃地擺著，隨時拿來隨時揮去，如切瓜砍菜一般容易。朱元璋如此做，自有他認可的道理，即保護他的尊嚴，而保護他的尊嚴就是保護他的皇權。他的出身，他的經歷，他的學識構不成別人對他更多的尊重。他所獲得的地位是他戎馬幾十年用槍桿子打出來的。中國是尊崇儒家思想的國度，對學問、出身向來是重視的。這讓我常想起填這表那表時，都要填上出身、父母工作單位等等眾多專案。朱元璋出身於租種地主的地過活的赤貧農家庭，而成長的環境是在山坡子上放牛，在無以生存的條件下又落髮為僧，這是為當時之人所恥笑的。如此惡劣的自然環境，與他後來當了九五之尊的皇帝相比，遠隔十萬八千里。

如果朱元璋一輩子做那個和尚或一輩子放牛為生，是不會有多大的自卑。但他偏偏做了皇上，而皇帝是天的兒子，是無所不能的、是高貴的、威嚴的，這未免對他的自信和自尊構成了一種隱形的壓力，對此會非常敏感。所以，當別人無意傷及他的隱痛之時，他像高壓鍋的氣閥一樣哧哧地向上冒氣。他手中的權力又是無所不能，結果自然明瞭。人是很怕別人指點自己的傷疤的，那隱痛不像人說的那樣說忘就忘的。當無意識提起那壺未開的水時，也就要炸鍋了。人多少都有一點自卑的心理，只是自卑的地方不同，自卑的程度不同而已。

就朱元璋而言，為什麼在戰爭時期，他能那樣心懷坦蕩，無所顧忌地去做？這是由他當時的處境、他的目的、他的精力決定的。他的全部精力在打江山上，圍繞這個簡單的執著的目標南征北戰，同時也顧及不到他的出身，他的學識。戰爭年代主要看的是有沒有謀略，有沒有武力來贏得戰爭的勝利。打天下的目標將他自身的弱處擠到了邊緣，當他坐了江山，這些問題由邊緣又游弋到了中心。人們與大臣對皇上的要求與對馳騁疆場的大將的要求不同，這樣會產生矛盾，並會逐日激化，況且，朱元璋本質上就是個把威嚴看得很重的人。在封建皇權社會，保江山更多採用的是威嚴和武力，所以，都在樹形象都在血腥地爭兵權，並以兵權來彰顯威嚴。生命在此中間微如輕塵，戮殺就成家常便飯。朱元璋為掩蓋他的自卑心理，樹立他的威嚴，也就難怪別人說了禿子，就把人家抹了脖子。沒有別的辦法來實現威嚴，只能屠殺。沒有多少文化的他對良好的治國之策能理解多少呢，以人心來治天下的措施他是不會想得過多的。

朱元璋骨子裡的東西並不會因坐了皇帝的寶座，就會改變。這一點他的馬皇后最清楚也最理解。有一天。朱元璋與皇后談得高興時，朱元璋突然一拍大腿，高興地跳了起來說：「想不到，我朱元璋也會當皇帝！」可以看出，他對自己以往的歷史是太記在心上了，手舞足蹈的他自己都沒想到會當皇帝。這本身就說明了他也認為他是不該或沒資格當皇帝的。不說他手舞足蹈所暴露出的街頭小二的行為，只說他進一步所做出的事情。當時有兩個太監在場，而朱元璋沒在意，在他去外面遛了一道彎後，突然一想，兩個太監如果將當時自己的失態傳出去，那後果不堪設想，立刻快步跑回宮中。一問才知一個是聾子，一個是啞巴。想想，宮裡會有殘疾人伺候皇后？馬皇后讓兩個太監一個裝聾子，一個裝啞巴。朱元璋怕的不是自己手舞足蹈，而是那句：「想不到我朱元璋也會當皇帝。」已經有了不自信的東西，骨子裡認為：當皇帝的人不該是他這種人的。

朱元璋自認如此，那麼多思的他也會想：別人會不會也產生這種想法？且他是造反起家，自己都能當皇帝，別人也能當皇帝。他始終處於一種不安寧的心理狀態下，心中的小兔子總在不停地亂跳。人總是處於一種不安寧的環境和不正常的心理狀態中，心靈就會被扭曲。丟了斧子，看誰都像是偷斧子的人。他自己造反起家，看誰都像造反的，朱元璋的弱點被人看穿了，別人看中了他的弱點，也借這把謀反的大刀來殺人。「百僚已睡朕未睡，百僚未起朕先起。不如江南富足翁，日高一丈猶擁被。」不能說他的「先起」與「未睡」只是為了思考治理國家大事，極可能是因為時刻提防著、時刻擔心著。

當然，筆者並不是唯出身論者，但從他的殘暴行為上看，他更多地表現了他內心深處的自卑。因了這些自卑，而滑行到了畸形的軌道上，揮刀來維護他的皇權威嚴，有多少人就是因了他的經歷而命喪黃泉。在對權力者的瞭解上，我們是否該去多想想？有多少人就因了不瞭解，因了無顧忌。因了無意識的行為，給自己和社會帶來了災難。權力關涉的不是一個人，而是一個群體，一個社會，還有一個群體的未來，一個社會的未來。有時就因了權力者的喜怒哀樂，而讓一個民族一個社會釀成了悲劇，而悲劇的動因，卻是權力者性格上的一些弱點。

明武宗的醒悟

明武宗朱厚照在青史上能留下名字，大概也就是因了他的「豹房」吧。別人是怎樣記住他的，不大清楚，但我絕對是因為他的「豹房」而記在了腦海中。「豹房」是啥？那是皇上武宗淫逸快樂的地方，當然不在宮中，是皇上一個人的「紅燈區」。武宗是很荒淫的，這從他當了十六年的皇上歷史中可以知道。但在他一生尋歡逐樂即將結束之時，卻幡然醒悟認識到自己的錯誤。本以為他是個一生也認識不到錯誤且自認自己很對的糊塗蟲呢。

劉瑾和明武宗之間是配合得很密切的奴才與主子的關係，劉瑾在宦官史上，那是很著名的人物。武宗不大被人知曉，但劉瑾卻是很有知名度的，而造成他的知名度的是武宗朱厚照皇上。

皇上是幹啥的，那是管理偌大中原的主子。按理說是很辛苦、很忙的，像朱元璋「百僚已睡朕未睡，百僚未起朕先起」那樣才行；像崇禎皇帝夙夜憂患那樣才行。但武宗即不似他的祖宗，也不像他的曾曾孫那樣，而是把行樂作為第一職業要求，把所有事情全部交給了劉瑾。劉瑾常乘他玩興正濃時去彙報工作，武宗將手一指說：「我用你們這些人幹什麼的，卻只是來煩我！」結果劉瑾的陰暗目的得到實現，盡情按自己的意志自己的喜怒哀樂來處理國家大事了。這樣的皇上根本不知道自己的職責是什麼，也就可想而知混蛋到了什麼程度。一個人是不怕他沒能力、沒水平的，怕的是他不知道自己應該對誰負責，自己應履行的責任是什麼，否則就會糊塗個夠。當兵的不知自己是以打仗服從命令為天職，那他是非開小差不可的。皇上在工作中更是如此，武宗以為自己的職責就是淫樂享受呢。結果，不僅國家沒好，他自己也沒好，他只活到三十一歲，就去見他的大小祖宗了。

武宗就那麼淫逸而糊塗地死，也罷了，糊塗來糊塗去，也沒有讓後人多思的東西。但武宗臨死時又表現出了驚人的醒悟：「從前政事，都由朕一人所誤，與你等無涉，但願你等日後謹慎，毋得妄為！」雖然武宗此時是對太監說的，但也確是出自真心，肯明白地說出自己的錯誤。那麼，活蹦亂跳時的他，知道不知道自己的行為是錯的呢？這有待進一步分析。

甯王朱宸濠謀反，武宗下聖旨令總督軍務威武大將軍鎮國公朱壽統帥兵馬前往圍剿。這一大串子稱號所稱的乃是朱壽他自己，結果他壯志未酬，他想威武的願望落空了。在一五一九年的八月末朱宸濠就被王守仁擒獲了。抓住了就抓住了，該殺該剮讓人辦去就得了，然而這武宗非要表現出他的「威武之風」不可，將擒獲捷報裝進口袋裡，不向任何人說明，繼續他南下遊山玩水的旅遊活動。等到了一五二〇年的閏八月他才在南京舉行了聲勢浩大的受俘儀式，像模像樣地戎裝在身，讓士兵們先把朱宸濠的桎梏解下，再擊鼓吶喊，由他一伸手把朱宸濠擒獲，然後雄赳赳地打道回府。看看，這就是皇帝做的事，滑稽不滑稽？像不像小孩玩家家？如此的皇帝，也就可知還能不能辨出點驚天地泣鬼神的事。

進「豹房」荒淫奢靡，逞強貪虛名之功，他就不知道不好？其實，在他玩的過程中，是很知道的，但他是不願改正，也不願承認就是了。他不知道謀叛之人朱宸濠是王守仁抓住了，他只是走了形式？他不知道國家大事要由他一人決定？這一切都知道，但他不願意那麼去做。所以，他才讓那一百多名勸諫者，在午門外長跪五天，然後再用杖刑處罰。這樣能沒有殺大臣威風的意思？實際上是告訴你們少管別管我的事，我想怎樣就怎樣，對與錯哪裡是你們所該管的。況且承認了自己的錯誤，那就意味著自己的個性、自己的享樂、自己的威風要受到限制，受到約束，而受限制那就不快活。不快活的事，對武宗來講，那等於要了他的命。因此，他是明白自己的錯誤的，只是絕對不會在健康活著時承認。從中國歷代能做出「罪己詔」的有限的幾個皇帝身上看，沒幾個是甘心情願做出那個「罪己詔」的，都是實在躲不過去了，才做做樣子而已，他們是不會將自己的錯誤那麼明明白白的包攬下來的。

其實也是。在今日，誰不是在錯誤責任面前想一推六二五呢。敢於承認自己失職、瀆職、犯錯誤的人有幾個？貪官能將貪污之款說成「灰色收入」，就是證明。說句實話，在是與非面前、在好與壞面前、在對與錯面前，人還是能明辨的，只是如何對待的問題，為了目的裝糊塗罷了。糊塗一生的武宗死時的那句：「從前政事，都由朕一人所誤。」並不是死時才醒悟，只是此時說了句真話，心裡話而已。

被閹割的萬曆

把神供起來，你自然要跪著了。中國的皇帝始終是被供著的，所以，無論是個什麼奶奶樣的皇帝，都得甘心地服從。如果誰想把他推下去，那就是大逆不道。

在中國做皇帝太容易了，有一點勤政思想而不怎麼過分地享受，就會被看成是明君。中國的大臣和百姓向來是寬容的，皇帝就是整天花天酒地，也不會被怎樣，因為，中國的皇帝歷來被看成是神而不是人。皇帝一坐上金鑾殿的龍椅，就是統治八方的神。明神宗萬曆也是這樣的一尊神。他居深宮幾十年不理朝政，也沒人把他趕下臺，政事雖被耽誤而腐爛下去，也過得自在逍遙。中國有著造就這樣神的最佳土壤，也培養這樣的神。把他看成神的同時，也把他人性中的一切給扼殺了。其惡果是一把雙刃劍。

萬曆退居後宮之後，朝廷之上，該上任的，不能上任，該升遷的，不能升遷，空缺的職位得不到補充，朝廷的辦事效率極低，幾近癱瘓狀態。舉個例子，萬曆三十七年（一六〇九）的六月，由於吏科（相當於今天的組織部）都給事中（蓋章發證的人）這一職位缺，使得官吏上任的憑證無人發放，等候發放憑證的人就累計七八百之多。到了萬曆三十八年（一六一〇）五月，刑部很長時間沒有掌印官，監獄裡囚犯達到千人以上，都沒有辦法審問結案。由此可知，當時朝廷處於什麼樣的狀態了。別的皇帝，為了自己歡樂，總有太監或大臣替他理政，自己甘心做個傀儡。但我們的萬曆皇上卻不，握住權力不放的同時，還不理朝政，把朝廷捏於自己的股掌上把玩。

明神宗萬曆十歲當上皇帝，首輔大臣張居正為他執掌朝廷的一切大事。此時不僅萬曆依仗他，就是他母親李太后也全仗他來開動這龐大的江山車輪。實際上，此時的皇帝不是萬曆，而是張居正。皇帝的母親李太后對自己的皇帝兒子，有著嚴格或說是苛刻的要求，每天五更必須起床上朝，然後聽經習學練字受各種各樣的訓練。「帝或嬉遊，不願讀書，必召使長跪。」深宮裡的小皇帝，能有多少自由，能有多少快樂？這對他本身來講，可能就是酷刑。一個沒有快樂的童年，在一個人來看，他一生的心境都不會怎麼樂觀向上。皇帝的生活，有著富貴和榮華的同時，也有著更多的束縛，更多的限制。對一個小皇帝也不例外。那麼，十歲的小孩子是不是會很煩很痛苦？萬曆的童年皇帝生活必然對他一生構成了影響。他是個聰明的孩子，不能不知道自己的權力，自己的地位。這對他來講是一個畸形的環境，而在畸形的環境中，他的身心不會像正常環境裡的孩子那樣有著正常的發展。即，他沒有自己的意願和愛好。

張居正任首輔的十年，萬曆從一個十歲的孩子成長為一個二十歲的青年，他對朝廷的一切有了足夠的認知，而這十年，他沒有什麼真正的權力，一切有首輔替他做，但他要履行一切皇帝的表面義務。這也培養了他的依賴和懦弱的心理，但同時，他對權力也有著一種渴望，渴望自己決定一切。這從他在張居正死後九個月，就削去張居正生前的一切官職和封號，又抄了他的家，可以看出，萬曆內心有著對以往不能自主地決定一切所進行的報復。他是真正的皇帝了，既有著自己剛當家做主的興奮，又有著能發洩他心中那口惡氣的時機，他不能不有所行動。這個世界上，只有一個劉禪，而萬曆絕不是劉禪，可以像對待諸葛亮那樣去做。在張居正決定國家大事的最後幾年，他逐漸長大了，有了自己的要求，有了自己的想法，但在自己的意願一次次不能實現的情況下，對不缺聰明也不缺能力的青年萬曆來講，他不能盡自己心意來完成自己的目的，他就會有一種強大的悖逆的心態。這種矛盾，使萬曆後來的性格變得非常複雜。既不想放棄權力，也不想履行皇帝的義務，皇帝的權力滿足他的享受要求，而義務又讓他疲憊。造成了他後來既退避深宮不理朝政，又緊握權力不放的現實。

他逃避，不是對權力的逃避，而是對義務的逃避。權力真正到手之時，他也難免有些興奮和快意。所以，他在張居正死後初掌大權時，勵精圖治，不怕辛勞地幹好他的皇帝職責。但四年下來，即萬曆十年至萬曆十四年，面對著一切政務，他累了更是煩了。可朝廷的事太多了，民間災情、生產、疾苦，水利治理，田畝開墾，邊關戰事，無不需要他作出決定。人都是有惰性的，況且是一個僅僅二十歲的青年。他處在明朝後期的整體墮落的環境之下，不可能苛求自己。他的爸爸穆宗五年的皇帝歷程就是那麼逍遙自在地度過的。現實肯定與他最初的想法相左，難免有失落之感。權力不僅是一種享受，更多的還有義務。聰明的萬曆是不是也看到了這點，才在萬曆十四年（一五八六），藉口「頭暈眼黑，力乏不興」而長期怠政，逃避義務，退到後宮盡情過他想過的生活，補回不曾擁有的快樂？

在萬曆的生命中，沒有什麼快樂，也沒有什麼嗜好。他無比寵愛鄭妃，鄭妃肯定給了他極大的快樂，給了他前所未有的幸福。所以，她想讓自己的兒子當未來的皇帝，萬曆他擁有皇帝高位，自然想滿足自己心愛女人的心願。他便利用各種辦法來拖延長子繼「太子」位，來和大臣們對抗。作為一個至高無上的皇帝，卻不能滿足自己心愛女人的心願，他內心會有著憤怒和對抗。經過近十五年和大臣們的抗衡，萬曆二十九年，皇長子當了太子。萬曆他失敗了。這一失敗，對他更構成了打擊，倦怠了自己高位的無能，退避就成了必然。但他並不徹底地放棄，像清順治那樣，他離不開生活慣了的宮廷，這宮廷不能滿足他心愛女人的願望，但能徹底滿足他的一切現實要求。他疲倦了政治，卻不疲倦生活。退回後宮，就成了他不可能改變的取向。他不放棄政治的權力，也是為了保障自己的現實生活權利。

我們的歷史認為萬曆是個壞皇帝，其實，在他所走過的道路，也是精神被虐待的路。在長到二十歲，有了十年皇帝工齡，卻沒有自由沒有權力，成了只能發號聖旨的木偶皇帝，他已經被閹割了。這也是很殘酷的摧殘，萬曆已經站不起來了。斂財是他唯一的嗜好，以此溫暖心中的無可奈何。我們是該可憐他的，因為他也是中國這個社會眾多人性犧牲品的一個。還有他只是怠政，而沒有殘暴地像割韭菜一樣地割人的頭。中國人向來關注的從來不是對人性的探求和追問，只是傾注權力爭奪的結果，而不去看看人的內心是什麼樣的感受。皇帝是人不是神，把他捧為神，他也還是人。他更疲憊，更孤獨。皇權讓皇帝享受常人不能享受的東西，更讓他失去常人所擁有的東西。這是對人的最公平的法則。

朱由校的興趣

熹宗是明朝的倒數第二個皇上，明朝到了他弟弟朱由檢手中，又艱難地行走了十七年，明朝就走到了頭，結束全部的生命歷程。熹宗生於一六〇五－一六二七年，只活了二十三歲，當了六年的皇上，其間，魏忠賢得勢，呼風喚雨，淩駕群臣之上，整個熹宗時代就是魏忠賢的時代，熹宗朱由校只是個很優秀的木匠，用今日的話講就是技術人員。

熹宗所掌握的朝廷，已被他的爺爺神宗弄得不像樣子。神宗三十幾年不上朝，不批閱文件的歷史，十七歲當上皇帝的朱由校不可能不曉得，而且，神宗時代風雲變幻，百變莫測，危機四伏。一場糊塗的朝廷不時出現讓人心驚肉跳的事情，他的父親朱長洛在當太子時，即萬曆四十三年（一六一五年）遭遇了明宮三大案之一的「梃擊案」。這一年熹宗十歲。這是一場為爭太子位的案件，鄭妃之子朱長洵因神宗喜愛，而欲被立為太子，但朝臣群起反對，無法的情況下，熹宗的父親才當上了太子，有一天，一個被稱做張差的男子拿著棗木大棒闖進太子宮，打傷了守門的太監，欲進前殿再棒殺太子，但未果。此事弄得好幾人死於杖下，十歲的熹宗，不能不知道這件事。到了他十六歲，他的父親剛剛登基一個月，椅子還沒坐熱乎呢就死去了。他父親死前因吃了鴻臚寺丞李可灼所進奉的紅丸藥，御史（檢察院部長）王安舜等人對有關人員進行彈劾，他父親又成為明宮三大案之一的「紅丸案」的主角。在這樣的環境中長大的朱由校，坐上了他父親剛剛離去的龍椅，開始他的皇帝生活。

十七歲的小皇帝在今天才剛剛初中畢業，就要領導整個中華大地了。十七歲，明辨是非的能力能有多少？駕馭群臣的能力能有幾何？到了他這一代，「棒子上的刺」被他的祖爺爺們削得也差不多了，該光溜了。他身邊沒有一個像樣的大臣宰相，剩下的幾乎都在朝廷上爭此競彼地談辦宮案謀權獲利了。熹宗在這樣的情況下接手江山，也就可想而知會統治成個什麼樣了。況且，他爺爺神宗造的孽在他這輩上盡顯了出來。社會矛盾日益激化，大量的土地被豪門權貴霸佔，人們的生活江河日下，無衣無食，民不聊生，農民起義不斷發生，就是軍隊也經常發生兵變。以熹宗的水平和他身邊左右的大臣是無法消解積累了三十餘年的社會矛盾的。

熹宗經歷了明宮三大案中的兩大案，這對他的心靈會不會產生影響？是不是會厭倦朝廷的種種政治風波？波濤洶湧的朝廷和後宮，讓一個少年會產生什麼樣的情感？他沒有選擇地當了皇帝。皇帝是他的職業，而不是他愛好。如果像他的弟弟朱由檢那樣愛當皇帝，那結果是不一樣的。熹宗很喜歡玩耍，其實，誰都喜歡玩耍，但愛好不一樣，那會左右一個人的行走路線，也會因愛好而放棄他不喜歡的事情，不感興趣的東西。

熹宗很願意做木匠活，刀鋸斧鑿，丹青髹漆等件，往往自己親自動手。做的小宮殿惟妙惟肖，仿照乾清宮做的宮殿只有三四尺高，曲折微妙，幾奪天工。就是宮中原有的蹴圓亭，他也親手製造了五間小蹴圓亭，不僅這些，玩的玩具，他也製造得玲瓏剔透。在這個過程中，拆了造，造了拆，不厭其煩。這個可不是誰想幹就能幹的，那要用心用腦用手，心思要非常的集中，有鑽研執著的精神，這一定是在小時就產生了這樣的濃厚興趣，這不是一朝一夕就能學得那麼好，造那麼妙的。宮廷裡的生活不是百姓般的自由，充滿了血腥的鬥爭，熹宗是個很懦弱的人，把心思用在了做木匠活上，以逃避險惡的紛爭。能不能有這方面的原因呢？當他的興趣已經養成了時，做了皇帝也難改變，就像南唐後主李煜，本是個玩詩詞的料，硬被推上了皇帝的寶座，也改變不了他詞人的性格和作法，只能隨著江山一起陪葬。

熹宗把他的權力拱手讓了出去，讓給了魏忠賢。魏忠賢，真是未忠也未賢。皇帝說：「朕知道了，你照章辦理就是。」賢者忠者能照章辦理，奸者佞者就不知會弄成什麼姑奶奶樣了。在權力的魔力怪圈中，忠者賢者能有幾人，況且不同的人有不同的眼光去評判忠奸賢愚，在熹宗的眼裡，魏忠賢是他的依仗是他的靠山，是他得以從沉重而枯燥的朝廷政治公務中解脫出來的救星，是他賴以得到自由的忠臣好友。否則，何以那麼信任？那麼聽他的？

在熹宗的興趣愛好上，魏忠賢一定是幫了大忙，提供了很多的方便條件，讓他盡情地去刀鋸斧鑿。在熹宗小有成績時，會極力地誇獎和鼓勵，更加激起熹宗的製造熱情。小人經常是為了自己的目的而這樣去拍馬的。一個人在別人肯定了他的成績成果時，會更加努力地做他從心裡喜歡的事。熹宗以皇帝之尊，在一個個小樓閣竣工時，所獲得的誇獎讚美之詞，那是不會少的。如果那時有電視有報紙有廣播的話，那註定是頭版頭條大字大照片的。可惜，熹宗生的太早，沒趕上好時候。魏忠賢正是利用了熹宗的興趣，才得以興風作浪，奸佞者最會運用上層的興趣做文章，以達到自己的目的。可憐的熹宗就因了自己興趣愛好，把偌大的國家偌大的權力交給了一個太監，然後被整得稀裡嘩啦一場糊塗。

一個平常人的興趣對國家並不是太重要，而一個統治國家的人的興趣就很重要了。如果是皇帝，那就太重要了。一個平常人左右不了幾個人，更多的是影響自己，而一個統治者左右的是江山，江山裡的人們。二十三歲就死掉的熹宗，固然有不可推卸的責任，但從他的年齡、他的經歷中，還可以給以一些寬恕。如果是個成年人，並在良好的環境下成長，而且受到很好的教育，那就不可原諒，而且要承擔責任了。

後記

拿起筆來，不知該怎樣寫。突然想到我的名字，就從名字說起吧。

身邊的朋友和同事，基本上不叫我的大名，或喊我馬丫，或叫我馬麗亞。導致我爹娘精心給我起的名字，只能在填表格和發工資的時候偶爾用用。讓我總有種對不起爹娘的感覺。

馬丫，一個典型的北方農村女孩子的小名，透著純樸、爽快、好奇，睜大一雙眼睛看著外面的世界。浩瀚深邃的歷史，變幻萬千的現實，在鄉村女孩子的眼裡，不一定是精彩的，也不一定是正確的，更不一定是深刻的，但卻是純樸女孩子眼中的真實，心中的感受。馬麗亞，西方聖母的名字，彰顯著博大、寬厚、仁愛、悲憫、純潔。這個聖潔的名字，被叫到我的名下，總夾雜著對聖母的歉意。但有一點，我知道我是悲憫的，我是純潔的，我愛這個讓我流了很多眼淚的塵世。

離開差不多四十戶人家的小村，漂泊在小都市裡近二十五年，還是無法和都市相融。無論是寂寥深夜還是喧鬧人群，我常常感到苦悶和孤獨，特別是在那些陽光曝曬之下，掃完街路、剪完綠籬、拔淨雜草，回到擠擠插插居住著六個人的宿舍的日子裡。於是，我讓一本本書洗掉這一切。有一天，下班回到宿舍，看到床上地上散落著原來堆在床頭床尾牆邊的書，難過得一句話一滴眼淚都沒有。這是宿舍管理員對他那「把你的破書都收起來」鏗鏘之語的落實。我願意讀書，書不僅溫暖了一個孤獨的女孩子，也告訴一個女孩子如何面對風雨。

每讀一本書，都讓我生發出無奈蒼涼的悲歎，然而，我又每每被他們所折服，為他們的精神，為他們的勇氣，為他們的堅強，為他們的赤誠，為他們的信念。有時，對著書中的人物，他們在我心中鮮活地站立著，他們悲傷，他們痛苦，他們無奈。於此中，我感覺到，他們所面對的悲涼與無奈，今天的我們也同樣要面對，他們所不願經歷不願承受的，今天的我們一樣要經歷，一樣要承受。我不清楚的是，這是他們的悲哀，還是我們的悲哀？於是，我用我拙劣的筆寫下了對他們的感慨。希望從這樣的縫隙裡，找到我需要的東西，來解答思想上的困惑。

歷史，我們無法逃遁，無法脫離，我們在其中生活，不可能不受影響，不可能不受薰陶。即使要用新的制度新的體制來代替，也要受到其潛在的牽掣。就像不能和自己的血緣斷裂一樣，也無法和歷史的血脈斷裂。歷史給了我們智慧，也給了我們沉重。寫下的粗淺文字不過是我沉重後的一點小小感慨，對與錯，都是女人眼裡的東西。

想出這本書的最初原因，是想去天堂裡拜見我的爹娘時，不想雙手空空地去見有文化的他們。雖然後來原因變多了，這一點還是無法改變。這本書，我用了兩年半的時間。在完成的過程中，我的恩師，《追問歷史》的作者劉興雨先生給了我無數的幫助和鼓勵，我的朋友給了我極大的支持和關注。特別讓我感動的是，與我素不相識的李國文老師，在寫作十分繁忙和視力嚴重下降的情況下，非常爽快地答應給我這本拙作寫序。至今還不曾謀面的向繼東老師為我的書，跑了無數的地方，求了無數的人，熬了無數的心血，對他的那一份感動和感激我無法用語言來表達。我總在想拜見向老師的那一刻，我該說什麼才能表達我的感激之情。對此，我都將永世銘記在心。

即將把稿子寄出時，因為我只會寫文章，讀書，辦版，不會拉廣告，而被原來招聘的單位《本溪晚報》解除合同。但我依舊感謝這家每月給我三百元工資的小報，因為如果沒有來到這家小報工作，我不可能有今天。雖然當我的恩師拿著我在全國各大媒體發的作品，向社長建議為了報紙不要與我解除合同時，社長斷然而言：「那就讓她上別的地方吧。」知道了這一切，我沒有說一句話，同事說的「只要能創收，哪怕是小學文化都行」，給了我極大的安慰。就此我也深深感謝所有理解過我、幫助過我的同事。

二〇〇五年十二月十二日

血歷史27　PC0238

新銳文創
INDEPENDENT & UNIQUE

掀開極權的面紗

——中國歷代君臣知見錄

作　　者	馬亞麗
主　　編	蔡登山
責任編輯	鄭伊庭
圖文排版	郭雅雯
封面設計	蔡瑋中

出版策劃	新銳文創
發 行 人	宋政坤
法律顧問	毛國樑　律師
製作發行	秀威資訊科技股份有限公司 114 台北市內湖區瑞光路76巷65號1樓 電話：+886-2-2796-3638　傳真：+886-2-2796-1377 服務信箱：service@showwe.com.tw http://www.showwe.com.tw
郵政劃撥	19563868　戶名：秀威資訊科技股份有限公司
展售門市	國家書店【松江門市】 104 台北市中山區松江路209號1樓 電話：+886-2-2518-0207　傳真：+886-2-2518-0778
網路訂購	秀威網路書店：http://www.bodbooks.com.tw 國家網路書店：http://www.govbooks.com.tw

出版日期	2012年08月　初版
定　　價	360元

Printed in Taiwan

國家圖書館出版品預行編目

掀開極權的面紗——中國歷代君臣知見錄/馬亞麗著.
-- 一版. -- 臺北市 : 新銳文創, 2012. 08
面； 公分. -- (史地傳記類 ; PC0238)
BOD版
ISBN 978-986-6094-98-9(平裝)

1. 傳記 2. 極權政治 3.中國

782.1 101012619

讀者回函卡

感謝您購買本書，為提升服務品質，請填妥以下資料，將讀者回函卡直接寄回或傳真本公司，收到您的寶貴意見後，我們會收藏記錄及檢討，謝謝！如您需要了解本公司最新出版書目、購書優惠或企劃活動，歡迎您上網查詢或下載相關資料：http:// www.showwe.com.tw

您購買的書名：________________________________

出生日期：________年________月________日

學歷：□高中 (含) 以下　□大專　□研究所 (含) 以上

職業：□製造業　□金融業　□資訊業　□軍警　□傳播業　□自由業

□服務業　□公務員　□教職　□學生　□家管　□其它_____

購書地點：□網路書店　□實體書店　□書展　□郵購　□贈閱　□其他

您從何得知本書的消息？

□網路書店　□實體書店　□網路搜尋　□電子報　□書訊　□雜誌

□傳播媒體　□親友推薦　□網站推薦　□部落格　□其他__________

您對本書的評價：（請填代號　1.非常滿意　2.滿意　3.尚可　4.再改進）

封面設計____　版面編排____　內容____　文／譯筆____　價格____

讀完書後您覺得：

□很有收穫　□有收穫　□收穫不多　□沒收穫

對我們的建議：________________________________

____

____

____

請貼
郵票

11466
台北市內湖區瑞光路 76 巷 65 號 1 樓

秀威資訊科技股份有限公司 收

BOD 數位出版事業部

（請沿線對折寄回，謝謝！）

姓　　名：＿＿＿＿＿＿＿＿＿＿　年齡：＿＿＿＿　性別：□女　□男

郵遞區號：□□□□□

地　　址：＿＿＿＿＿＿＿＿＿＿＿＿＿＿＿＿＿＿＿＿＿＿＿

聯絡電話：(日)＿＿＿＿＿＿＿＿＿＿(夜)＿＿＿＿＿＿＿＿＿＿

E-mail：＿＿＿＿＿＿＿＿＿＿＿＿＿＿＿＿＿＿＿＿＿＿＿